신두환 고전칼럼집

어느 시골 교수의
개똥 정치학

신두환 지음

도서출판 | 문

서문

　교수랍시고 뭔가 거창하게 문화를 주도한다거나 휴머니즘이니, 무슨 주의니, 무슨 사상이니 하는 것을 의식하며 글을 써 나가다 보면 반드시 실패한다. 그런 의도는 한갓 물거품처럼 사라져 죽도 밥도 아니 되는 경우를 몇 번이고 되풀이하고 문학도로서 '문학이란 무엇인가?'라는 원초적인 문제로 돌아가게 된다. 위대한 문학은 결국 인간의 말초적인 신경에서 느끼는 신변잡기의 순수한 기록에서 이루어진다. 세상은 있는 대로 보는 것이 아니라 보는 대로 있다. 작가란 결국 이것에 능숙한 사람들이라는 것을 반평생을 헛다리짚고 나서 최근에 와서야 비로소 깨닫는다. 작가수업. 글쓰기는 바로 바라보는 차이에서 오는 것이다. 정치도 도덕도 위대한 사상이라고 공증 받은 것들도 결국은 모두가 어떻게 바라보느냐의 차이에 있다.

　이 글들은 '앙가지망(engagement)'이란 어쩔 수 없이 가져야 하는 한 인간의 현실참여, 뭐 그런 것이라고나 할까? 이 글은 특정 신문사의 정치적 성향과는 관계없이 순수하게 나의 개똥 정치학으로 바라본 일간지 신문의 칼럼, 나만의 세계 관점임을 밝힌다.

　〈논어〉 반 권만 읽어도 천하를 다스릴 수 있다. 半部論語治天下
　　　　　　　　　　　-송 나대경(羅大經)의 『학림옥로(鶴林玉露)』 중에서

고대에 『앙엽기(盎葉記)』란 책이 있었다. 아주 옛날 종이도 흔하지 않던 시절! 감나무 잎에다가 생각 날 때마다 기록해서 단지에 던져 넣어두었다가 나중에 그것을 모아다가 책을 쓴 것이 『앙엽기』란 책의 유래다.

필자는 한문고전문학을 가르치는 교수다. 이 책은 전공을 일탈하여 케케묵은 사고로 쓴 고전 칼럼이다. 처음 모 신문사로부터 칼럼을 부탁받은 것은 노무현 정권이 막을 내리고 이명박 대통령이 당선되면서 부터이다. 다시 말하면 소위 좌파 정부에서 우파 정부로 옮겨오면서 부터이다. 2008년 1월 25일부터 이명박 대통령이 당선되면서부터 2009년 12월 31일까지 딱 2년간 매주 수요일마다 모 신문 칼럼에다가 썼던 기록들이다. 다 모아놓고 보니 제법 분량이 된다. 이것은 이를 테면 필자의 '앙엽기'라고 해도 좋다.

이름을 뭘로 할까 곰곰이 생각하다가 『개똥 정치학』이라고 했다. '개똥 정치학'이란 보잘 것 없는 정치에 대한 생각이란 겸양의 뜻으로 쓴 것이다. 이 책은 이명박 정부 초기 2년간의 정치에 대한 역사이다. 그렇다고 이명박 지지자는 아니다. 그냥 필자가 바라보는 시각에서 평범하게 기록한 정치적 생각들이다.

두 해 동안 매주 한 꼭지씩 칼럼을 쓰고 나니 정치가 반복되는 것이 많았다. 그다음 해도 바라보니 또 반복이다. 대한민국 정치의 굴레가 혼란의 소용돌이를 벗어나지 못하고 있다. 지금 정치를 들으며 지난 칼럼을 돌아보니 아직도 여전히 그 틀이다. 정치란 돌고 도는 것이다. 지난 칼럼을 지금에 왜 출판하느냐? 고전이란 지금 정치에도 그대로 적용되고 미래에도 그대로 적용되는 말들이기 때문이다. 유효기간이 계속해서 사용해도 부작용이 없기 때문이다.

내가 읽었던 책이란? 『논어』, 『맹자』, 『중용』, 『대학』 '사서'에다가 『주역』, 『시경』, 『서경』, 『예기』, 『춘추』 '오경'이 주를 이룬다. 이것을 정치학이라 할 수 있는가? 이것은 정치학의 기본이 되는 것이 맞다. 이 사서오경 속에는 정치적인 요체들이 실려 있다. 이 사서 오경의 주제의식은 수기치인(修己治人) 우국애민(憂國愛民) 8자로 축약될 수 있다. 수기치인은 수신제가치국평천하(修身齊家治國平天下)의 뜻이다. 우국은 나라를 걱정하는 것이고. 애민은 백성을 사랑하는 것이다. 바꾸어 말하자면 정치를 하려면 반드시 사서오경은 읽어야 한다는 뜻이다. "논어 반 권이면 천하를 다스릴 수 있다"는 말이 이를 반증한다. 공자이후 2,500여 년이 흐른 지금 아직도 정치 윤리 도덕의 기준이 공자의 사상을 넘지 못하고 있는 것이다. 정치학의 기초는 사서오경부터이다. 정치란 무엇인가? 공자는 논어에서 "政은 正이다."라고 했다.

여기에다가 제자백가서인 『노자』, 『장자』, 『순자』, 『한비자』, 『열자』, 『불경』 등 제자백가서들을 읽었다. 사마천의 『사기』를 위시한 역사서 『통감』, 『십팔사략』, 한국의 『삼국사기』, 『삼국유사』, 서양의 『그리스신화』, 『일리아드』, 『오디세이』 그리고 아리스토텔레스의 『시학』, 『성경』 이것들은 정치학 그 자체들이다. 여기에 조선 오백 년의 선비들이 남겨놓은 문집들 속에는 주옥같은 글들이 즐비한데 반은 정치학이다. 필자의 전공은 한국한문학이다. 결코 정치와 무관하지 않다. 서양에서 나온 정치학으론 함부로 들이댈 것이 아니다. 이들 책을 읽지 않고 어떻게 정치를 논할 수 있겠는가? 정치 문학은 정치를 선전하는 프로파간다로부터 출발했다.

서양의 정치학을 살펴보자. 아리스토텔레스는 '인간은 정치적 동물이다'라는 유명한 명제를 남겼다. 그의 스승 플라톤은 '이상 국가론'을 썼고, 그의 스승 소크라테스는 '악법도 법이다', '너 자신을 알라'라는 등 유명한 말들을 남겼다. 그의 스승은 피타고라스이다. 그는 수학의 천재, 고대 음악의 집대성자였다. 음악은 고대 정치의 필수였다. 피타고라스는 공자, 노자 시대와 비슷하고, 플라톤, 아리스토텔레스는 맹자, 순자, 장자 시대와 비슷하다. 동서고금의 고전들 속에는 정치학의 핵심들이 고스란히 들어 있다. 이들을 대충이나마 읽어야만 정치 철학이 형성되고 '개똥 정치학'이라도 이해할 것 아닌가? 중국 정치인들은 모택동, 등소평 등 유명한 독서가들이었다. 그런 데 반해 우리 정치인들은 책을 너무 안 읽고 권력만 휘두르려 한다. 정치 철학이 없는 것이다. 정치학을 공부하려는 자들은 독서를 끊임없이 해야 한다. 독서를 어떻게 하는가에 따라 정치 성향이 달라진다. 미래 국가를 책임질 자신이 생기는 것이다.

필자는 이들 책들을 학생들에게 가르치며 살아왔다. 만 27세에 서울지역 중등학교 교단에 서서 한문, 문학, 국어 등을 가르쳤고, 대학에서도 인문학 고전읽기를 학생들에게 권장하며 가르쳐 왔다.

필자는 자유로운 영혼으로 아름다운 것만 찾아 읽으면서 닥치는 대로 살아오는 문학도로 교단에서는 엄격하게 행동을 단속한다. 그리고 교단에서는 절대로 정치에 대해서는 말하지 않는다. 교단에서 정치적 중립, 종교적 중립은 철저하게 지켜오면서 살고 있다. 정치적 편향에 갇히면 한참 올바른 사상이 형성될 학생들에게 영향을 미쳐 지식의 한쪽 면밖에 형성되지 않는다. 공자는 학문에 있어 이렇게 편벽하게 되는 이것을 매우 경계하였다. 인성은 중요한 것이다. 공자는 하루에 세 가지로 자기를 반성하며 살았다. 필자는 정정당당, 정의,

양심 이 세 가지로 늘 반성한다. 이것을 져버리면 학자와 지도자는커녕 인간이 되기조차 어렵다고 가르친다. 물론 학생들이 받아들이는지는 의문이다. 필자는 제시만 하지 강요는 하지 않는다. 이들 고전문학을 바탕으로 명상하고 반성하는 것은 수기치인의 핵심이다. 사서오경은 반성의 미학이다.

이 『개똥 정치학』에는 이 책들에게서 얻은 언어들이 앙금처럼 녹아 있다. 『개똥 정치학』이란? 이들 고전을 바탕으로 천방지축으로 써왔던 고전 칼럼이다. 독자들에게 쉽고 재미있게 읽힐 것으로 판단된다. 무겁게 읽지 말고 가벼운 마음으로 일독을 바란다.

누구에게나 정의, 양심, 정정당당하게 살아가려는 욱하는 마음이 있다. 우리는 세상을 올바른 방향으로 나아가도록 불의를 꾸짖으며 자신만의 조그만 구도자의 마음으로 살 필요가 있다.

『논어』에 '군자학도즉애인(君子學道則愛人)'이란 말이 있다. 이 말의 의미는 "군자가 도를 배우면 사람을 사랑한다"는 뜻이다. 정치란 인간을 사랑하는 것에서부터 시작한다고 감히 말해본다. 『논어』 반권만 읽어도 천하를 다스릴 수 있다.

2022. 임인년. 검은 호랑이의 해. 벽두에 서울 정릉 북악산 기슭, 나의 오두막 〈급고재(汲古齋)〉에서 신두환은 서하노라.

차례

어느 시골 교수의

개똥 정치학

작은 정부에 거는 기대

이명박 정부의 밑그림인 정부조직개편안이 현 18부 4처에서 13부 2처로 작게 정해졌다.

교육부, 통일부, 여성부, 해양수산부, 정보통신부 등이 축소 통합되었다. 이로 인해 공무원이 약 7천여 명 감소된다고 한다. 인건비를 포함해서 공무원 한 사람에게 드는 세금이 약 7천만 원이라고 한다.

공무원 한 사람이 사용하는 책상, 컴퓨터 등 기타 기자재에다가 소비하는 문서, 전기, 난방비 등 기타 비용을 포함하면 일인당 연간 소비액은 1억 원에 육박한다. 이렇게 보면 한 해에 약 7천억 원의 세금의 낭비를 막는다. 5년이면 얼마인가? 이렇게 해도 나라가 온전하게 돌아갈 수 있다면 국민의 한 사람으로 환영해야 할 일이다.

우리나라에는 청렴한 공무원도 많다. 그렇지만 안일과 태만에 빠진 공무원과 직접 접촉해 본 사람들은 공무원들을 보는 시각이 그리 곱지 못하다. 공무원은 검소하고 부지런하며 청렴해야 한다. 국민을 섬기며 봉사해야 한다. 언제부터인가 '공명정대(公明正大)'란 말은 있는데 '멸사봉공(滅私奉公)'이라는 말은 사라지고 있다.

한번은 관공서에서 일을 보다가 아이가 아프다고 곧바로 집으로 달려가는 여자 공무원을 보면서 안타까웠던 기억이 있다. 물론 공무원 개개인의 사사로운 일도 중요하다. 그러나 공무원은 내 가정의 일보다 국가의 공무를 더욱 중요시하는 멸사봉공의 사명감이 있어야 한다. 공무 행정의 최고 단계는 서비스이다. 공무원은 국민을 섬기며 친절하게 봉사하는 서비스의 자세를 지녀야 한다.

다산 정약용은 그의 불후의 저서 목민심서에서 "우리 조선에 청백리로 뽑힌 자가 통틀어 일백십 명인데 태조 이후에 45명, 중종 이후에 37명, 인조 이후에 28명이었으나 경종 이후에는 이렇게 뽑는 일마저 끊겨져서 나라는 더욱 가난해지고 백성은 더욱 곤궁하게 되었으니 어찌 한탄하지 않겠는가? 4백여 년 동안 관복을 갖추고 조정에 벼슬한 자가 수천 수만이나 되는데 청백리에 뽑힌 자가 겨우 이 숫자에 그쳤으니 또한 사대부의 부끄러움이 아니겠는가."라며 관리가 청렴하지 못한 것을 날카롭게 비판했다.

또 『상산록(象山錄)』에는 다음과 같은 말이 있다.

"청렴에는 세 등급이 있다. 최상의 등급은 나라에서 주는 봉급 외에는 아무것도 먹지 않고, 먹고 남는 것이 있어도 집으로 가져가지 않으며, 임기를 마치고 돌아갈 때에는 한 필의 말을 타고 아무것도 지닌 것 없이 숙연히 떠나는 것이다. 이것이 이른바 상고시대의 청렴한 벼슬아치〔廉吏〕이다."

그 다음은 봉급 외에 명분이 바른 것은 먹고, 바르지 않는 것은 먹지 않으며, 먹고 남은 것을 집으로 보내는 것이다. 이것은 이른바 중고시대의 청렴한 벼슬아치이다.

최하의 등급으로는 무릇 이미 법으로 보장된 것은 명분이 바르지 않더라도 먹되 아직 관례가 되지 않는 것은 자신이 먼저 전례를 만들지 않으며, 관직을 팔아먹지 않고, 재난으로 인해 감면해 주는 세금을 훔쳐 먹거나 곡식을 농간하지도 않고, 송사와 옥사를 팔아먹지 않으며, 세를 더 부과하여 남는 것을 중간에서 착복하지 않는 것이다. 이

것이 이른바 오늘날의 청렴한 벼슬아치이다.

상고시대의 청렴과 중고시대의 청렴과 다산 당시의 청렴의 척도는 다르다. 태조에서 인조로 시대가 내려오면서 청렴한 선비는 적어진다. 그리하여 다산 정약용이 살았던 당시의 청백리 최하등급은 고대에는 청백리에 들지 못하고 오히려 나쁜 관리로 지목되어 솥에 삶아 죽이는 팽형(烹刑)에 처해졌을 것이라고 하였다. 다산의 이 언급은 공무의 엄정함을 일깨우는 말로 자주 인용되는 말이기도 하다. 이 얼마나 엄하고 살벌한 비판인가? 그렇다면 지금 우리 정부의 청백리 공무원은 거의 다가 펄펄 끓는 솥에 들어가야 할 지경이다.

그러나 극히 일부이기는 하지만 국민들이 공무에 바쁜 공무원들에게 안하무인격으로 막 대하는 태도는 극에 달해 있다. 공무에 시달리는 공무원의 인격을 모독하는 폭언을 일삼는가 하면 폭행을 하기도 하고 그 기관의 장을 나오라고 고함을 치기도 한다. 나라의 기강이 말이 아니다. 필자는 정치에 대해서는 문외한이다. 상고시대 같은 청백리가 나오려면 상고시대 같은 순박한 백성들이 있어야 한다.

공자는 "정치는 바로잡는 것이다(政은 正이다)"라고 하였다.

새 정부에서는 다산 정약용이 말한 상고시대의 청백리 같은 공무원들과 상고시대의 백성 같은 순박한 국민들이 함께 아름다운 세상을 바로잡아 갔으면 좋겠다. 13부 2처의 작은 정부가 솥에 삶기는 일이 없기를 기대한다. ♣

태안반도를 두 번 죽이지 말라

지난해 12월 7일은 검은 수요일이었다. 대통령 선거의 열기가 뜨겁던 대한민국 서해에 용왕이 진노했다.

아! 홍콩 유조선 허베이 스피리트호는 도대체 무엇을 하는 배인가? 기름을 안전하게 운반하는 배가 아니라 청정한 바다에 검은 기름을 쏟아 놓는 폭력선인가? 메이드 인 코리아 삼성중공업 해상 크레인 예인선 T-5호는 배에 구멍을 내는 배인가? 이 거대한 괴물들의 장난이 너무도 심했다. 전쟁의 참상도 이보다는 덜했으리라.

검은 기름이 서해 청정해역의 굴, 조개, 새우, 낙지, 새들의 고향인 태안반도를 무자비하게 공격했다. 기름을 뒤집어 쓴 채 죽어가는 새의 마지막 울부짖음, 질식해서 죽어가는 우럭의 마지막 한숨, 졸지에 생을 마감한 맛조개의 처참한 모습, 옆으로 달리다가 바로 달리다가 힘없이 죽어가는 꽃게들의 힘없는 몸놀림, 이유도 모른 채 죽어가야 하는 갯벌의 생태계, 서해는 아수라장이다.

오호애재라! 사람이나 바다에 사는 해물이나 목숨은 같은 목숨이다.

성난 바다의 검은 파도는 기암괴석이 아름다운 그림 같은 태안반도의 경관을 지워버렸고, 서해안의 어부들은 망연자실했다. 바다는 검은 아우성이다. 이 처참한 괴물들의 장난 앞에 불어 닥친 잔인하고도 엄청난 비극, 살아있는 것이라곤 거의 없다. 바다도 울고, 섬도 울고, 주민들도 통곡한다. 그들의 삶의 터전이던 갯벌이 검은 재앙의 유전으로 변했다. 서해안 낙조 그 아름다운 섬들, 비단결처럼 고왔던 그 푸른 물결, 서해바다의 추억이 죽었다. 그 정답고 비릿한 서해의 향기는 매캐한 악취로 변해 버렸다. 또 이제 시인들은 무엇으로 서해의 아름다움을 노래할 것인가? 이제 서해의 인문과학은 다 죽었다.

이 재앙의 소식이 전파를 타는 순간, 위기의 서해를 살리기 위해 자원봉사자의 손길이 태안으로 집결하였다. 꼬마 고사리손부터 대통령 후보자들까지, 각계각층의 수많은 손길들이 검은 기름을 닦아내고, 걷어내고, 안간힘을 써보지만 해도 해도 끝이 없어 보인다. 손수건, 주걱, 호미, 물동이 등의 생활도구에서부터 첨단기계, 약품까지 모든 수단을 총동원하여 노력해 보지만 이 상처가 다시 치유되기에는 오랜 세월이 소요될 것 같다.

신의 기적만을 바라는 간절한 기도 외엔 특효 처방은 없는가? 그동안 서해를 살리려는 국민들의 애끓는 환경의식은 세계인의 귀감이 되었다. 이 성숙한 국민들의 봉사활동에 비해 그 보상을 요구하는 방법은 성숙된 것이 아니었다. 이 사고를 비관해서 벌써 두 명의 주민이 목숨을 끊었다. 너무 극단적인 방법은 피해야 한다. 이 일로 더 이상 목숨이 희생되는 일은 없어야 한다. 군수를 비롯한 행정 관계자들은 보상비를 놓고 줄다리기 하는 동안 또 다른 피해가 생기게 해서는 안 된다.

태안반도를 두 번 죽이지 말라! 이것은 행정의 미스이다. 그리고 보상 문제도 그렇다. 계란을 선택할 것인가 암탉을 선택할 것인가? 이것이 문제이다. 물론 그 선택은 주민들이 하는 것이겠지만 한번 생각해보라. 그 보상액이 6백억 정도라고 듣고 있다. 나누어보면 한 가구당 백만 원 정도라고 한다. 태안 주민을 위해 장기적인 생활대책이 될 만한 대책을 내놓아야 한다. 이 기회에 관광지로 개발하여 세계적인 명소로 만들 수는 없는가?

삼성중공업은 30억의 법적 보상을 뛰어넘어 도덕적 양심을 보여라. 죽어버린 굴, 조개, 바다, 새 등 서해의 피해 어족들에게도 애도의 마음을 표하길 당부한다.

태안의 사태해결 과정을 보며 문득 우리 고전에 자주 오르내리는 한나라 무제 때의 명신 급암이라는 사람이 떠오른다. 사마천의 사기에 이 사람에 대한 글이 있다.

"한번은 비교적 부유하게 사는 하내(河內)에 화재가 발생하자 급암이 파견되었다. 급암은 '서민의 실수로 화재가 났고 집들이 인접하여 불탄 것이니 우려할 만한 것이 못 됩니다.'라고 보고하고 대충 사건을 종결해 버렸다. 그리고는 엉뚱하게도 '신이 하남(河南)을 지나오다가 하남의 빈민들 가운데 만여 가구가 수해와 한해를 당하여, 심지어 부자(父子)의 사이에도 식량을 가지고 다투는 것을 목격하였습니다. 신은 삼가 임시방편으로 황제의 부절(符節)로써 하남의 곡창을 방출하여 빈민들을 구제하였습니다.'라고 보고하였다. 황제는 이 무례한 신하가 자기 멋대로 황제의 명을 어기고, 나라의 창고를 연 사실이 괘씸하였지만 이를 현명한 처사라고 여기고 용서하였다."

이 때문에 급암은 수천 년이 지난 지금도 중국 역사상 가장 뛰어난 신하로 존경받고 있다. 급암은 어느 것이 더 급하게 해결해야 할 일인지를 잘 알고 소신대로 처리했다. 정작 이 땅에는 급암과 같은 정치인이나 관리는 없는 것인가. ♣

인수위 영어교육정책
무엇이 문제인가

'There is No Royal Road to Learning(학문엔 왕도가 없다)'. 따라서 영어에도 왕도는 없다.

대통령직 인수위원회의 영어교육정책 발표로 대한민국 전체가 야단법석이었다. 인수위가 애써 수립한 영어교육정책을 무조건 반대하는 것은 아니다. 그러나 로드맵을 제시한 것만을 가지고 보면 좀 황당해 보인다.

영어엔 문외한이지만 전직 중·고등학교 교사였던 한 사람으로서 보기엔 솔직히 시중의 한 영어학원이 학생들을 유치할 목적으로 생활영어강좌를 홍보하는 프로그램 정도로 인식되는 감을 금할 수 없다.

이와 같은 영어교육 정책을 가지고 인수위원회가 마치 새롭고 획기적인 무슨 영어교육의 왕도를 발견한 것처럼 홍보하는 것은 좀 무모해 보인다. 이것을 인정받기 위해 홍보하는 인수위원회의 몸부림은 어딘가 2% 부족해 보인다.

특히, 텔레비전에 방영된 공청회는 찬양일색의 몇몇 토론자의 황당한 발표들로 모 방송국의 코미디 프로 '봉숭아 학당'을 방불케 했다. 토론에 참여한 인수위원장의 좌석이 토론자들보다 높은 곳에 특별하게 따로 마련된 것도 문제가 있었다. 이것은 토론자를 존중하는 것이 아니다. 직위 고하를 막론하고 토론에 참여하려면 토론자의 좌석에,

토론을 경청하려 했다면 관중석에 앉는 것이 상식이다.

더욱 문제인 것은 청중의 성격을 조작한 것이었다. 공청회는 반대론자의 의견을 청취하는 것이 더욱 효과적인 것이다. 그런데도 이 공청회는 공청회장 입구에 전투경찰을 동원해서 반대론자의 출입을 제한하고 있었다.

이것이 공청회인가? 아니면 국민을 기만하기 위한 쇼인가? 누구를 위한 무슨 공청회인가? 설익은 영어교육정책을 놓고 의도된 토론을 하면서 나올 수 있는 문제들은 모두 나왔다고 토론을 마무리하는 그들만의 졸렬한 공청회는 국민을 기만하는 행위이다. 대학 총장을 지냈다는 인수위원장의 토론 수준이 이 정도라면 이런 인수위원장에게 교육을 맡길 수는 없다. 인수위원장은 많은 영어교사들과 더 많은 영어 전문가에게 공청회를 알리는 초청장을 보냈어야 했다. 자화자찬하기보다는 충분히 토론을 지켜보면서 의견을 수렴하는 진지한 자세를 보였어야 했다.

영어교육정책의 문제점 하나만 지적해 본다면, 영어교사의 충원계획에 있어서 문제가 심각하다는 것이다. 영어교사는 영어 실력만 좋다고 되는 것이 아니다. 교육심리, 교육통계 같은 고도의 교육학이 바탕이 된 교육 테크닉이 더 필요하다. 교사는 전문가이다. 그러나 지금 인수위원회의 안처럼 영어 실력만 가지고 교사를 운운하는 것은 답답한 소리이다. 충분하게 고려하지도 않는 영어교육정책을 두 손, 두 발 들고 환영한다는 장학사나, 어느 학부모들의 지나친 환영은 성급한 것이었다. 혈세 4조 원의 거액을 들여 영어교육을 운운하는 인수위원회의 영어교육정책은 구체적인 안과 수차례 공청회를 거친 이후에 발표되었어야 했다.

인수위원장은 그렇게 권위를 드러내고, 나서고, 성급한 인정을 구걸하고 싶은 것인가? 누구보다도 양심적이어야 할 인수위원장의 이러한 황당한 태도는 겸손한 자세로 국민에게 봉사하라는 이명박 당선인의 기대에 부응하는 것이 아니었다. 국민의 한 사람으로서 좀 더 진중한 태도를 보여주길 당부한다.

이 사태를 보면서 세계 공용어로서 영어의 위력은 국제사회에 강력한 영향을 미치고 있다는 것을 실감한다. 물론 영어를 제대로 배워서 국제화에 대비하자는 의견에 공감한다.

영어교육을 개혁하고 강화하자는 주장에 반대할 생각은 전혀 없다. 다만 이 상황에서 우려되는 것은 사교육비 문제가 아니라 우리 민족문화의 정체성 문제이다. 유구한 역사를 자랑하는 동방의 백의민족, 단군의 자손, 대한민국이 초등학교부터 영어를 가르치고자 한다.

어릴 때부터 서양문화에 물들면서 영어 발음 읽기, 쓰기, 듣기, 말하기에 골몰하다 보면 정작 한글·한자문화나 민족문화의 중요성을 잊어버리는 것은 아닐까?

한민족의 우수한 민족문화를 책임지고 계승하여 국제사회에 나아가야 할 미래세대를 생각하면서 우리 고유의 언어문화도 그만큼 강조되어야 한다는 것을 주장하고 싶다. 금세기의 교육화두는 인간화와 문화이다.

언어는 문화의 가장 중요한 요소이다. 민족문화를 우위에 두는 영어의 주체적 수용은 불가피하다고 본다.

영어교육에 4조 원이라! 민족문화 교육을 위해서는 얼마나 투자될까?

소실된 남대문에 부쳐

유세차! 무자년 정월 초승, 귀신과 사람이 사모하고 하늘과 땅이 감동하던 숭례문이 불탔다. 아! 동방예의지국이 차마 보지 못하고, 차마 듣지 못하고, 차마 말하지 못하고, 차마 움직이지 못할 비례와 무례의 나라로 변하더니만.

반만년 동방의 유구한 역사의 땅, 군자의 나라가 차마 눈뜨고 보지 못할 소인배의 나라로 전락하더니만. 이 땅에 예의가 사라지자 숭례문에 화마가 덮쳤다. 이 무슨 변고인가?

민족의 정통성이 흔들리자 하늘이 경고를 하는 것인가? 차마 해서는 안 되는 일을 서슴없이 행하는 도저히 용납 못 할 정부 때문인가? 서울 장안에 향락과 퇴폐풍조가 만연하자 분노를 한 것인가? 아니면 민족문화를 올바로 계승하지 못하고 외면하는 이 국민들을 깨우치려 함인가? 이 무슨 청천벽력인가.

프랑스에 개선문이 있다면 대한민국에는 숭례문이 있다. 미국에 자유의 여신상이 있다면 한국에는 숭례문이 있다. 중국에 만리장성이 있다면 이 땅에는 숭례문이 있다.

조선 건국 이래 6백여 년 동안 이 땅에 예가 무너지지 않기를 기원하면서 국보 1호의 위엄과 숭고함으로 도도히 지켜오던 숭례문이 졸지에 잿더미로 변하다니.

우리 민족의 상징 남대문이 불타다니, 그 늠름하고 우아한 자태를 하늘이 시기한 것인가? 전쟁도 아니고 천재지변도 아닌데 한 미치광이 노인이 흉악한 화마를 불러왔다니.

이것이 정녕 천명이라는 것인가? 하늘을 부여잡고 애원하고 가슴을 때리면서 통곡하노니. 정녕 꿈으로 되돌릴 수는 없는 것인가? 이 땅을 지켜온 우리의 호국영령들과 국민들의 한숨은 어찌하고, 저렇게 앙상한 몰골만 남기고 그 먼 길을 나섰는가?

우리는 아직은 이별이라 못 하겠네! 정녕 하늘을 원망하여 한없이 울게 할 뿐인가? 부디 이 땅에 좋은 모습으로 다시 태어나주길 바란다. 남방의 화(火)와 예(禮)의 정령이시여. 제발 다시 돌아와 이 땅을 수호 하소서. 그 모습은 파괴되었지만 우리 국민들 마음속에 영원히 살아있음을 우리는 믿으며 열 갈래 눈물로 애가(哀歌)를 부른다네.

오호통재라! 그 사모함은 가슴에 젖어있고 그 노래는 귀에 쟁쟁한데, 거룩한 모습은 눈에 있는데. 정은 입가에 머물고 그 향기는 코끝에 남아있는데, 그리움은 발끝에 남아있는데 가슴을 쥐고 오호애재라!

언제부턴가 누군가에 의해 남대문은 일제강압기에 우리 민족문화를 비하시키기 위해 만들어진 용어라는 말이 떠돌기 시작했다.

서울의 사대문 중에도 오직 현판이 세로로 세워져 예를 강조하던 숭례문은 건축 당시부터 남대문으로 불리기 시작하여 최근까지 사용되어온 우리 고유의 명칭이었다. '남대문'이란 용어는 우리 조상들과 함께 호흡했고 우리고전에 한양과 더불어 정감 있게 사용 되어온 살가운 고유명사였다.

이 땅의 어설픈 지식인들은 마치 남대문이라는 용어를 사용하면 안 되는 것처럼 떠벌이고 다녔다. 남대문이란 용어는 이렇게 수난을 당하고 있었다. 어쩌면 남대문은 이런 사실에 항거나 하듯 자폭한 것은 아닐까? 여기에 부화뇌동하는 이들은 잘 들어보라.

'남대문'이란 이름은 조선왕조실록에만 하더라도 198번이나 사용되고 있다. 특히 1396년 태조 5년 병자(1396, 홍무 29) 9월 24일(기묘) 조에 다음과 같은 남대문에 대한 기록이 있다.

> "성 쌓는 역사를 마치고 정부(丁夫)들을 돌려보냈다. 봄철에 성을 쌓은 곳에 물이 솟아나서 무너진 곳이 있으므로, 석성(石城)으로 쌓고 간간(間間)이 토성(土城)을 쌓았다. 운제(雲梯)도 빗물로 인하여 무너진 곳이 있으므로 다시 쌓고, 또 운제(雲梯) 한 곳을 두어서 수세(水勢)를 나누게 하고, 석성(石城)으로 낮은 데가 있는 데는 더 쌓았다. 또 각문(各門)의 월단누합(月團樓閣)을 지었다. 정북(正北)은 숙청문(肅淸門), 동북(東北)은 홍화문(弘化門)이니 속칭 동소문(東小門)이라 하고, 정동(正東)은 홍인문(興仁門)이니 속칭 동대문(東大門)이라 하고, 동남(東南)은 광희문(光熙門)이니 속칭 수구문(水口門)이라 하고, 정남(正南)은 숭례문(崇禮門)이니 속칭 남대문이라 하고, 소북(小北)은 소덕문(昭德門)이니, 속칭 서소문(西小門)이라하고, 정서(正西)는 돈의문(敦義門)이며, 서북(西北)은 창의문(彰義門)이라 하였다."

이 사실이 조선왕조실록에 사용된 여러 문에 대한 명칭과 더불어 숭례문과 남대문이란 용어에 대한 첫 기록이다. ♣

새 정부 출범을 바라보며

중국의 명나라 말기와 청나라 초기에 살았던 유명한 문예비평가, 김성탄이란 사람은 인생에서 통쾌한 일 33가지를 모아서 〈불역쾌재 삼십삼칙(不亦快哉三十三則)〉이란 글을 써 놓았다.

『논어』〈학이(學而)〉편 첫 구절에서 공자는 '不亦樂乎(불역낙호: 또한 즐겁지 아니한가?)'를 외치면서 유쾌한 일을 나열한 적이 있다. 이것을 패러디한 '또한 통쾌하지 아니한가?'라는 강조 화법을 통하여 통쾌한 일에 대하여 33조목을 기록해 놓았다. 모두 재미있는 내용이다. 그 내용을 일일이 모두 열거할 수는 없지만 그 중에 두 개만 선택해서 우리 정치 현실에 비유해서 스토리텔링을 전개하려고 한다.

첫 번째 통쾌한 일.

"7월의 어느 무더운 날, 바람은 한 점도 불지 않고, 구름은 한 점도 보이지 않는다. 앞 정원이나 뒤뜰도 불덩이 같다. 날던 새도 그림자를 감췄고, 온몸에서 땀이 비 오듯 쏟아진다. 점심을 먹으려 해도 너무 더운 탓에 젓가락은 들 마음조차 들지 않는다. 그래서 참다못해 돗자리를 가져다 마당에 깔고 그 위에 벌렁 드러누워 본다. 그렇지만 돗자리는 눅눅하고 파리들은 얼굴에 날아와 앉아, 쫓아도 사라지지 않는다. 이 지겨운 날에 갑자기 천둥이 우르릉 쾅쾅 울리고 먹구름이 전쟁터로 향하는 대군의 행렬처럼 당당하게 밀어닥친다. 이윽고 소나기가 쏟아지자 처마에서 빗물이 시원하게 떨어지기 시작한다. 이 또한 통쾌하지 아니한가[不亦快哉].” 이것은 분명 통쾌한 일이다.

이 이야기를 한국의 정치 무대로 옮겨보자. 이야기 속의 뜨거운 여름날과 같은 지난 한국의 정치를 보아오면서 국민들의 마음은 무더위에 지쳐 속이 터지기 일보 직전의 상황이었다. 이런 날이 계속되다가 어느 날 구름은 꽉 끼었는데 비는 오지 않는다. 이쯤 되면 불쾌지수는 극에 달한다. 이런 상황을 표현한 고사성어는 ‘밀운불우(密雲不雨)’이다. 필자는 지난 정치를 과감하게 이 고사성어로 평가한다. 아직도 이야기 속의 소나기는 이 땅에 내리지 않고 있다. 새 정부에서는 단지만 한 빗방울이 통쾌하게 쏟아지기를 기원한다.

김성탄의 그 여섯 번째 통쾌한 글은 이렇다.

“거리를 걷고 있자니, 두 명의 불량배가 무엇인가 심하게 다투고 있다. 얼굴은 벌겋게 달아올라 피가 끓고, 눈에는 분노가 가득 차서 불이 쏟아지는 것 같아 마치 한 하늘 아래서는 살 수 없는 불구대천의 원수와 같은 모습이다. 그러나 서로 간에 예의만은 갖추고, 팔을 쳐든다거나 허리를 굽히며 절까지 하면서, ‘댁에서는’이라든가 ‘댁을’, ‘그렇지 않습니까’, ‘그래서는 안 되겠지요’라는 둥, 매우 점잖고 거창한 말을 쓰고 있다. 그러나 그 시비는 그칠 줄을 모른다. 그곳으로 갑자기 하늘을 찌를 듯 건장한 사나이가 팔을 휘두르며 다가와서는 커다란 소리로 ‘집어치워!’ 하고 외친다. 아아, 이 또한 통쾌한 일이 아니겠는가?”

이 이야기 속의 두 불량배가 어쩌면 우리 국회의원들과 이렇게도 닮아있나? 다만 다른 것은 서로 쥐어뜯고, 시비를 걸고, 끝까지 물고 놓지 않는 것이 좀 심할 뿐. 이번에는 정부 조직법, 삼성 특검, 이명박 특검, 공천 갈등, 영어교육정책 등 지겹도록 밑도 끝도 없이 또 다투고 있다. 짜증나는 싸움, 싸움, 싸움. 이 지긋지긋한 정치는 언제나 끝나는가? 不亦딱乎(또한 딱하지 아니한가?). 어디선가 이 이야기 속의 거장이 나타나 천둥 같은 목소리로 통쾌하게 한마디 '다 집어치워?' 라고 고함쳤으면 좋겠다.

독자 여러분! 무자년 새해에 가장 통쾌한 일 세 가지만 꼽으라면 어떤 것이 있겠습니까?

이명박 새 정부에게서는 통쾌한 일이 많이 생기기를 기대한다.

어느 날 "남북을 가로막고 있던 철조망을 걷어치우고, 대한민국 국민들이 드디어 통일을 이루었습니다"라는 호외가 거리에 눈처럼 휘날린다면 不亦快哉(불역쾌재)라! 한국이 월드컵 축구 결승전 연장전 끝에 시원한 한골을 성공하여 '슛! 고울 인!'이라는 아나운서의 목이 터져라 외치는 소리가 삼천리 방방곡곡에 울려 퍼진다면 不亦快哉라! 대한민국 영토 어느 곳에서건 매장량이 무진장한 유전이 발견되어 시커먼 석유가 펑펑 쏟아진다면 不亦快哉라! ♣

이제는
우리 민족문화를 되돌아보자

한국 민주주의 60년! 그 지나온 길을 되돌아보면서 무엇인가 잘못되어 가고 있다는 감이 든다. 빈부격차와 지나친 양극화가 그것이다. 이 역사의 길목에 서서 가야 할 길을 찾지 못하고 방황하는 한국의 민주주의를 보면서 눈을 감고 싶다.

연암 박지원은 창애 유한준이라는 자에게 답장을 썼다. 〈답창애〉라는 이 글 속에는 다음과 같은 이야기가 기록되어 있다.

하루는 화담(花潭) 서경덕 선생이 외출하였다가 길을 잃고 우는 자를 길에서 만났습니다.

"너는 어째서 울고 있느냐?"

"저는 다섯 살 때부터 눈이 멀기 시작하여, 이제 20년이 흘렀습니다. 오늘 아침에 밖에 나와서 걷고 있는데 갑자기 눈에 천지만물이 환하게 보였습니다. 너무나 기뻐서 이것저것 정신없이 구경하다가 집으로 돌아가려니, 논두렁 밭두렁 갈림길은 너무 많고, 집집마다 문은 똑같아서 어느 집이 우리 집인지 분간이 되지 않아 집으로 돌아가는 길을 잃고 울고 있습니다."

이 사람에게 어떻게 하면 길을 가르쳐 줄 수 있을까? 그 방법은 간단했습니다.

"너에게 돌아가는 방법을 일러 주마. 예전과 같이 다시 눈을 감아라! 그러면 네 집으로 돌아갈 수 있으리라. 도로 눈을 감아라."

그리하여 그 사람은 도로 눈을 감고 예전에 늘 다니던 것처럼 지팡이로 땅을 두드리며 길을 따라가서 집을 찾을 수 있었다는 유명한 이야기이다.

이 지혜로운 이야기는 오늘날을 살아가는 우리에게도 자기 분수를 지키고 반성하면서 살아가라는 교훈이 되고 있다. 우리는 과연 바로 가고 있는가? 혹시라도 이야기 속의 장인처럼 갑자기 눈 뜬 채로 혼돈과 현란함에 취해 돌아올 길을 생각조차 하지 않은 채 마냥 가고 있는 것은 아닌가?

이 이야기는 지난날 우리들이 돈 버는 데 눈이 멀어 깊이 생각해 보지도 않고, 외국 것이면 무엇이든 좋고 우리 것이면 무조건 나쁘다는 사고에 빠져서 빛나는 민족문화를 내팽개 쳐버리고 정신없이 살아온 우리 민족에게는 시사(示唆)하는 바가 크다.

우리의 전통문화는 언제부터 사라지기 시작했고, 우리의 전통문화는 언제부터 단절되기 시작했을까? 아마도 1910년 한일 강제합방 이후 일본이 민족문화 말살정책을 쓰면서가 아닐까? 해외 유학생들에 의해 전파되기 시작한 신문물과 서양식 사고는 민족문화를 급속도로 잠식해 갔다. 그 사려 깊고, 아름다우며 정다웠던 민족문화가 계몽되고 개혁되면서 사라지기 시작했다. 그리고 1945년 해방과 자유의 물결, 그 속에도 민족문화를 달갑게 여기지 않는 편의주의가 있었다. 1950년 6.25전쟁 하에 시작된 원조문화는 의식주에 대한 급격한 변화를 초래했다. 미 군정하에 실시된 제1차 교육과정은 우리 학문의 방향을 바꾸어 놓았다. 전쟁은 사회를 격변하게 만든다.

우리는 서양문화에 취해 정신없이 살아왔다. 혼돈과 무질서 속에서 돈이면 다 된다는 황금만능주의가 팽배해 가고 사람들의 마음은 민족문화를 걱정할 여유가 없었다. 정치, 경제, 사회, 문화 모든 분야에서 무엇인가 잘못되었다는 삐걱대는 소리들이 들려온다. 미국과 일본 것이면 뭐도 좋다는 식으로 우리의 전통 학습방법, 학문, 사상, 사유 방식들을 모두 내팽개쳐 버리고, 단순하고, 편한 길만 찾아, 마치 봉사가 눈을 뜬 것처럼 휘황찬란함에 취해 정신없이 서양의 학문만 추구하게 되었다. 그 결과는 어떠한가? 이제 현명한 사람들은 우리 조상이 남긴 빛나는 조상의 얼을 깨닫기 시작했다. 우리의 민족문화가 새롭게 조명되고 그 가치의 진가가 발휘되자 우리 것으로 돌아가자는 생각들이 모아지고 있다. 하루아침에 내던져 버렸던 우리 고유문화는 현대 학문의 근원이 되고 있고. 새로운 과학의 기초가 되고 있다. 이제는 돌아가야 할 때이다. 그러나 어떻게 돌아가야 할지 깜깜하다. 얼마나 많은 우수한 민족문화가 어디에 있는지조차도 알 수 없다. 아마도 우리 민족의 저력을 볼 때 세계에 자랑할 만한 문화가 많이 있을 것 같은데도 말이다. 더 사라지기 전에 이제부터라도 민족문화의 창달에 힘을 쏟아야 할 때이다. 대한민국 정부수립 60년, 이제는 민족문화를 되돌아보아야 할 때다. 우수한 민족문화의 올바른 길을 찾아가기 위해, 이제라도 우리 모두 도로 눈을 감자. 도로 눈을 감아라! ♣

인재 등용과 원숭이의 서사시

최근 이명박 정부의 인재 등용 과정과 국회의원 선거를 앞두고 각 당의 공천 과정을 지켜보면서 인간의 평가가 쉽지 않음을 깨닫는다. 과연 완벽한 인간은 있는가?

후한서에는 월단평(月旦評)이란 고사성어가 있다. 후한 말, 여남(汝南) 땅에 허소와 그의 사촌 허정이라는 사람이 살았다. 이 두 사람은 매월 첫째 날에 허소의 집에서 향당(鄕黨)의 인물을 뽑아 비평했는데 그 비평이 매우 타당하다는 평이 높았다. 당시에 이 비평은 '여남의 비평'이라고도 불렸다.

어느 날 조조가 허소를 찾아와서 비평을 부탁했다. 그러나 난폭자로 소문난 조조의 청인지라 선뜻 응하기가 어려웠다. 조조가 재촉하자 허소는 마지못해 입을 열었다. "그대는 태평한 세상에서는 유능한 관리이되, 어지러운 세상에서는 간사한 영웅이 될 인물이오."

이 말을 듣고 조조는 크게 기뻐했다. 그리고 황건적을 치기 위한 군사를 일으켰다고 한다. 뒷날 조조의 행적을 보면 이것이 얼마나 정확한 인물평이었던가?

지금 우리나라에는 인물에 대한 공정한 평이 없다. 아무리 위대한 인물이더라도 출신 도색이 다르고 정치색이 다르면 무리를 지어 그 인물을 깎아 내리고 헐뜯느라 여념이 없다. 그러나 역사는 비밀이 없다. 온 국민으로부터 신뢰받는 공정한 인물평이 있다면 훌륭한 인물은 반드시 있을 것이라 믿어 의심치 않는다.

중국 명나라 때, 오승은이 지은 서유기의 행간에 나타난 인간에 대한 평가의 예지와 통찰력은 불완전한 인간의 특성을 잘 설파하고 있다. 흔히 원숭이를 '꾀 많은 인간'에 비유한다. 서유기의 손오공은 인간의 꾀와 지혜를 상징한다. 저팔계는 인간의 욕심을 상징한다. 어리석음을 상징하는 사오정, 삼장법사는 이 모든 불완전한 인간성을 통제하고 극복할 수 있는 거의 완벽에 가까운 인간형을 추구하고 있다. 이야기 속으로 들어가 보자.

손오공은 그 재주를 믿고 천계의 옥황상제를 협박하고 능멸하자 이때 석가여래가 등장한다. 손오공은 기고만장하여 제천대성(齊天大聖)의 자리를 요구한다. 이 부분은 독자들을 최고조로 긴장시킨다.

드디어 손오공이 석가여래에게 조건을 제시한다. 손오공은 내가 신통력으로 이 땅 끝까지 갔다가 오겠으니 그것을 보거든 나에게 제천대성의 자리를 내어주고, 내가 가지 못하면 쾌히 항복하겠다는 내기였다.

그는 공중을 높이 날아올라 번갯불같이 대륙을 뛰어넘어 오봉산까지 날아갔다. 이곳이야말로 지상의 생물이 일찍이 그 발자취를 남긴적이 없는 이 땅의 끝이라고 생각한 손오공은 여기까지 왔다는 증거로 오봉산 가운데 봉오리 밑에다가 오줌을 누고 나서 이제 내가에 이겼다고 의기양양하게 돌아와 석가여래에게 고했다.

그러자 석가여래는 한쪽 손을 펴고 그 가운데 손가락 밑에서 나는 지린내를 손오공에게 맡아보라고 하였다. 너는 아까부터 내 손바닥 안에서 한 발자국도 벗어나지 못하였다. 너는 내 손바닥 안에 있다. 손오공은 5백 년 동안 바위에 결박당해 있다가 삼장법사에게 구제돼

이 여행에 끼게 되었다. 손오공에게서 발견되는 인간성의 중요한 결핍은 '겸양의 미덕'이다.

임어당은 그의 수필집 『생활의 발견』에서 서유기를 '원숭이의 서사시'로 빗대 인간형을 평가했다. 거기에서도 겸양의 미덕을 강조하였다.

지금 인물평은 손오공 같은 재주만을 평가하는 것은 아닐까? 이 땅에는 손오공처럼 재주만 믿고 날뛰다가 낭패를 당한 자가 한둘이 아니다.

끝없는 욕심을 채우려다가 감옥에 가는 저팔계 같은 정치인들, 어리석고 엉뚱한 짓을 하다가 구설수에 휘말려 끝내는 자기의 정치 인생을 끝내는 사오정 같은 사람들이 얼마나 많았던가? 요즈음 인물들의 하마평에는 삼장법사 같은 인상을 주는 사람은 선뜻 나타나지 않는다.

남쪽 나라 사람들에게 재미난 원숭이 잡는 방법이 있다. 야자수 열매에 원숭이 손이 겨우 들어갈 만한 구멍을 뚫어 놓고 그 안에 쌀을 조금 넣어둔다. 그러면 원숭이가 다가와서 그 구멍에 손을 쑤셔 넣어 그 쌀을 움켜쥔다. 그리고는 죽어도 그것을 놓지 않는다. 그 쌀을 놓으면 빠져나올 수도 있는데 말이다.

아, 천년 후에 아름다운 이름을 남기는 이는 과연 어떤 인물일까?

삼성 특검과 지조론

삼성 특검을 바라보면서 참담한 마음을 금할 수 없다. 참 별일 다 있구나 했다. 한 기업에 다니다가 나와서 그 기업의 비리를 폭로한 것을 특검으로 몰고 간 것이 우리의 정서상 바람직한 것인가?

그 직장에서 밥을 먹고 살았으면서 무슨 원한이 사무치게 쌓였기에 저렇게도 비굴한 행동을 하면서 그에게는 도저히 어울리지 않는 정의를 말할까?

그리고 이 사건을 특검으로 몰고 가는 저 허명을 추구하려는 정치인들은 무슨 염치로 법을 우롱하려고 할까. 이것이 과연 옳은 일인가?

언론은 신이 나서 떠들고 세상은 가치관의 혼돈 속으로 빠져들어 갔다. 국민도 박수치는 이가 있는가 하면 차마 있을 수 없는 일이라고 눈을 돌려 버리는 이가 있다. 더군다나 이를 정치적으로 이용하려는 무리까지 있었다. 그리하여 국민은 갈라지고, 세계를 주름잡고 있는 우리의 대기업이 야비한 한 전직 직원의 비자금 폭로로 쑥대밭이 되어가고 있다.

우리나라 공무원, 정치, 종교까지 온전한 것이 있는가? 이 사회에 썩어빠진 것이 한둘이 아닌데 이 진흙탕 속에서 기업을 하려면 비자금이 필요하다는 것도 이해가 간다.

그렇지 않은 기업은 또 몇 개나 있으려나. 어느 작가가 말했듯 실오라기 하나 걸치지 않은 발가벗은 나체는 흔히 볼 수 있어도, 한 점

부끄럼 없는 사람을 보기란 하늘의 별 따기만큼 어렵다고 부정부패로 얼룩진 이 사회를 묘사한 글귀가 떠오른다.

이 속에서 함께 살아야 하는 삼성 이건희 회장은 일류 기업에 삼류 정치라고 하면서 기업을 경영하기 곤란한 정치 현실을 토로한 적이 있었다. 그러나 그는 심판대 위에 서 있다.

삼성 특검을 지켜보면서 조지훈의 지조론 속의 말을 떠올려본다. "이 지도자들의 무절제와 배신 앞에 우리는 얼마나 크게 실망하였는가. 배신하는 변절자들을 개탄하고 연민하며, 그와 같은 변절의 위기에 직전에 있는 인사들에게 경성(警醒)이 있기를 바라는 마음이 간절하다."

이제는 제발 좀 사회 각계각층이 품위 있고 지조 있게 살아가길 바란다. 대기업들도 지난 일을 반성하고 합법성을 넘어 도덕성을 지니기를 바란다. 이제는 좀 정의롭고 투명한 일류 기업으로 성장하길 바란다. 어찌 이 지경에 이르렀는가?

이 사건을 지켜보면서 가장 꼴불견인 것은 천주교 정의구현 사제단이다. 종교가 이래도 되는지 난 모르겠다. 희생과 금욕과 청빈으로 일관하며 성스럽게 박애를 실천하며 살아야 할 사람들이 말이다.

천주교 정의구현 사제단은 정치 행위를 즉각 중지하라. 종교는 종교다. 종교인의 마음속에는 잠시라도 사악함이 존재하면 안 된다. 삼성으로부터 뇌물 받은 명단이 있다면 빨리 밝힐 일이지 그것을 가지고 시기를 저울질하고 혼란으로 몰아가려고 한다면 오판이다.

여기에 일부 신부들은 마치 신이 난 듯 특정 기업을 향해 인민재판을 가하고 있다. 이들이 무슨 권리로 이런 짓을 하는가? 언제부터인가 종교가 너무 오만해지고 있다.

정치색에 물든 종교인 없이는 살아갈 수 있지만 이 부정부패 속에 굴러가는 저 대기업 없이는 살아갈 수 없다는 것은 엄연한 현실이다.

마리아 당신께 기도합니다. 한 기업을 배신하고 변절한 자의 사악한 영혼을 불살라 주시고, 저 사제들의 어리석은 욕심을 꾸짖어 주소서. 그리고 당신의 사랑이 이 땅에 올바로 전달되게 해 주소서.

조지훈은 이렇게 지조론을 펴고 있다.

"지조(志操)란 것은 순일(純一)한 정신을 지키기 위한 불타는 신념이요, 눈물겨운 정성이며 냉철한 확집(確執)이요, 고귀한 투쟁이기까지 하다. 지조는 선비의 것이요, 교양인의 것이다. 장사꾼에게 지조를 바라거나 창녀에게 정조를 바란다는 것은 옛날에도 없었던 일이지만, 선비와 교양인과 지도자에게 지조가 없다면 그가 인격적으로 장사꾼과 창녀와 가릴 바가 무엇이 있겠는가. 식견(識見)은 기술자와 장사꾼에게도 있을 수 있지 않은가 말이다."

물론 이들에게 선비의 삼엄한 지조를 요구하는 것은 지나친 일인 줄 안다. 그러나 부끄러운 짓을 하고도 부끄러움을 모르는 이들을 위하여 지조가 얼마나 고귀한 것인지를 일깨우고자 한다. 대한민국은 지조의 나라이고 선비의 나라이다. 이를 져버린 이들은 대오각성하기를 바란다. ♣

한반도 대운하와 뇌동비평

UN은 1992년 6월 브라질 리우데자네이루에서 열린 국제연합 환경개발회의의 권고를 받아들여 1992년 열린 제47차 국제연합 총회에서 매년 3월 22일을 '세계 물의 날'로 제정·선포했다.

21세기 인류의 최대 문제는 물이다. 지난 3월 22일이 물의 날이었다. 물의 중요성을 두고 대한민국에서는 한반도 대운하 건설의 찬반양론이 뜨겁게 달아올랐다.

이날 이명박 대통령은 "물이 기름보다 귀한 시대가 올 것이 분명한데도 국민이 물의 날에 대한 인식을 아직 못 하고 있고 가치가 소홀히 되고 있다. 지금부터 철저한 대비가 필요하다. 물의 질을 보전하는 것도 굉장히 중요하지만 물을 확보하는 문제도 굉장히 중요하다."고 강조했다.

또 "나주에 가면 등대가 있다. 옛날에 배가 다녔다는 증거가 아니냐. 목포에서 나주 근방까지 배를 이용했던 것인데 참으로 안타깝다. 강 주변에 역사물이 많아 개발하면 관광지로도 좋다."고 했다. 이어 "영산강 중에서 광주가 가장 수질이 나쁘다"며 "공업용수로도 쓰기 힘들다는 이야기를 들었다"고 밝혔다.

대통령은 사실상 한반도 대운하를 건설하겠다는 의지를 다시 한번 강력하게 시사했다. 여기에 반대하는 측은 환경오염, 예산 낭비, 계획의 무모함 등을 들어 문제를 제기하고 있다.

일부 시민단체와 일부 대학의 소수 교수들은 반대 입장을 분명히 하는 서명운동까지 전개하고 있다. 이에 대해 옹호하는 단체는 교수들이 대운하 반대 서명운동에 대해 운하에 대하여 잘 알지도 못하는 국문학과 등 인문대 교수들까지 나서서 혹세무민하고 있다고 비난하고 나섰다.

어떤 가수가 대운하를 찬성하는 노래를 부르자, 반대편에서는 대운하를 반대하는 음반을 내놓았다. 어느 장단에 춤출까? 한반도 대운하에 대하여 필자는 솔직하게 말해서 문외한이다. 그리고 반대서명을 촉구하는 메일도 몇 번이나 받았다.

한반도 전체를 잇는 경부 대운하에 대해서는 아직 수긍이 가지 않아 찬성할 수 없지만, 전남의 나주와 경북의 상주 같은 곳은 예부터 배가 다니던 곳이다. 일부 강들은 토사가 쌓여 강 구실을 못 하고 있다. 차라리 이 기회에 이런 지역은 한번 운하를 건설해 보면 어떨까. 이런 이유에서 낙동강, 영산강, 금강, 한강 등 옛 문화의 복원을 위한 부분적인 운하 건설은 반대할 이유가 없다.

지금 경상북도 의성군 단밀면에 있는 관수루에는 고려 때부터 배들이 다니던 나루터의 정경을 읊은 시들이 많이 걸려 있다. 그 중에 김종직이 읊은 시 속에 이런 구절이 들어 있다.

> 일 수 중 분 육 십 주
> 一水中分六十洲　　강 한 줄기 나누어진 곳 육십여 동네
> 진 도 기 처 련 범 색
> 津渡幾處聯汎穡　　나루터 곳곳에는 돛대가 연이었네

이 시구에 묘사된 나루터는 배가 많이 다니고 있었던 것 같다. 이런 곳이 대한민국에 한두 곳뿐이겠는가. 언제던가 필자는 중국의 장강

삼협을 배를 타고 내려오면서 여행한 적이 있었다. 강변에 펼쳐지는 절경들을 보면서 우리나라도 이렇게 개발할 곳은 없을까? 좁은 우리나라에선 불가능하겠지 생각하면서 부러움 속에 관광했던 적이 있었다.

이런 입장에서 아름다운 경관과 역사가 어우러진 곳의 관광을 위한 운하 개발은 찬성이다. 우리 역사상 운하 건설에 대한 이야기는 많았다. 조선 후기 박제가는 『북학의』〈내편〉에서 국내에 배를 유통시키면 일어날 수 있는 여러 가지 이점을 주장한 적이 있었다. 실학자의 대운하 이야기란 점에서 현 이명박 대통령과 통하는 점이 없지 않다고 판단된다.

'뇌동비평(雷同批評)'이란 제 주견이 없이 남이 하는 대로 그저 무턱대고 따라하는 비평이다. 지난날 경부고속도로 건설을 반대하던 어느 대학교수는 차도 없는 나라에 농토를 가로질러 도로를 내면 몇몇 돈 많은 사람이 기생이나 태우고 유람이나 다닌다며 반대서명을 했다. 그때 학생들을 선동하여 거리를 활보하던 데모가 얼마나 무모한 뇌동비평이었으며, 청계천 복원을 반대하던 사람들, 서울의 버스노선 반대시위 등의 사태에서 시민 여론을 선동하던 언론과 시민단체, 정당들의 뇌동비평을 얼마든지 봤던 터다.

이 땅에는 뇌동비평이 무섭게 일어나고 있다. 공자는 "아는 것은 안다고 하고 모르는 것은 모른다고 해라. 이것이 아는 것이다"라며 부화뇌동하며 무리 짓는 일을 경계하였다.

자기의 정치 성향을 내세워 다른 사람에게 무조건 반대하고 무조건 찬성하기를 선동하는 무례한 언론, 시민단체나 대학교수가 없기를 바란다. ♣

서해교전과 비운의 영웅들

아 어찌된 일인가? 엊그제 북한이 또다시 서해상에서 미사일을 발사했다. 더더욱 북한은 북방한계선(NLL)은 주체가 없는 유령선이라고 주장하고 남한의 관계 인사들에게 전쟁을 좋아하는 미치광이라고 망발을 쏟아내고 있다. 또 남한에게 개성공단과 북핵 문제의 연계에 대해 사과 요구를 하고 있다. 예상했던 일이지만 개성공단에서 남한 관계자들을 추방했으며 남북한 관계의 통로를 모두 폐쇄하겠다고 협박한다.

그동안 수많은 재물과 돈을 쏟아 부으며 남북을 오갔던 기업가와 정치인들은 햇볕정책이 이렇게 힘이 없는 정책이라는 것을 몰랐던 것일까? 도대체 북한은 우리 남한을 어떻게 보는 것인가? 이것은 중대한 국방의 문제이다. 이 시점에서 지난 정부의 햇볕정책의 대북관은 도저히 이해할 수도 수긍할 수도 없다. 그리고 이것을 동조하는 사람도 이해할 수 없다. 국민들은 북한을 믿지 아니하는데 오직 문민정부만이 그리고 이를 동조하는 사람들만이 온갖 굴욕을 감수하면서도 햇볕정책을 계승해야 한다고 북한을 믿고 있다.

이 사건을 접하면서 지난 2002년 6월 29일의 서해교전을 어찌 잊을 수가 있겠는가? 그리고 그 황당하고 이해 못 할 문민정부의 대응을 지켜보면서 분노를 금할 수 없었던 일이 다시 떠오른다.

그 이상했던 때를 돌이켜 보자! 2002년 6월 13일 미군 탱크에 효선

이와 미선이가 안타깝게 희생되던 날, 공교롭게도 현 이명박 대통령은 서울 시장에 당선이 되었다. 그리고 얼마 후 효선이 미선이의 죽음을 계기로 반미운동을 적극적으로 전개하면서 촛불시위가 번졌고 6월 29일 서해교전이 일어났다. 6명이 전사하고 19명이 부상당한 큰 사건이었다. 그러나 어떻게 된 일인지 효선이 미선이의 추모를 위한 촛불시위는 곳곳에서 전개되는데, 서해교전에서 조국을 위해 싸우다가 장렬히 전사한 영웅들을 위해서는 아무런 조치도 취하지 않았다. 지금까지도 이 사건에 대해 북한에게 아무런 사과를 받아내지 못하고 있다. 두 여중생의 안타까운 죽음을 애도하고, 또 북한에 동조하는 반미운동도 좋지만 이 병사들의 장렬한 희생에 대해서는 서운하리만큼 소극적인 태도를 보였다. 이것이 과연 있을 수 있는 일인가?

대한민국 곳곳에서 미선이 효선이의 추모를 위한 촛불시위가 일제히 일어나면서 오히려 북한에 동조하는 반미운동이 연계되어 진행되고 있었다. 정치인도, 언론도, 일부 대학교수들도, 일부 시민단체들도 모두 이 사건을 부추기고, 선동하면서 반미운동에 혈안이 되어 있는 동안에 조국의 영토를 수호하고 국민들의 안전을 지키기 위해 몸을 던져 산화한 해군 장병들의 충성은 의도적으로 뒷전으로 돌렸다. 무엇이 잘못되어도 한참 잘못되었다. 온 국민이 분노하고 천인공노할 사건을 두고 햇볕정책의 완수를 위해 북한에게 항의하기는커녕 북한을 자극하면 안 된다는 이유를 내세웠다. 우리는 이 사건을 반드시 짚고 넘어가야 한다.

만약에 서해교전에 장렬히 전사한 장병들을 위해 마을마다 촛불을 켜고 그 애국심을 기리고 영웅으로 대우하여 그 충성을 드높였더라면, 그래서 온 국민이 일치단결하여 분연히 일어섰더라면, 그리하여 우리 대한국민의 용감하고 숭고한 조국애를 세계만방에 보여주었더라면 과연 일본이 함부로 독도를 자기네 땅이라 우기고, 중국이 동북공정을 대놓고 발표하고, 북한이 또다시 서해에서 미사일을 발사하고 남한을 조롱할 수가 있었겠는가?

이런 상황에서도 그 망국적인 햇볕정책은 북한을 자극하면 안 된다는 것이다. 지난 김대중 정부와 노무현 정부의 오판은 서해교전 영웅들을 홀대했다. 전 국민이 일치단결하여 조국애를 불러일으킬 좋은 기회를 잃었다. 삼천리 방방곡곡에 울려 퍼질 만세 소리를 잃었다. 조국 통일을 앞당길 기회를 잃었다. 오히려 세계만방에 웃음거리가 되었고 민족의 분열을 조장시켰으며 북한이 핵을 만들어 내는 기반을 만들어 주었고, 북한 주민에게 고통을 안겨주었으며, 세계 평화에 역행하였고, 저 북한 주민의 인권 유린을 인정해 주는 계기가 되었다. 그리고 온 세계가 김정일을 나쁘다고 하는데도 우리 정치인들은 마치 훌륭한 정치가인양 최대한 인정하고 존중하고, 북한을 자극하면 안 된다고 했다. 유사 이래 국방에 대한 개념이 이렇게 혼란스러운 적이 있었던가? 그리고 북한으로부터 또 미사일이 날아왔다. 이젠 어떻게 해야 하나? 효선이 미선이 이름은 사람들이 무수히 알지만 지금 그 서해 영웅들의 이름을 아는 사람은 과연 몇 명이나 되는가?

아, 서해교전 영웅 만세! ♣

선거와 봄 '껍데기는 가라'

대한민국의 봄이여, 제발 선거와 함께 오지 마라! 진달래 꽃봉오리 막 터질 때 이때는 숭고한 때, 순수한 이야기만 남고 야비한 헛소문은 가라. 산수유 노랗게 피고 남녁의 꽃소식 봄바람에 실려 올 때 아름다운 꽃만 이야기하고 제발 부패할 대로 부패한 온갖 선거이야기는 안 했으면 좋으련만. 저 순박하고 고결해 보이는 목련화 앞에서 선거도 저처럼 순수해야 하련만 온갖 권모술수가 판을 치고 그 듣지 않아도 될 온갖 추한 이야기가 다 들려온다. 담 너머 영춘화 한들한들 봄바람에 흔들릴 때, 벽보에 붙은 인물 사진 어쩌면 하나같이 다 잘났건만 봄꽃만큼 순수해 보이지 않을까? 아지랑이 피어오르는 한적한 하늘가에 버들은 늘어지려 하는데 큼지막한 이름 석 자 플래카드 펄럭이는 꼴, 온 봄을 다 버렸네. 향기로운 꽃지짐 봄나물 안주에 조용히 봄을 느껴보려니, 어느 순간 들이닥친 왈패들의 선거 이야기에 만정이 다 떨어진다. 대한민국의 봄이여, 제발 선거와 함께 오지 마라! 봄 타는 남자 애간장 다 녹는다. 올봄도 또 헛되이 지나가려나.

그 순결하고 신의로우며 사랑스러운 봄의 숭고함이여, 그 시작을 알리는 아름다운 꽃들의 미학이여. 가슴 울렁이고 혈맥이 동탕하는 생명력 넘치는 봄이여, 이 희망의 대지에 선거와 함께 휩싸인 비할 수 없이 아름다운 대한민국이여.

4.19혁명이 일어나던 그해 사월에도 봄은 왔었고 꽃도 피었었건만,

그때에는 꽃보다 사람이 더 아름다웠나 보다. 그러니까 순수한 이야기만 남고 꽃 이야기는 안 남은 거지. 그해 봄은 참 아름다웠다고 말할 수 있다. 이쯤에서 봄의 서곡과 함께 울려 퍼지는 우리 국회의원 선거와 잘 어울리는 시 하나 읊고 가자. 4.19혁명 그 위대하고 순수한 민중의 외침을 노래한 신동엽 시인의 〈껍데기는 가라〉라는 시 한 수를 읊고 가자.

껍데기는 가라
사월(四月)도 알맹이만 남고
껍데기는 가라

껍데기는 가라
동학년(東學年) 곰나루의, 그 아우성만 살고
껍데기는 가라

그리하여, 다시
껍데기는 가라
이 곳에선, 두 가슴과 그 곳까지 내논
아사달 아사녀가
중립(中立)의 초례청 앞에 서서
부끄럼 빛내며
맞절할지니

껍데기는 가라
한라에서 백두까지

향그러운 흙 가슴만 남고
그, 모오든 쇠붙이는 가라

   이 시는 1960년 4월 19일 그 봄에 일어난 혁명의 순수함을 노래한 시이다. 대한민국의 선거와 함께 외워져야 할 순수한 민중의 시이자 민주주의의 꽃이다. 4.19혁명과 동학혁명의 그 순수성만 남고 모든 허위는 가라. 그 민중의 순수한 외침만 남고 모든 허위는 가라. 선거철만 되면 대한민국의 온갖 껍데기는 다 날아든다. 제발 이 사월에는 순수함만 남고 위선은 가라. 2008년 올봄도 알맹이만 남고 껍데기는 제발 가라.

   선거에 출마한 사람들은 4.19혁명과 동학혁명의 숭고한 정신을 계승하여 온 대한민국 국민의 민주주의에 대한 끈질긴 생명력과 순수한 열정을 다시 한 번 확인하라! 이것을 왜곡하고 속이려 드는 순수하지 못한 모든 정치 세력들이 사라지기를 희망한다. 껍데기는 가라. 순수하지 못한 모든 언어들은 선거에서는 사라져야 한다. 그 순결하고 진실하고 정의로운 이야기만 남아 희망이 넘쳐야 한다. 선거철만 되면 그 불결하고 거짓되고 야비한 이야기들이 번다히 일어나 국민들을 갈라놓고, 언제부턴가 순수한 정책은 없고 남의 정책을 헐뜯고 비방하는 것만이 수단이 되어 비열함이 난무한다. 껍데기는 가라. 아사달 아사녀의 그 벌거벗은 순수함은 어디로 가고 온갖 허위와 불의와 가식만이 판을 치느냐. 껍데기는 가라. 중립(中立)의 초례청 앞에서 열리는 잔치 마당으로 영남 사람 호남 사람 북한 사람 남한 사람 다모여 한잔하세 이 동포들을 이간질하려는 간사한 정치 껍데기들은 가라.

백두에서 한라까지 조상이 흘린 피와 땀방울이 녹아있는 향기로운 흙 우리의 국토만 남기고 모든 불순 세력은 가라. 미사일도 가라. 북핵도 가라. 언론 방송도 가라. 정치인도 가라. 북한 전문가도 가라. 사이비 교수도 가라. 아사달 아사녀의 벌거벗은 순수한 동포들의 통일 이야기만 남기고 모든 이데올로기와 그 껍데기들은 가라. ♣

어설픈 정치 읽기

선거에 있어서 언제나 국민의 심판은 옳았다. 이번 선거의 꽃은 누가 뭐래도 박근혜 의원이었다. 살아서 돌아오라! 저도 속고 국민도 속았습니다! 공중파를 타고 흘러나오는 박근혜 의원의 목소리는 극도로 자제된 울분이었다. 잘못된 한나라당의 공천 횡포에 대한 억울한 호소였으며, 가냘파 보이는 한 여인의 순결한 하소연이었다. 어딘지 모르게 세속에 물들지 않고 청초하게 피어난 한 송이 목련화와 같았다. 그날따라 목소리는 약간 떨리는 듯 마치 세상에 태어나 한 번도 거짓말을 해보지 않는 사람처럼 깨끗한 이미지를 지니고 있었다. 국민들은 뭔가 잘못되었다는 것을 직감했다. 그리고는 그 당사자들을 준엄하게 심판했다. 원칙을 고수하는 당차고도 똑똑한 정의로운 여인! 이것이 정치의 문외한인 필자가 어설프게 바라보는 박근혜 의원의 선거 바람이었다.

박근혜 전 한나라당 대표가 '4.9 총선 공천'을 "정당정치를 후퇴시킨 무원칙의 공천"으로 규정하며 사실상 강재섭 대표의 사퇴를 요구했다. 이에 대해 강재섭 한나라당 대표는 총선 불출마를 선언하며 "더 이상 누구도 이제 공천 결과에 대해 시비 걸지 말라"고 선언하였다. 강재섭 대표는 "이번 공천은 세대교체를 통해 국민에게 다가가고 싶은 공천 심사위원들의 충정이 있었다"며 "대표직에서 사퇴하지 않겠다"고 말했다. 그는 이어 "정권 교체 마무리와 총선 승리를 위해 모든 것을 던질 각오가 돼 있다"며 "총선에 불출마하겠다"고 밝혔다.

강 대표의 총선 불출마 선언은 도덕적으로 바람직한 것이었는가? 나는 그렇지 않다고 판단한다. 한 당의 대표로서 정의롭지 못한 행동이었다고 평가하고 싶다.

이번 선거에 강재섭 대표가 자기의 지역구에 출마했으면 어떻게 되었을까. 그는 자기 지역구의 민심이 자기를 지지하지 않고 있다는 것을 누구보다도 잘 알고 있었다. 아마 모르긴 몰라도 당선되기는 어려웠을 것이다. 만약 뻔히 떨어질 줄 알면서 불출마를 선언을 했다면 정의롭지 못한 행동인 것이고 만약 떨어질까 두려워서 피한 것이라면 비굴한 행동이다. 더군다나 속았다고 주장하는 약자에게 한 번 더 속인 결과가 된다. 정치인은 도덕적이고 정의로워야 한다. 언제부턴가 대한민국 정치인들의 소리 없이 침몰해 가는 도덕성을 바라보면서 안타까움을 금할 수 없다.

한비자의 세난(說難) 편에는 이런 이야기가 있다.

옛날에 미자하(彌子瑕)라는 미소년은 위(衛)나라 영공(靈公)의 총애를 받았다. 위국의 법률에는 몰래 임금의 수레를 탄 사람은 발꿈치를 자르는 형벌에 처하게 되어 있었다. 어느 날 미자하는 어머니가 위독하다는 소식을 듣고 놀라서 임금에게는 말도 없이 임금의 명이라 속이고 임금의 수레를 타고 그의 집에 갔다. 임금은 뒤에 이 사실을 듣고 '효성이 지극한 자이다. 어머니를 생각한 나머지 그 무서운 형벌도 잊었구나' 하며 미자하를 현명하다고 칭찬했다.

그 후에 미자하는 임금을 따라 과수원에 놀러 갔다. 복숭아를 먹다가 그 맛이 너무 좋았으므로 다 먹지 않고 그 나머지를 임금에게 드렸다. 그때 임금은 '나를 사랑한 나머지 그가 먹었던 것이라는 것도 잊어버리고 나에게 먹이려 하는구나' 하고 감격했다. 그러나 세월이 점점 흘러 미자하의 얼굴색이 쇠하자 임금의 총애는 해이(解弛)해져 갔다. 임금은 그에게 죄를 주었다. 임금은, "이놈은 지난날 임금의 명이라고 속이고 나의 수레를 탔고, 또 한 번은 나에게 먹다 남은 복숭아를 먹인 놈이다"라고 했다.

이 이야기에서 생겨난 고사성어가 '색쇠애이(色衰愛弛)'이다. 예쁘던 얼굴색이 늙어 추해지면 사랑도 따라서 해이해진다는 뜻이다. 언제까지 국민들이 당신들을 애정을 가지고 바라볼 것인가? 이들 정치인들에게 애정이 식으면 국민들은 어떤 말을 할 것 같은가? 지금 복당 문제를 둘러싸고 벌어지는 문제도 그렇다. 국민들의 애정이 멀어지기 시작하면 그때는 걷잡을 수 없이 흐른다.

이명박 대통령은 타협과 화합의 정치를 주문하고 있다. 국민들의 애정이 남아 있을 때 잘하라. 야당 의원들도 마찬가지다. 견제와 반대를 하더라도 국민들의 애정이 식지 않게 해야 한다. ♣

쇠고기 맛에는
이데올로기가 없다

"대한민국 사람은 다섯만 모이면 편을 가른다."

이 말은 중국의 모 대학교수가 한국 사회의 특징을 한마디로 설파한 말이다. 부끄럽지만 예리한 분석이다. 필자는 무역에 대하여 잘 모르기는 하지만 분위기로 보아서 한·미 간의 자유무역협정(FTA) 문제로 대한민국 사회는 또 편이 갈라지고 있다. 편 가르기는 진실을 왜곡하고 타당성을 부정한다. 한국과 미국의 자유무역협정에 대한 이해도 너무 편 가르기로 흐른다.

국제무역의 경제 논리는 아예 뒤로하고 미국산 쇠고기에 대한 억지 주장을 하고 나서 편 가르기로 마무리하려는 정치인들의 논리에는 진리가 없고 정의가 없고 지조가 없다. 타당한 논리란 없다. 그 반대 이유를 분석하면서 편 가르기를 들여다보자.

어떤 사람은 "미국 시민이 먹는 부분만 수입하면 별문제가 없지만, 광우병 위험물질도 함께 수입해 가라는 것은 정말 국민의 한 사람으로서 자존심 상하는 협상"이라고 했다. 광우병 위험이 있는 미국산 쇠고기 수입을 사실상 전면 개방한 '한미 쇠고기 협상'에 대해 모 시민단체는 "국민의 건강을 해치는 치욕적인 외교"라며 강력히 규탄했다.

또 "미국의 병든 소 수입을 전면 개방한 것은 지난 60년 동안 미국 정부에 굴복했던 것보다 더 치욕적인 행위"라며 "이명박 정부는 국민의 건강을 해치는 철학 없는 경제, 원칙 없는 경제 정책을 여실히 보여주고 있다"고 하고 있다.

통합민주당이 주최한 축산업계 간담회에서는 쇠고기 시장 개방은 한국 축산업을 포기한 조치라는 비난에 이어 국민의 건강을 미국에 내준 꼴이라는 성토가 연이어 터져 나왔다.

민주당은 "축산 농가에 직접적인 도움이 될 수 있도록 소득보장제도의 입법과 예산 조치에 최선을 다하겠다"고 말했다. 또 "우리나라에서 광우병이 발생하더라도 검역을 할 수 없는 상황"이라며 "미국 쇠고기가 안 팔리면 한우도 안 팔린다. 어느 것이 미국 소인지 한우인지 몰라 산업 붕괴가 예상된다"며 업계에 닥친 위기를 전했다. 현재 쇠고기의 원산지 표시 규정이 미흡할뿐더러 제대로 지켜지지 않는 시장 분위기에서 광우병 위험이 있는 쇠고기가 시장에 풀릴 경우 소비자들이 쇠고기 자체를 기피할 것이라는 해석이다.

일본에서 이명박 대통령이 "값싼 미국산 쇠고기를 먹을 수 있게 됐다"고 한 발언은 미국 쇠고기를 광고한 것이라며 비틀어 말하는 이들도 있다.

미국산 쇠고기가 과연 이런가? 미국의 멀쩡한 소를 광우병으로 몰아붙이고 미국의 쇠고기 생산 과정이 이렇게 엉망이며 우리나라의 도축 방법보다 그렇게 비위생적일까? 과연 이명박 대통령은 우리 축산 농가를 져버리고 굴욕적인 외교를 하고 온 것인가? 우리의 축산 농가나 반대하는 시민단체나 국회의원들의 주장은 광우병 때문에 국민의 건강을 문제 삼고 우려한다.

그러나 국민이 미국의 쇠고기를 사먹으면서 광우병에 대한 공포는 대부분 없다. 정치인들이 광우병 때문에 진정으로 우리 국민의 건강을 우려하는 것 같지도 않다.

소 한 마리에 뼈가 얼마나 있는가? 그 쇠고기에 뼈 하나가 없도록 잡기란 얼마나 힘들겠는가? 그 고기에 조그마한 뼈 하나면 튀어나와도 언론·시민단체들이 야단법석이다. 그리고는 반품시킨다.

우리 쇠고기의 우수성에 대한 선전도 좋지만 싫으면 안 사면 그만이다. 그렇게 감정적으로 판단하고 자극하면서 거부해야 옳은가? 대한민국 국민이라면 누구나 우리의 축산 농가를 걱정한다.

대한민국의 소비자들은 그렇게까지 하지 않아도 잘 판단하고 있다. 쇠고기 맛과 가격 앞에는 이데올로기가 없다. 반대할 때 하더라도 국제사회에서 대한민국 소비자의 품위를 살리면서 반대하자. ♣

부富와 정치의
고전적 헤게모니

부와 정치에 대한 시각이 꼭 그렇게 부정적이어야 하는가. 청와대 핵심 간부들의 평균 재산이 35억 5천 652만 원으로 나타났다.

이렇게 부유한 인사들이 과연 서민을 위한 행정을 펼쳐나갈 수 있을까. 이렇게 많은 부를 축적한 사람들이 과연 서민과 중산층을 위한 경제 정책을 마련할 수 있을까.

지금 이명박 정부의 부자 내각이 국민들로부터 비난을 받고 있다. 자본주의하에서 가난이 자랑이 아닌 것처럼 부자가 비난의 대상은 아니지만 불법과 편법을 통해서 부를 축적했다면 당연히 국민의 심판을 받아야 한다.

더더욱 국민의 모범이 되어야 할 행정 관료들의 수반이라면 책임지고 사퇴를 해야 한다. 그런 의미에서 박미석 수석의 사퇴는 때늦은 감이 있지만 용기 있는 행동이다.

그래서일까 최근에 행해지는 일련의 정치에서 서민층을 외면하는 경향이 나타나고 있는 것 같다. 그러나 부자라고 해서 인재등용에 있어서 결격사유가 되어서는 안 된다.

옛말에 '부유하게 살아야 착하게 행동한다'는 말이 있다. 가난한 것보다 부유한 것이 훨씬 낫다. 부와 정치에 대한 문제는 우리 동양의 고전에서는 일찍부터 다루어지고 있었다.

『서경』 홍범 황극조(皇極條)에 "재능이 있고 실천력이 있는 사람을 등용하면 나라가 번창해질 것이다. 벼슬아치는 부유하게 살아야 착하게 행동하는 법이니 만약 봉록이 풍족하지 않아 이들이 집에서 잘 지내게 하지 못한다면 이들은 죄를 짓고 말 것이다"라는 글이 있다.

권력을 가진 고위관료 중에서 가난하면서도 정의로울 수 있는 자는 흔하지 않다. 관료의 봉급이 집안 식구들이 끼니를 제때에 먹지 못할 정도로 가난하다면 부정이 일어날 소지가 많으며 관직 생활이 청렴결백하게 올바로 영위될 수 없다. 그래서 봉급이 기본 생활이 될 수 있게 정해지는 법이니 이는 예나 지금이나 똑같다.

3일만 굶으면 부자지간에도 음식을 두고 다툼이 일어난다. 어느 겨를에 부자유친의 예를 행하고 군신유의의 예를 행할 수 있겠는가? 더더욱 관료로서 정의를 구현할 수 있겠는가? 이 때문에 공자는 먼저 부유하게 한 후에 교육해야 한다고 주장했고 관자(管子)는 의식이 족해야 예절을 안다고 했다. 이렇게 본다면 부는 좋은 정치를 위한 고위관료가 갖추어야 할 요건일 수도 있다.

맹자는 '무항산무항심(無恒産無恒心)'론을 주장했다. 항상 떳떳하게 살아갈 수 있는 일정한 생업이나 재산이 없으면 항상 떳떳하고 올바른 마음가짐도 있을 수 없다.

『맹자』 양혜왕(梁惠王) 편 상(上)에서는 어느 날 제(齊)나라 선왕(宣王)이 정치에 대하여 묻자, 맹자는 백성들이 배부르게 먹고 따뜻하게 지내면 왕도의 길은 자연히 열리게 된다며 다음과 같이 대답하였다.

"떳떳하게 살아갈 수 있는 일정한 생업이 없으면서도 항상 떳떳한 마음을 가질 수 있는 자는 오직 강직한 선비만 가능한 일입니다. 보통 사람에 있어서는 떳떳하게 살아갈 수 있는 일정한 생업이 없으면 항상 떳떳한 바른 마음을 가질 수 없습니다. 만약 항상 떳떳하게 살아갈 수 있는 바른 마음을 가질 수 없다면 방탕하고 편벽되며 사치하게 되어 하지 못하는 짓이 없게 될 것이니, 이렇게 하여 그들이 죄를 범한 후에 법으로 그들을 처벌한다는 것은 곧 백성을 그물질하는 것과 같습니다. 어떻게 어진 사람이 그 지위에 있으면서 백성에게 그물질할 수 있습니까?"라고 하였다.

맹자는 이것을 백성들을 죄의 그물망에 빠뜨리는 것이라고 하였다. 맹자의 이러한 논리는 오늘날이라고 해서 다를 것이 없다. 그러므로 현명한 정치가는 백성의 생업을 제정해 주기 위해 부지런히 일자리를 만들어야 한다.

그래서 위로는 반드시 부모를 섬길만하며 아래로는 족히 자식들을 교육하기에 부족함이 없게 해 놓고서 좋은 정치를 하면서 국민이 따라올 것을 요구해야 국민이 나라가 하자는 대로 따르는 것이다. 일 년 내내 죽을 고생을 하면서 일해도 위로 부모를 섬길 수 없고 아래로 자식을 교육시킬 수 없다면 오직 생명을 부지하기도 힘이 드는데 어느 겨를에 나라가 요구하는 법령을 지키고 정치를 믿고 따르겠는가? 이러고도 도둑이 되지 않을 사람이 어디에 있고 법을 지키려고 애쓰는 사람이 어디 있겠는가? 더군다나 부정한 방법으로 부를 축적한 부자들을 믿을 수 있겠는가?

소동파는 '적벽부'에서 "비록 털 하나라도 나의 소유가 아니면 취하지 말라"라고 했다. 또 내 소유가 아닌데 취하는 것은 '盜(도: 도둑)'라고 한다. 고위 관직에 있는 자들은 명심하고 또 명심하기 바란다.

♣

어머니의 혼자 치는 화투

조선시대 『경국대전(經國大典)』에 '개가(改嫁)한 여자의 자손은 정직(正職)에는 서용(敍用)하지 말라'는 법이 있었다. 예전에 어떤 벼슬아치 형제가 장차 이 문제를 가지고 남의 청렴한 벼슬길 막으려 하면서 그 어머니 앞에서 이를 의논하자 어머니가 물었다. "그 사람에게 무슨 허물이 있기에 이를 막으려 하느냐?"

"그 윗대에 과부된 이가 있었는데 그에 대한 바깥의 논의가 자못 시끄럽기 때문입니다."

"그 일은 규방의 일인데 어떻게 알았단 말이냐?"

"풍문(風聞)이 그렇습니다."

"풍문이란 소리는 있으되 형체가 없다. 눈으로 보자 해도 보이는 것이 없고, 손으로 잡아 봐도 잡히는 것이 없으며, 허공에서 일어나서 능히 풍문으로 만물을 들뜨게 하는 것이다. 어찌하여 무형(無形)의 일을 가지고 들뜬 풍문 가운데서 사람을 논하려 하느냐? 더구나 너희는 과부의 자식이다. 과부의 자식이 오히려 과부를 논할 수 있단 말이냐? 앉거라. 내가 너희에게 보여줄 게 있다." 하고는 품고 있던 엽전한 닢을 꺼내며 말하였다.

"이것에 테두리가 있느냐?"

"없습니다."

"이것에 글자가 있느냐?"

"없습니다."

어머니는 눈물을 드리우며 말하였다. "이것은 너희 어미가 죽음을 참아 낸 부적이다. 10년을 손으로 만졌더니 다 닳아 없어진 것이다. 무릇 사람의 혈기는 음양에 뿌리를 두고, 정욕은 혈기에 모이며, 그리운 생각은 고독한 데서 생겨나고, 슬픔은 그리운 생각에 기인하는 것이다. 과부란 고독한 처지에 놓여 슬픔이 지극한 사람이다. 혈기가 때로 왕성해지면 어찌 혹 과부라고 해서 감정이 없을 수 있겠느냐? 가물거리는 등잔불에 제 그림자 위로하며 홀로 지내는 밤은 지새기도 어렵더라. 만약에 또 처마 끝에서 빗물이 똑똑 떨어지거나 창에 비친 달빛이 하얗게 흘러들며, 낙엽 하나가 뜰에 지고 외기러기 하늘을 울고 가며, 멀리서 닭 울음도 들리지 않고 어린 종년은 세상모르고 코를 골면 이런저런 근심으로 잠 못 이루니 이 고충을 누구에게 호소하랴. 그럴 때면 나는 이 엽전을 꺼내 굴려서 온 방을 더듬고 다니는데 둥근 것이라 잘 달아나다가도 턱진 데를 만나면 주저앉는다. 그러면 내가 찾아서 또 굴리곤 한다. 밤마다 늘 대여섯 번을 굴리면 먼동이 트더구나. 10년 사이에 해마다 그 횟수가 점차 줄어서 10년이 지난 이후에는 때로는 닷새 밤에 한 번 굴리고, 때로는 열흘 밤에 한 번 굴렸는데, 혈기가 쇠해진 뒤로는 더 이상 이 엽전을 굴리지 않게 되었다. 그런데도 내가 이것을 열 겹이나 싸서 20여 년 동안이나 간직해 온 것은 엽전의 공로를 잊지 않으며 때로는 스스로를 경계하기 위해서였다."

이 이야기는 조선 후기 연암 박지원이 지은 〈열녀함양박씨전〉이란 글 중의 한 부분이다. 나는 이 글을 읽을 때마다 홀로되신 두 분이 떠오른다. 한 분은 필자가 중학교 2학년 때 남편을 여의고 홀로되신 어머니이시고, 또 한 분은 6.25전쟁 때 남편을 학도병으로 떠나보내시고 청상에 홀로되시어 지금까지 고고하게 살고 계시는 필자의 고모님이시다. 팔순이 넘어가는 이분들이 살아온 밤은 두루마리 가사집을 읽고 또 읽거나 아니면 바느질을 하시거나 손자 손녀에게 옛날이야기를 해주거나 아니면 홀로 윷놀이나 화투놀이를 하며 어머니의 직분을 지켜온 열녀의 밤이었다. 덕분에 나의 조카들은 별순이 달순이 이야기를 다 외우고 모두 효도 고스톱을 익힌 후에 유치원을 갔다. 이것이 어찌 나만의 이야기인가?

이것은 오늘날 홀로 화투놀이를 하시며 그 긴긴날 그 긴긴밤을 인고의 세월로 보내신 우리들 홀어머니의 자화상일 것이다. 내일이면 어버이날이다. 남들이 어머니를 말하고 효도를 말할 때면 가슴이 아려오지 않는 자가 몇이나 있겠는가?

이 땅에 일찍이 홀로 되셔서 갖은 고생을 다하시면서 온갖 풍상을 겪으신 우리네 홀어머니들의 소리 없고 글자 없는 눈물로 쓴 일기는 이 이야기 속의 어머니와 별다르지 않다. 아직도 그 사무치는 외로움을 겪으면서도 애써 아닌 척하시는 어머니들은 모두 이 땅의 열녀들이다.

밤만 되면 도시의 반짝이는 네온사인은 수도 없이 많은데 이 노인들이 갈 곳이 어디에 있는가? "바릿밥 남 주시고 잡숫느니 찬 것이며 두둑이 다 입히고 겨울이라 얇은 옷을 솜치마 좋다시더니 보공(관속의 빈곳을 채우는 옷)되고 말아라"고 노래한 위당 정인보 선생의 〈자모사〉는 이 어머니의 고귀한 희생을 안타까워하는 시조(時調)이자 우리들의 사모곡이다.

어머니 저 병풍 그림 속의 닭이 꼬끼오 하고 울 때까지 어머니 그때까지 사세요. 마누라와 저는 어머니의 똥 맛을 볼 각오가 되어 있습니다.

♣

광우병 상상력과 바보들의 행진

조선시대 정승 홍서봉(洪瑞鳳)의 어머니 유씨 부인은 효와 시로 이름이 났을 뿐만 아니라 아름다운 마음씨를 가진 여인으로 이름이 높다. 그러나 그의 집안은 너무나 가난하여 거친 밥과 나물국도 자주 먹지 못하고 쌀독이 빌 때가 많았다고 한다.

하루는 집안에 고기를 사야 할 일이 있어서 홍서봉의 어머니가 계집종에게 고기를 사오게 하였는데, 사가지고 온 고기의 빛깔을 보니 부패한 것이었다. 그 당시는 약도 제대로 없던 터라 사람이 상한 쇠고기를 잘못 먹으면 죽는 일도 자주 있었다. 쇠고기는 상하면 그 빛깔에 파란 빛이 돈다. 그의 어머니는 계집종에게 묻기를 "그 집에 팔려는 고기가 얼마나 있더냐?" 하고는 끼니를 못 이어 가는 가난 속에서도 머리 장식을 팔아서 계집종에게 그 고기를 모두 다 사오게 해서는 담장 아래에 묻었다. 이는 동네에 다른 사람들이 사 먹고 병이 날까 걱정해서 그렇게 한 것이다. 이 얼마나 아름다운 마음씨인가? 쇠고기로 온 나라가 시끄러운 지금 이 이야기가 새삼스럽게 다가온다.

대한민국은 이런 아름다운 역사와 전통을 가진 나라이다. 만약에 미국산 쇠고기가 광우병에 걸린 소라고 판단되어 우리 국민 건강에 진실로 심각한 영향을 미친다고 생각이 되면 몰래 사서 국민이 먹지 못하도록 파묻을 생각을 좀 해라. 왜 이런 정치인은 우리나라에 없는가?

지금 온 나라가 미국산 쇠고기의 광우병 때문에 야단법석이다. 벌써 달포가 넘게 광우병 싸움이다. 단 몇 시간이면 충분히 해결할 일을 가지고 줄기차게 싸워대고 있다. 실익은 없고 국력을 낭비하는 상상력 키우기와 몇몇 국회의원 그 바보들의 행진은 끝이 없다. 국민들은 이 심각한 정치에 분노한다. 제대로 된 정치인이라면 쓸데없는 공리공론으로 국력을 낭비하지 말고 국익에 도움이 되는 정치를 행하라! 병든 쇠고기인 줄 알면서 그것이 인간에게 지극히 위험하다는 것을 알면서 그런 고기를 판매하는 나라가 과연 있을까? 있다면 국제사회에서 지탄을 받아 마땅하다. 만약 이것이 아니라면 문제는 크게 달라진다. 그 이후 이 혼란의 책임은 질 각오가 되어 있는가?

『열자(列子)』의 〈천서편(天瑞篇)〉에 고대 중국 기(杞)나라에 어떤 사람이 있었는데, 그는 하늘이 무너지고 땅이 꺼지면 몸 둘 곳이 없음을 걱정한 나머지 침식을 전폐하였다고 한다. 그래서 앞일에 대해 쓸데 없는 걱정으로 일관하는 것을 두고 기우(杞憂)라고 한다. 한국의 국회의원 중에 몇 명은 미국산 쇠고기가 광우병을 일으켜 그 쇠고기가 우리나라에 수입되어 사람이 광우병에 걸리면 이는 심각한 문제를 일으킨다고 큰 걱정에 빠져 있다. 참으로 소가 웃을 일이다.

이명박 대통령의 경거망동이 잘못이면 그것을 꼬집어라! 정치에 인재가 얼마나 중요한 일인데 자기가 다니는 교회에서 그 인재를 찾는가? 인수위 과정에서부터 시작해서 불법으로 모은 부자 내각에 이르기까지 이명박 정부가 행한 일련의 인재 등용의 실수를 시작으로 정치 스타일이 불신을 받고 있다. 대운하 정책, 영어 몰입교육, 미국 쇠고기 수입 전면 개방, 모두 다 필요한 것이라면 좀 더 신중하게 접근하고, 진실로 국민을 설득시키고, 모자라는 점이 있으면 수정하고 고치고 해야지 무조건 몰아붙인다고 해결이 되는가? 개혁의 속도를 줄여라!

이 촛불시위의 초점은 미국의 미친 소에 있지 않다. 이명박 정치에 대한 안티다. 여기에 중학생이 동참하자 사태를 올바로 판단하고 바르게 자라나야 할 중학생을 바라보는 시각이 너무 다르다. 당신 아이라면 어떻게 하겠는가? 이것을 이용하는 무리들은 도대체 어느 나라 백성인가? 부화뇌동하는 학생들의 행동을 어른이 보면 얼른 집에 가서 공부하라고 타일러야 옳지 않나? 어떤 국회의원은 어설픈 영어로 복수, 단수 문제라고 연결시켜 중학생들이 뛰쳐나온다고 하니, 그 심각한 문제가 복수 단수 문제로 보아야 하는 문제인가? 그 국회의원이 진짜로 중학교 수준이다. 그러고도 어떻게 국회의원 한다고 떠벌이고 있는가? 이러고도 정치인이랍시고 나라 세금을 축내고 있는가? 정부도 강력하게 기강을 잡아 나가라! 법에 저촉되는 자가 있으면 강력하게 처벌하라! 이것이 민주화라면 곤란하다.

우리가 이런 경우 흔히 사용하는 단어 가운데 낭패(狼狽)라는 단어가 있다. 이 단어의 고사를 한번 보자. '낭'과 '패'는 전설상의 동물이다. 낭(狼)은 태어날 때부터 뒷다리 두 개가 없거나 아주 짧다. 그런가 하면 패(狽)는 앞다리 두 개가 없거나 짧다. 그런 이유로 이런 두 녀석이 앞다리를 얹고 뒷다리를 걸치고 하여 걷는데 두 마음이 합치되지 않으면 한 발자국도 나아가지 못하고 나뒹굴기가 일쑤다. 도저히 만나서는 안 되는 결함을 가진 것들이 만나면 한 발자국도 나아가지 못하고 나뒹굴 수밖에 없다. 대한민국 정치 진짜 낭패 났다. ♣

여성의 아름다움과 성교육 비판

사람의 얼굴이 모두 다 똑같지 않듯이 성에 대한 생각도 모두 다르다. 모두 다른 것을 한가지로 똑같이 보려는 것은 문제가 있는 것이다. 세상에 여자보다도 더 아름다운 것이 또 있을까? 이 여자의 아름다움을 성의 대상으로 삼는 속물들 때문에 여자의 아름다움이 엉망진창이 되어가고 있다.

잠시 성 문제를 언급해 보자. 사실 어느 지역 어느 초등학교 성 사건이 보도되었을 때 언급하고 싶었던 문제이다. 이 문제는 성교육을 강화되어야 한다는 쪽으로 문제를 해결하려 하고 있다. 이런 사건은 어설픈 성교육 때문에 생겼다고 해도 과언이 아니다. 성교육은 성을 아름답게 바라보게 만드는 것이 아니라 성을 자극하고 성에 호기심을 불어넣으며 성을 해방시키는 무의도의 의도가 있어버린 것은 아닌가? 수년 전에 성교육으로 유명한 어느 여성의 성교육 장면을 보았다. 한마디로 창피하고 부끄러워서 혼났다. 그것이 어디 포르노 교육이지 성교육인가? 한마디로 잘못된 성교육이었다.

성교육은 공개적으로 하는 교육은 아니라고 판단된다. 개인적으로 공개된 성교육을 강력히 반대한다. 성은 자연스럽게 알아가야 하는 원초적 본능이다. 성은 신성하고 신비한 것이다. 감추는 것이 맞다. 그래서 동서고금을 막론하고 성기는 가장 신성하게 숨겨야 하는 것으로 문자 너머로 약속되어 있다. 성교육은 드러내 놓고 남녀 학생들이 같이 받아서는 안 된다. 감추어야 신비하고 감출수록 그 순수한 아름다움을 간직한다. 신비와 순결이 간직되어 있기에 청춘 남녀가 아름다운 것이다. 성은 가장 아름다운 사람을 만나 사랑을 나눌 때 가장 아름다운 최고의 표현방식이다. 이것을 함부로 미리 써버리면 그 아름다움을 표현할 길은 없어진다. 이성을 존경하라! 세상에 순결한 청춘 남녀보다도 더 아름다운 것이 또 어디에 있는가? 갓 초례를 치르는 신부보다 더 아름다운 광경이 또 어디에 있는가?

힌두교 창조설의 작가는 벌써 4천 년 전에 본질적으로 오늘날과 다름없는 아름다운 여인을 창조하였다. 신이 여자를 만들 때에 꽃의 아름다움 화려함, 새의 고운 노래 소리, 무지개 일곱 가지 빛깔, 미풍의 부드러운 입맞춤, 물결의 곡선, 양의 온순함, 여우의 교활함, 구름의 자유분방함, 소나기의 변덕 이런 것들을 추려 모아서 여성의 몸속에 집어넣어 가지고 남자에게 주어 아내를 삼게 했다고 한다. 이런 아내를 얻은 힌두의 아담은 행복했다. 두 사람은 아름다운 지상에서 뛰놀며 돌아다녔다. 그런데 얼마 후 아담이 신에게 달려와서 말했다. "이 여자를 어디로든 쫓아내 주십시오. 도저히 함께 살 수 없습니다."

신은 그 말을 들어 힌두의 이브를 그에게서 떼어 놓았다. 그런데 며칠 지나지 않아 아담은 외로워서 견딜 수 없었고 아무런 즐거움도 느낄 수 없었다. 마음이 울적해졌다. 그래서 아담은 다시 신을 찾아가 간청했다. "다시 그 여자를 되돌려 주십시오. 여자 없이는 도저히 살아갈 수 없습니다." 신은 그 말대로 이브를 다시 보내 주었다.

며칠 후 아담은 다시 신 앞에 나아가 간절히 청했다. "제발 그 여자를 데려가 주십시오. 맹세하겠습니다." 신의 무한한 지혜는 다시 그 소원을 들어주었다. 그랬더니 결국 아담은 네 번째 다시 와서 여자

없이는 살 수 없다고 호소해 왔다. 신은 아담에게 다시는 마음이 변하지 않을 것, 좋든 나쁘든 그 여자와 운명을 함께할 것, 가능한 한 방법을 강구하여 이 지상에서 종신토록 같이 살 것을 약속하도록 했다.

이 세상에서 가장 아름다운 것에는 엄격한 책임이 따른다. 이혼은 신의 가르침을 배반하는 이기주의에서 비롯된다. 그 아름다움은 영원할 수 없는 것이다. 그 아름다움을 책임져야 하지 않겠는가? 제발 이혼을 교육하지 마라! 이혼은 무엇으로도 용서될 수 없다.

또 힌두교의 창조설화인 트바슈타(Tvashta)에서는 여자의 창조를 이렇게 밝히고 있다. "새끼 사슴의 눈동자와 햇살 안개의 눈물로 반죽하고, 토끼의 겁과 공작새의 허영과 부드러운 제비의 목구멍을 자유로운 바람으로 휘저었다. 여기에다가 창조신은 다이아몬드의 자랑과 호랑이의 잔인함과 불의 따스함과 눈의 차가움을 가미하였다. 그래도 부족해서 어치 새의 재잘거림과 비둘기의 울음을 섞어 여자를 만들었다."고 전한다.

이 아름다운 여성의 성을 훼손하는 행위는 인류의 가장 큰 범죄이며 가장 잔인한 범죄이다. 행복의 원천인 성에 대한 범죄는 강하게 처벌되어야 한다. 지조와 절개를 목숨으로 지켜낸 우리 조상들의 아름다움은 다소 우원하고 고집스러워 보이더라도 세계에서 가장 아름다운 여인이었음을 자랑스럽게 여겨야 한다. 세계의 다른 어떤 나라의 문화보다도 우리의 성 문화는 고도의 아름다움을 가지고 있는 신성불가침이었다. 이런 문화의 차이를 버려 버린 채 서양의 성 개방의 문화를 따라 학생들을 성교육하고 있는 것은 아닌지? ♣

이백의 시 촉도난蜀道難과
중국 사천四川의 대지진

'네 개의 아름다운 강이 흐른다'는 뜻에서 사천성이라고 했다던가! 유구한 역사와 아름다운 산천의 도시 중국 사천의 대지진을 안타깝게 바라본다. 그 옛날 촉나라 땅 사천을 노래한 이백(李白)의 시 〈촉도난(蜀道難)〉을 한국어로 옮기며 애도와 위로의 뜻을 삼가 전한다.

우 아아아!
아득하게 높고도 아찔하구나!

촉으로 가는 길이 험난한 것은
저 하늘에 오르기보다 어렵도다!

촉나라 국조였던 잠총(蠶叢)과 어부(魚鳧)께서
개국을 한지가 그 얼마나 되었던가

그로부터 사만 팔천년 동안
처음부터 진나라와는 사람이 통한 적이 없었고

서쪽의 우뚝 솟은 태백봉에는 조도(鳥道)만 있을 뿐인데
어떻게 그 먼 아미산 꼭대기를 가로지를 수 있겠는가

땅이 무너지고 높은 산이 무너져 장사들이 죽고
그런 후에야 비로소 하늘사다리와 바위 잔도를 갈고리로 이었다네

꼭대기는 태양신 수레를 끄는 육룡이 해를 도는 이정표가 되고
천 길 낭떠러지 아래는 세찬 물결이 절벽에 부딪쳐 강을 휘돌아
나간다

황학(黃鶴)이 날개를 쳐도 오히려 넘을 수가 없었고
원숭이도 넘으려 하나 잡아당길 것이 없어서 걱정이라네

청니(青泥)봉의 산길은 얼마나 꼬불꼬불 얽히었던지
백 걸음에 아홉 번은 험난한 산길을 돌아 넘어야 한다

삼태성을 만지면서 우물별을 지나서 온 곳을 쳐다보며 어깨로 숨
을 쉬고
손으로 가슴을 쓸어내리며 앉아서 장탄식을 한다네

그대는 촉나라 여행에서는 언제쯤에나 돌아올 텐가
무서운 길과 높이 솟은 바위는 잡을 수도 없고

보이는 것은 다만 고사목 위에서 두려워 슬피 우는 새들뿐
두려움에 수놈이 날면 겨우 암놈이 그 뒤를 따르며 숲속을 맴돌 뿐

게다가 소쩍새 울어대는 소리 들리나니
달이 텅 빈 온 산을 수심에 겹게 하기 때문이라오

촉으로 가는 길이 험난한 것은
저 하늘에 오르기보다 어렵도다!

이 말을 듣는 사람으로 하여금 붉은 얼굴이 하얗게 질리게 한다

연이은 봉우리들은 하늘과 거리가 한 자도 못 되는데
고사목이 된 소나무는 절벽에 거꾸로 걸려 있다

폭포에서 떨어지는 세찬 물줄기는 우렁찬 소리를 다투며
바위벽에 부딪치고 돌 구르는 소리는 우레가 치는 듯 온 산을
뒤흔든다

그 험난하기가 이와 같거늘
아! 먼 길을 떠나간 나그네여
어떻게 돌아오려나

검각(劍閣)산의 날카로운 봉우리는 너무나 높은데
한 사람이 관문을 지키면 만 명이라도 뚫지 못하네

지키는 사람이 혹시 친한 사람이 아니라면
이리나 승냥이로 변할 수도 있다

아침에는 사나운 호랑이를 피해야 하고
저녁에는 큰 뱀을 피해야 한다네

그놈들은 어금니로 씹고 피를 빨아
사람을 죽이기를 삼대같이 한다네

금성(錦城: 성도의 옛 이름)이 비록 즐길만하다고 하나
일찍 집에 돌아옴만 못하다오

촉으로 가는 길이 험난한 것은

저 하늘에 오르기보다 어렵도다!

몸을 돌려 서쪽을 바라보며 마냥 탄식할 뿐이네

　이 시는 이태백이 42세 때 지은 시로 음중팔선(飮中八仙)의 한 사람이었던 하지장(賀之章)이 이 시를 보고 그의 시재에 깜짝 놀라 '이 사람은 보통사람이 아니고 인간세계로 귀양 온 신선'이라 하여 적선인(謫仙人)이란 별명을 붙여주고 이백을 황제께 천거하여 한림봉공(翰林奉公)이 되게 했다는 유명한 시이다. 사천 이곳은 시선(詩仙) 이백이 5세 때 부모를 따라 촉(蜀)의 청렴향(淸廉鄕, 지금 사천성 강유시 근처)로 이사 와서 약 20년간을 살았던 곳이기도 하다. 이번 지진으로 이백이 살았던 고택이 피해를 입었다고 전해진다.

　이 시 속의 "땅이 무너지고 높은 산이 무너져 장사들이 죽고,/ 그런 후에야 비로소 하늘사다리와 바위 잔도를 갈고리로 이었다네."라는 시구에는 다음과 같은 전설이 전한다.『화양국지』에 이르기를 "옛날에 진(秦)나라 혜왕(惠王)이 다섯 딸을 촉(蜀)나라에 시집보내기를 허락하니 촉나라 왕은 다섯 명의 장사들을 보내어 그들을 맞이하게 하였다. 재동(梓棟) 근처에 이르자 집체만 한 뱀이 동굴 속으로 들어가는 것을 보고 한 사람이 그 꼬리를 잡고 당겼으나 당해내지를 못하자 이에 다섯 명의 장사들이 서로 힘을 합쳐서 꼬리를 잡고 크게 소리치며 끌어내려다가 산이 무너져서 다섯 명의 장사가 산에 파묻혀 죽었다."고 전한다. 또『촉왕본기(蜀王本紀)』에는 "산이 무너져서 진나라의 다섯 미인은 바위로 변해서 무너진 산에 다섯 개의 바위가 생겼다"고 하고 있다. 이에 촉나라 사람들이 드디어 길을 낼 수가 있었다는 전설이 전해진다. 그 옛날에도 땅이 무너지고 산이 무너지는 무서운 지진 같은 것이 있었나 보다.

아! 그놈의 큰 뱀이 또 장난을 친 것인가. 이런 큰 변고가 사천을 덮치다니! 하늘을 원망하며 말을 잊었다. 그 많은 인명과 재산이 순식간에 사라지고, 산은 무너져 큰 웅덩이로 변했다. 졸지에 옛 촉나라 땅 사천은 아수라장으로 변했다. 아! 신이시여 이들을 보호하소서! 그 옛날에도 땅이 꺼지고 산이 무너진 후에 새로 길을 낼 수 있었듯이 사천인들이여, 빨리 슬픔을 잊고 일어나 새로운 희망의 길을 개척하기를 진심으로 바란다. 이 촉도난의 시구 "몸을 돌려 서쪽을 바라보며 마냥 탄식할 뿐이네"를 연거푸 외운다. ♣

촛불 하나 켠다

"지금 조선은 털끝 하나라도 병들지 않는 것이 없다"라고 다산 정약
용 선생은 수탈과 착취로 일관되는 당대 조선 후기 사회를 신랄하게
비판했다. 지금 대한민국은 온전한 것이 얼마나 될까? 지난 잃어버린
10년간의 실정을 보면서, 그리고 지금 이명박 정부의 잃어버린 100
일을 되돌아보면서, 민주투사병에 걸린 듯한 과도한 시위를 지켜보
면서 대다수 국민들은 "지금 대한민국은 털끝 하나라도 병들지 않는
것이 없다"라고 걱정하며 비판하고 있다.

그 비판의 중심에는 지난번 이명박 대통령이 미국 순방길에 백악관
에 선물한 미국산 쇠고기 전면 수입 개방이 문제의 불씨가 되고 있다.
이것은 너무나 첨예한 문제를 너무나 쉽게 풀어 버렸다. 그것은 국민
을 위한 최선의 정책이 아니었다. 그 일로 지금 대한민국은 혼란 속으
로 빠져들고 있다.

지난 대통령 선거에서 역사상 유래가 없는 압도적인 승리를 거두었
던 이명박 대통령이 취임 백 일을 넘기면서 큰 위기를 맞고 있다. 그
이유는 어디에 있는가? 그것은 한마디로 소통과 불신에서 비롯되는
감이 있다. 그 불신의 첫 번째 이유는 인재 등용에 있었다. 인수위원
회의 명단이 발표되자 국민들의 입에서는 특정 대학과 특정 교회가
오르내렸다. 영어 공교육 정책 등 그들이 하는 주장을 보면서 국민들
은 우려와 걱정의 소통의 메시지를 보냈다. 그러나 대통령은 냉담할

정도로 독주할 뜻을 보였다.

　이어 내각이 발표되자 국민들은 또 우려와 걱정을 해야 했다. 대통령 주변에는 인재가 없는 걸까? 국민들은 함량 미달에다가 문제투성이의 사람들이라고 불신의 메시지를 전달했다. 그런데도 대통령은 소통할 뜻을 보이지 않았다. 대통령은 독주할 뜻을 보였다.

　그 불신의 두 번째 이유는 박근혜 의원에 대한 약속 불이행이다. 대통령 선거 시절 여러 가지 악한 상황 속에서도 박근혜 의원은 끝까지 이명박 대통령을 지지해 주었다. 그때 대통령은 국정의 동반자로서 함께 정치해 나갈 것을 국민 앞에 약속했다. 그러나 당선 이후 약속을 지키기는 고사하고 국회의원 선거를 앞두고 벌어지는 상황은 세인들을 놀라게 했다. 이재오, 이방호 등과 같은 대통령 측근들은 공천의 칼자루를 비열하게 휘둘렀다. 일부 국민들은 그 야비함에 얼굴을 찡그리며 분노하였다. 이때도 대통령은 무관심으로 일관하며 독주할 뜻을 보였다. 정치에 있어서 소통과 신뢰가 얼마나 중요한 키워드이고 독선과 불신 이것이 얼마나 위험한 것인가를 알았다? 대한민국 일부 국민은 대통령과 현 정부를 믿지 못하고 있다.

　그 세 번째 불신은 선거공약이다. 서민 생활에 대한 선거공약 불이행이다. 취임 백 일 동안 물가는 치솟고 삶은 어려워졌다. "대한민국에 되는 장사는 양초 장사뿐이다"라고 할 정도로 서민 경제는 악화되고 있다. 그리고 국토를 변화시키는 대운하 정책의 문제점이 대두되어 있는데도 대통령은 그냥 밀어붙이기로 일관하려 한다는 소통에 대한 불신의 메시지를 수도 없이 보내건만 대통령은 또 독주할 뜻을 보이고 있다.

　그 연장선상에서 성난 민심은 광우병 문제를 들고 나왔다. 이명박 정부는 세계의 모든 과학자를 동원해서라도 광우병의 진실을 밝혀 국민들에게 알기 쉽게 상세히 설명하려고 노력했어야 했다. 그리고 문제가 있다면 재협상의 문제를 넘어 아예 미국과의 관계를 단절하겠다고 나왔어야 했다. 지난 선거에서 자신을 찍어주지 않았던, 일부는 순수하기도 하지만 때로는 야비하기도 한 저 일부 국민들의 말도 안 되는 광우병 논리에 대통령은 대립의 각을 세우며 소통과 신뢰를 잃어버렸다. 오만과 독선으로 독주하려는 대통령을 이제는 일부 국민들이 믿어주지 않는다. 그런데도 대통령은 늘 낮은 자세로 임하겠다고 말한다.

지금 일부 시민들은 시위 양상은 도를 넘고 있다. 무질서가 판을 치고 나라의 공권력은 말이 아닌데도 일부 정치인과 일부 언론과 폴리페서(polifessor)들은 신나게 광우병 풍선을 불어대며 대통령을 협박하고 국민을 협박하고 경찰만 나무라고 있다. 이것은 민주주의 원칙을 무시하는 비열한 짓이다. 이 시위의 제2의 등장인물들은 약속처럼 일어나서 시국선언을 하는 지성 없는 지성들, 이들 시국선언 전문가들의 곡학아세(曲學阿世)에 국민들은 식상하고 있다. 이 시위에 나타나는 시위 전문가들은 정치를 꿈꾸는 사람들인가?

정부는 강력한 법치와 위엄을 보여라! 이명박 정부를 위하여 그리고 시위대를 위하여 진짜 촛불 하나 밝히노니 각각은 국민을 위해 무엇을 잘못했는지 깊이 반성해 보라. 평화롭게 살고자 하는 이 나라 국민들이 무슨 죄가 있느냐? ♣

우리의 촛불,
그 이미지 읽기

우리가 어릴 때 수수께끼 놀이를 하면서 흔히 주고받던 것 중 "돈 십 원으로 이 방을 가득 채울 수 있는 것은?" 하면 그 답을 찾느라 일제히 고민에 빠진다. 누군가 '촛불' 하면 아하! 라는 감탄사가 바보도 터지는 소리처럼 시차를 두고 여기저기서 쏟아진다. 그 당시 촛불 한 자루의 값이 십 원이었던 것이다.

이 수수께끼는 우리에게 많은 점을 시사한다. 이것은 우리에게 돈의 가치와 최소의 비용으로 최대의 효과를 누리는 경제원칙을 가르쳐 주었고, 적은 돈도 잘 쓰면 너무나 큰 보람을 느낄 수 있다는 사회와 소비에 대한 아름다운 상징과 이미지로 다가왔다. 이것은 세상의 어둠을 밝히는 봉사와 사랑과 희망의 메시지로 우리에게 전달되었다.

우리는 모두 어두운 세상을 밝히는 촛불 같은 인재가 되길 원했다. 자기 몸을 태우면서 세상을 밝히고 있는 저 촛불의 희생정신은 나라가 위태로울 때 몸을 던져 조국을 수호한 충절과 의리의 선비정신을 깨우쳐 주었으며, 밤배를 안내하는 등대같이 남을 배려하고 바른길로 인도하는 인자함과 착함을 가르쳐 주었다.

어둠 속에서 헤매는 자에게 촛불만큼 고마운 것이 또 어디 있겠는가. 절에서는 촛불을 켜고 부처님의 가르침을 설법하고 교회당에서도 촛불을 켜고 예수님의 가르침을 설교한다. 부처님 탄신일에는 초로서 등을 달아 감사를 표하고 소원을 빌며, 교회와 성당에서도 크리스마스에 초를 선물로 주고받으며 감사를 표한다.

우리의 대표적인 의례인 결혼식, 장례식 같은 관혼상제의 예에도 반드시 촛불을 켠다. 동서고금을 막론하고 촛불은 교훈과 정성, 그리고 신성과 정의의 이미지가 있었다. 결혼식을 다르게 표현하여 화촉을 밝힌다는 것에서 희망찬 출발과 사랑의 굳은 약속과 같은 맹세의 이미지도 발견할 수 있다. 또 유치원에서부터 초중고 대학의 학생들 캠프나 수학여행을 비롯하여 여러 사회단체 및 일반 회사의 연수에서까지도 어김없이 등장하는 것이 촛불의식이다. 촛불은 지나온 것의 잘못을 반성하고 새로운 미래를 설계하는 교육적 이미지로도 자리를 굳혔다.

지금 촛불시위를 바라보며 우리의 유명한 고전 춘향전을 생각한다. 탐관오리인 변학도의 생일잔치에 암행어사 이 도령이 나타나 던지고 간 한시 한 편이 새롭게 다가온다.

> 금 준 미 주 천 인 혈
> 金樽美酒千人血 　금동이의 향기로운 술은 천 사람의 피요
> 옥 반 가 효 만 성 고
> 玉盤佳肴萬姓膏 　옥쟁반의 좋은 안주는 만백성의 기름이라
> 촉 루 락 시 민 루 락
> 燭淚落時民淚落 　초의 눈물 떨어질 때 백성눈물 떨어지고
> 가 성 고 처 원 성 고
> 歌聲高處怨聲高 　노랫소리 높은 곳에 원망하는 소리 높도다

여기서 초의 이미지는 사치와 향락의 부정적인 이미지이다. 비록 오늘날과는 다르지만 변학도가 벌이는 잔치는 정부인가 시위대인가, 아니면 둘 다인가? 당신이 암행어사라면 어떻게 하겠는가? 憂國愛民 (우국애민: 나라를 걱정하고 국민을 사랑하는)의 정치를 위한 올바른 길은 어느 것인가.

또 단종 시대의 충신 이개의 절의가인 〈燭淚歌(촉루가)〉는 촛불과 관련된 고전 시가로 우리에게 익숙하게 다가오는 시조이다.

房^방 안에 혓날 燭^촉불 눌과 離別^{이 별}하엿관대

것흐로 눈물 디고 속타는 쥴 모르는고.

우리도 뎌 燭^촉불 갓하야 속타는 줄 모르노라

이 촛불은 충절의 이미지이다. 단종을 위해 충절을 지키면서 목숨을 걸었던 충절과 의리의 노래이다. 지금 시위대는 누구를 위하여 촛불을 켰는가. 그 순수성이 변질하지 않았으면 좋겠다.

미국산 쇠고기 수입 전면개방의 문제로 촉발되기 시작한 촛불시위가 점점 길어지면서 촛불시위에 대한 국민의 원망 소리도 점점 높아가고 있다. 이 시위에 참가했던 순수한 국민은 빠지고 민주인지 혹은 아닌지도 모를 민주단체, 자기들만이 인정하는 시민 없는 시민대표들이 또 다른 정치 이슈를 문제 삼아 촛불시위를 이어가고 있다. 이제는 촛불정치에 국민은 식상해 하고 있다.

연일 방송에서 세계 원유시장의 기록을 경신하는 고유가의 발표를 보면서 우리는 가슴이 철렁 내려앉는다. 언젠가 에너지는 고갈된다. 세계는 총성 없는 전쟁 중이다. 그런데도 대한민국은 태풍 앞에 촛불을 켜고 정쟁(政爭)에 몰두하고 있다.

줄줄이 일어서는 시위와 파업은 국민의 힘을 갈라놓고 물류대란으로 이어지는 이 총체적인 혼란은 이제는 위험수준이다.

당신들은 자기만족을 누리기 위해 시위를 하고 있지만 다른 국민에게는 피해를 주고 있다는 사실을 기억하자. 그만하라. ♣

언론의 역할과 사명

당나라 때 유명한 문장가인 한유는 『송맹동야서(送孟東野序)』란 글에서 다음과 같이 말했다.

"대저 만물은 그 공평함을 얻지 못하면 소리를 내어 우는 것이다. 초목에 원래 소리가 없는 것을 바람이 흔들어 대면 소리를 내며, 물에 소리가 없는 것을 바람이 움직여 소리를 낸다. 물이 뛰는 것은 이를 격동하게 하는 것이 있음이요, 물이 달리는 것은 이를 막음이 있음이요, 물이 끓어오르는 것은 이를 뜨겁게 달구는 것이 있기 때문이라. 사람이 말하는 데 있어서도 또한 그러하니 공평하지 못한 일이 있은 후에야 말을 하는 것이다."

고대시대에도 세상이 불공평하자 그 울어대던 것이 그 시문을 통해서 드러나고 임금이 불공평하면 상소가 빗발치고 백성이 억울한 일을 당하면 울어댔다. 그 중을 잃으면 불공평으로 이어지고 불공평하면 우는 것은 만대의 바른 이치이다. 모든 문학이 모든 역사가 각종 장르의 글들이 바로 이 불공평을 기록하고 있다.

무엇인가 불공평한 것이 있어서 우는 것은 오늘을 살아가는 우리네 인간사에 있어서도 매한가지다.

최근 대한민국이 미국산 쇠고기 전면 수입개방이란 소식이 전해지면서 불공평거리가 있자, 대한민국 방송이 그곳을 향해 울렸고, 대한민국 국민이 따라서 소리를 내어 울었고 일부는 촛불로써 소리를 내어 세계를 울렸다. 또 인사가 불공평하자 국민들이 또 울어댔고 호남의 인사가 소외되자 호남이 울었고, 영남의 인사가 역차별 당하자 영남이 울었다. 그러자 충청·강원·제주까지 울지 않는 곳이 없다. 촛불시위대가 너무 지나쳐 그 공평함을 잃으니까? 또 다른 국민들이 이를 울리고 방송이 그 공평함을 잃자 이번에는 국민들이 방송을 향해 울렸다. 대한민국은 크고 작은 불공평 때문에 시끌벅적하다. 시인은 시로써 불공평을 말하고 소설가는 소설로써 불공평을 말한다. 대저 만물은 그 공평함을 잃으면 우는 것이 지극히 맞았다.

그 소리를 내어 우는 것의 중심에는 언론이 있다. 이 시대는 언론을 빌어 대표로 울도록 했다. 언론이 얼마나 중요한가? 언론의 사명과 역할은 공정하고 객관성 있게 잘 울어야 하는 것이다.

최근에 미국산 쇠고기, 광우병, 촛불시위에 대해 방송이 공평성을 잃자 국민들이 언론을 향해 울어대기 시작했다. 언론이 한번 잘못 울면 온 국민이 그 불공평을 들어 줄줄이 울어댄다. 그러나 울어야 할 방송이 너무 적다. 우리나라에는 서너 개 밖에 안 되는 텔레비전 방송이 울 권리를 거의 독점하다시피 하고 있어서 그 위세가 하늘을 찌른다. 이로 인해 편파보도의 시비가 끊이지 않고 있다. 보기 싫어도 보아야만 하는 한정된 미디어 공간은 언론을 극도로 권력화하고 있다. 이렇게 간다면 모르긴 해도 국민들의 답답증은 점점 더 심해가고 언론에 대한 불신은 점점 더 깊어만 갈 것이다. 언론은 무소불위의 선전과 선동 권리를 앞세워 막강한 권력을 가지게 되고 정치는 이를 이용하려 갖은 수단을 동원할 것이다.

이를 시원하게 해소하려면 어떻게 해야 할까? 단도직입적으로 말해서 텔레비전 방송국은 속히 민영화되어야 하고 SBS 같은 방송국이

50개는 더 만들어져야 한다고 생각한다. 그래서 편파보도를 하는 방송은 경쟁에서 밀려나야 한다. 국민들을 잘못된 방향으로 선동을 하는 방송은 비판을 받아야 한다. 우리나라의 텔레비전은 국민의 울 권리를 막고 있다.

시위와 파업은 사고를 단순화시킨다. 다양한 의견과 심오한 사색을 바탕으로 형성되어야 하는 여론이 흑백 이데올로기, 지역감정, 진보대 보수, 등 정쟁의 장에 밀려 깊이 생각하는 사고하는 풍조가 아예 사라지고 있다. 국민들은 단순·과격화되어가고 있다. 이 결과 언론의 혜택을 보는 층과 언론의 피해를 보는 층이 극렬하게 갈라지고 있다. 최근 언론에 자주 등장되는 사람들은 시민대표, 시민운동가, 민주노총, 지역으로는 호남이다. 언론에서 가장 피해보는 사람은 부자, 대기업, 온건한 국민, 보수단체, 영남사람이다.

유교경전의 하나인 『대학(大學)』에 보면 "曾子曰 十目所視며 十手所指니 其嚴乎인져."라는 구절이 있다. 이 구절을 해석하면 "증자께서 말씀하시기를 열 눈이 보고 있는 바이며 열 손가락이 가리키고 있는 바이니 그 삼엄함이여"라는 뜻이다. 아무리 교묘하게 위장하려 하지만 그 선함과 악함은 이내 훤히 드러나게 마련이다. 그것을 증자는 열 눈이 보는 바이며, 열 손가락이 가리키는 바이니 매사에 조심하고 두려워해야 한다는 것을 강조하고 있다. 남이 보지 않는다고 해서 사특한 일을 마음 놓고 행하고 하찮은 일이라고 해서 함부로 할 수는 없는 일이다. 자기가 자신을 아는 것보다 대중이 자기를 아는 것이 더 엄격한 것이다. 대한민국 언론이 바로 울어주길 당부한다. ♣

광화문의 꼴불견들

"성모 마리아! 당신이 아니고서야 이 광우병의 진실을 누가 알겠습니까. 미국산 쇠고기를 먹으면 진짜로 머리에 구멍이 납니까? 지금 대한민국 광화문 앞에는 이것 때문에 난리가 났습니다. 인류의 평화와 화합을 주장하시는 성모 마리아여. 당신의 사제라고 일컫는 자들이 광화문에 나타나 이 쇠고기 시위를 조장하고 있습니다. 어떤 사람들은 그들에게 정신이 나간 사람들이라고 욕하기도 하고 성모 마리아 당신을 욕하기도 합니다. 그들은 정의를 운운하려고 합니다만 제가 보기에도 거기에는 사특함만 있고 정의는 없어 보입니다. 마리아 당신이 아니고서야 이 진실을 누가 알겠습니까. 이 때문에 대한민국의 국민은 고통을 당하고 있습니다. 하루속히 이곳을 평화와 화합의 장으로 만드시고 행복과 기쁨이 넘치는 땅으로 인도하소서."

천주교 신부와 사제들의 사특한 정치 시위 행위를 강력히 규탄한다.

조선 후기 연암 박지원의 문집인 『연암집』에 실린 〈단성현감 이후에게 보낸 편지〉에는 이런 글이 있다.

"지난번 진주(晉州)를 가는 길에 그 고을을 지나서 왔습니다. 마침 진휼하는 날이라 수많은 주린 백성들이 문 부근에 모여들었는데, 관아의 문은 닫혀있고 문지기는 한 사람도 없어서 말을 세우고 한참 동안 기다렸으나 통과할 길이 없었습니다. 뭇 남성들과 뭇 아낙네들은 늙은이를 부축하거나 어린애를 이끌고, 혹은 관문을 두들기며 크게 외치기도 하고 혹은 이러니저러니 떠들어 대며 조금도 꺼리는 기색이 없었습니다. 그 외모를 보니 모두 몸을 가누지 못하고 숨이 넘어가는 형상이었으나 그 뜻을 살피면 모두 다 제멋대로 하게 내버려 둠을 믿고 당당한 기세가 있었습니다. 얼마 후 한 아전이 와서 그 사람들에게 "새벽부터 죽을 끓이는데 솥은 크고 쌀은 많아서 밥이 다되자면 시간이 많이 걸리니 잠깐만 기다려 주면 곧 불러들이겠다"고 하자, 군중이 성을 내며 일제히 일어나 떼로 덤벼들어 그 아전을 두들겨 패고 옷을 찢고 갓을 부수고 머리칼을 잡아당기고 수염을 뽑는 등 못 하는 짓이 없었으며, 한 사람은 갑자기 제가 제 코를 쳐서 피를 내어 낯에 바르고 큰소리로 "사람 죽인다!" 외치니 뭇 백성들이 모두 함께 외치기를, "아전이 주린 백성을 친다!" 했습니다. 저들이 비록 사정이 급하여 진휼을 받자고 문 열기를 재촉하는 데 목적이 있었으나, 그 야료 꾸미는 것을 보면 이만저만 놀랍고 두려운 일이 아니었습니다."라고 하였다.

연암 박지원의 눈에 비친 조선 후기의 한 정치적 단상이 지금 벌어지고 있는 광화문 과격 시위와 내용만 다를 뿐 시위대나 방송이 야료를 부리는 것이 어쩌면 이리도 유사한가.

지금 광화문의 촛불시위대는 신이 나서 마음껏 대통령과 정부를 욕하고 공권력인 경찰을 두들겨 패고, 밟고, 경찰 차량을 부수기까지 하면서도 조금도 거리낌이 없어 보인다. 그런데도 방송을 보면 경찰이 시위대를 과잉 진압했다는 쪽으로 일방적으로 보도하고 있다.

대한민국은 민주국가이며 법치국가이다. 지금 벌어지고 있는 극렬한 폭력시위는 명백한 불법이다. 압도적인 지지로 당선된 대통령 퇴진을 주장하는 것은 지난 선거에 대한 불복종이며 이것은 대의정치를 표방하고 있는 대한민국 민주정치에 반하는 심각한 도전이다.

이 시점에서 정말로 웃기는 방송의 야료 하나만 보고 가자! 모 방송국이 야당 국회의원이 경찰에게 얻어맞았다고 일방적으로 보도했다. 입법기관의 국민 대표로 법을 지켜야 할 야당 국회의원이 법을 어기며 야비하게 민심을 얻으려 불법시위에 뛰어들었다가 봉변을 당했다. 이 국회의원은 분명히 법을 어겼다. 상대방의 인격을 위해하거나 공권력에 도전하는 언어도 폭력이다. 그 국회의원은 경찰의 임무에 충실하고 있는 자에게 욕할 것이 아니라 오히려 수고에 대해 위로하면서 법을 옹호하고 법을 지키는 자세를 보였어야 옳지 않았을까?

이런 내용도 포함해서 공정하고 객관적으로 보도해야 했다. 그러나 모 텔레비전 방송은 국회의원에게도 이 정도니 시위대에게는 어떻게 진압하겠느냐는 방향으로 유도하여 경찰을 비하시켰다. 이 혼란의 책임이 경찰의 과잉 진압에 있다는 억지 논리는 있을 수 없는 일이다. 일부 텔레비전 방송들은 극렬한 폭력시위를 선동하고 조장하는 행위를 즉각 중단하여야 한다.

이제는 국민이 어떤 텔레비전 뉴스는 거꾸로 보아야 맞다는 것을 알았다. 방송은 더 이상 인민재판식으로 법난(法難)을 조장해서는 안 된다. 오늘은 방송과 시위대에게 연일 수난을 당하고 있는 경찰에게 위로와 박수를 보낸다. 경찰의 과잉 진압은 없었다고 말해주고 싶다.

♣

광화문의 종교들

대한민국의 종교가 도를 넘은 것이 오래이다. 천주교, 기독교, 불교 등 각종 종교가 미국산 쇠고기 수입개방 문제로 붉어진 촛불시위에 뛰어들어 종교의 본래 의도와는 다르게 정치 시류에 영합하고 있다. 금욕과 청빈과 희생으로 자기 종교의 교리를 엄격하게 실천하며 가장 바르게 살아가야 할 종교인들이 본분을 망각하고 경거망동하고 있다. 거기 어디에 종교의 논리가 있는가? 이것은 양심으로 살아가야 하는 종교인들의 잘못된 정치개입 행위이다. 더구나 첨예하게 대립되고 있는 그 어지러운 곳은 종교인들이 갈 곳이 못 된다.

미국산 쇠고기를 먹으면 진실로 머리에 구멍이 나는가? 국민 대다수는 이제 촛불시위를 중지하기를 원하고 있다. 점잖고 지혜로운 국민들은 이 순수하지 못한 정치색 짙은 종교인들의 우스꽝스런 행위에 의아해 하고 있다. 그들은 막대한 신도들을 확보하고 그것을 토대로 정치와 교육 등 사회 전반에 압력을 가하며 그들의 욕심은 도를 넘는 데도 조금도 거리낌이 없다. 이제는 나라도 함부로 할 수 없는 지경이 되었다.

조선 건국의 주역이었던 삼봉 정도전은 『불씨잡변』의 한 편인 〈불씨 걸식의 변(佛氏乞食之辨)〉에서 말하기를, "불씨가 그 최초에는 걸식(乞食)하면서 먹고 살 뿐이어서, 군자(君子)는 이것을 의(義)로써 책망하여 조금도 용납함이 없었는데도, 오늘날에는 저들이 화려한 전당(殿堂)과 큰 집에 사치스러운 옷과 좋은 음식으로 편안히 앉아서 향락하기를 왕자(王子) 받드는 것 같이 하고, 넓은 전원(田園)과 많은 노복을 두어 문서가 구름처럼 많아 공문서를 능가하고, 분주하게 공급하기는 공무(公務)보다도 엄하게 하니, 그의 도(道)에 이른바 번뇌를 끊고 세간에서 떠나 청정(淸淨)하고 욕심 없이 한다는 것은 도대체 어디에 있다는 말인가? 가만히 앉아서 옷과 음식을 소비할 뿐만 아니라, 좋은 불사(佛事)라고 거짓 칭탁(稱托)하여 갖가지 공양에 음식이 낭자(狼藉)하고 비단을 찢어 불전(佛殿)을 장엄하게 꾸미니, 대개 평민 열 집의 재산을 하루아침에 온통 소비한다. 아아! 의리를 저버려 이미 인류의 해충(害蟲)이 되었고, 하늘이 내어주신 물건을 함부로 쓰고 아까운 줄을 모르니 이는 실로 천지에 큰 좀벌레로다."라고 하여 당시의 부패한 불교를 혹평하였다.

생산적인 일에는 조금도 간여하지 않으면서도 막강한 부와 권력을 누리며 사치와 향락에 빠진 종교를 질타했던 이 섬뜩한 비판은 지금도 유효하다. 오늘날 교회의 목사, 불교의 스님, 천주교 신부들 등 일부 종교인들의 사치스러운 생활상은 비판의 대상이 되고 있다. 그들이 사용하는 사치스러운 종교 비품은 도를 넘었고, 고행을 해야 할 종교인들이 고급 승용차를 타는가 하면 화려한 종교의 전당들은 지나치게 웅장하고 화려하다. 교회마다 서로 다투듯 해외에 전도사를 파견하는 등, 그들의 종교 행사에 허비되는 비용은 어마어마하다. 이들이 누리는 사치와 향락은 이 백성들의 피와 땀과 눈물로 이루어진 것들이다. 절제하여야 옳지 않은가?

이 시점에서 이들 종교인들에게 경계가 될 만한 유명한 서산대사의 한시 한 편을 읊고 넘어가자.

踏雪野中去　눈 덮인 들판을 지나갈 때엔
不須胡亂行　모름지기 걸음을 함부로 걷지 마라
今日我行跡　오늘 지나가는 나의 발자국은
遂作後人程　드디어는 뒷사람의 길이 될지니

　종교는 국가의 안녕과 질서. 평화와 화목을 주제로 기도하여야 한다. 지금 광화문에 모인 편협하고 욕심스러운 일부 종교인들이여, 당신들은 행동을 신중하게 해야 한다. 종교인의 신분을 이탈하여 국가의 정책을 무시하고 종교의 참 진리를 훼철시키는 지금의 무절제 행위들은 후세 사람들의 비난거리가 될 것이니, 행동을 삼가고 경계하여 국민들로부터 지탄을 받는 일이 없도록 하라. 종교가 정치에 개입하게 되면 심각한 사회문제를 야기할 뿐이다. 극도로 자제할 것을 엄중히 경고한다. ♣

금강산 그 배반의 이름

금강산 충격 사건에 대해 북한은 남한의 진상조사단을 수용해야 한다. 지난 11일 새벽 아름답기로 소문난 북한의 금강산 해금강 관광 구역에서 일출의 아름다움을 보기 위해 거닐던 남한의 한 여성 관광 객이 군사경계구역을 무단으로 진입했다는 이유로 북한 군 병사가 쏜 총에 맞아 숨졌다. 더욱이 북한군이 생사를 확인하기 위해 죽은 이를 발로 뒤척이는 잔인한 사건이었다. 그러나 북한은 이 사건에 대 해 사과 한마디 없고 사고의 경위를 조사하려는 남한 정부를 향해 협조를 거부하고 있다. 아니 그들은 자신들의 뜻에 동조하지 않는다 고 오만불손한 태도로 연일 남한 정부를 조롱하고 있다.

북한은 사람을 죽이고도 사과 한마디 없는 무례한 나라인가. 사람 의 목숨을 하루살이만큼도 여기지 않는 지구상 최고의 인권 유린의 나라인가. 납치를 일삼고, 핵을 만들어 세계를 위협하고 구차하게 구 제금이나 얻어 독재정권을 유지하려는 깡패의 나라인가.

북한의 인민들은 아직도 어버이 수령을 외치며 손에 꽃을 들고 눈 물을 흘려야 하는 강제에 시달리고 있다. 집집마다 서로 감시해 인민 을 통제하며 인민이 굶주리고 말을 안 들으면 강제노동을 시키며 사 람들을 모아 놓고 인민재판을 하고 공개처형을 하는 나라다.

세계가 악의 축으로 보고 있는 나라에서 수령·위원장이란 칭호로 과대 포장된 김정일의 독재, 이런 나라를 외교 대상으로 인정하는 우리의 대북관과 햇볕정책은 크게 잘못되었음을 새삼 느낀다.

우리는 왜 독재국가를 인정하고 저들에게 돈을 보내야 하며 저들에게 협박당하면서 살아야 하는가. 굶주림과 공포 속에서 독재 권력의 꼭두각시로 인권을 빼앗기며 살아가는 선량한 북한 동포들의 생활상을 외면한 채 독재자의 후원자가 되고 있는 꼴이다.

동포들의 한스러운 삶을 뒤로한 채 북한을 자극하면 안 된다는 햇볕정책을 운운하며, 퍼주기에 연연하고 있다. 무조건 쏟아붓자는 지난 십 년간의 남북 합의는 얼마나 허황되고 무책임한 정치 쇼였는가. 햇볕정책은 남북통일을 염원하는 군의 여망을 가장해 정치적으로 여론을 호도하고 집권 욕심을 채우는 데 이용된 사기극이다. 이것을 계승하자며 북한을 찬양하는 정치인, 종교인, 언론인, 교수, 학생들이 적지 않은 현실을 크게 걱정이다.

필자는 북한 초병의 총격에 숨진 한 여성의 억울한 죽음을 놓고 분통을 터트린다. 이런 상황에서도 북한을 자극하지 말아야 한다고 주장하는 이들이 있다. 제발 북으로 가라. 또 조건 없는 햇볕정책을 주도한 이 땅의 정치인들에게도 책임을 요구한다. 제발 북으로 가라.

지금의 이명박 정부도 너무 힘이 없어 보인다. 그저 눈치만 보고 여론만 의식하고 촛불에 겁먹은 비겁한 정치를 하고 있다. 북한과 단절하는 한이 있더라도 정부는 분명한 정치 소신을 가지고 강력하고 단호하게 엄정한 정치를 행해야 한다. 광화문의 촛불은 억울하게 죽은 이 여인을 위하여 밝혀져야 하는 것 아닌가. 그러나 천인공노할 북한의 만행을 규탄하는 촛불은 피어나지 않았다. 과거에도 그랬다. 서해 교전에서 조국을 위해 목숨을 바친 사람들에게는 북한을 자극한다는 이유로 촛불을 켜지 않았고, 미군 탱크에 깔려 목숨을 잃은 두

소녀를 위해서는 벌떼처럼 일어나 반미의 구호를 든 사실이 있다.

광화문에서 촛불을 든 종교인들이 누구를 위해 무슨 기도를 하고 있는지 아직도 모르는 사람이 많다. 거기에는 이데올로기에 빠져서 아무것도 듣지 않는 무서운 무리가 있고 그들은 대한민국과 돌이킬 수 없는 강을 건넜다.

햇볕정책은 제발 계승되지 말았으면 한다. 북한은 조금도 변하지 않았다. 우리가 무한정으로 북한에게 퍼준 대가는 잊을만하면 발생하는 남한에 대한 위협과 도발이다.

그들에게는 남한을 공산화해 지배하려는 욕심은 있어도 같은 동포, 같은 민족이라는 평화통일의 개념은 없다. 그들의 배반은 언제 또 관광객을 인질로 삼을지 모른다. 금강산 관광 도중 억울하게 죽은 우리 국민을 애도한다.

오늘만큼은 대한민국 국민으로서 인간의 도리를 고집하는 수구 꼴통의 한 영남인이고 싶다. 북한의 만행을 기억해야 한다. ♣

일본을 이기는 법

"독도를 안고 통곡하노라."

이 무슨 천인공노할 망발인가? 일본이 또 우리의 촛불시위로 국론이 분열되는 것을 보고 독도를 자기네 땅이라고 주장하고 나섰다.

일본이 이번에 공표하고 실행하고자 하는 교과목 해설서란 무엇인가? 이것은 교과서를 쓸 때에 반드시 참조해야 하고 반드시 그 내용을 포함하여야 하는 법에 준하는 국가적 교육목표이다. '독도는 일본의 영토이다'라는 내용이 교과서에 반드시 들어가지 않으면 교과서 검정에서 탈락하게 되는 것이다. 따라서 일본의 모든 교과서에는 이 내용이 반드시 포함되어야 한다는 것이다. 이것은 일본이 일본의 전 국민들에게 국가적 차원에서 독도가 일본의 영토라는 것을 인식시키고 전 학생들에게 가르치자는 것이다.

이번에 일본의 독도 영유권 주장은 사실상의 한국의 영토에 대한 총성 없는 침략이며 전 일본 국민에게 독도는 일본 땅이라고 교육하여 독도에 대한 강탈을 정당화하려는 항구적이고 심각한 선전포고이다. 이제 그들은 끊임없이 호시탐탐 우리 민족의 내분과 분열을 조장하고 혼란을 기대하게 될 것이다.

아! 이 일을 어이할꼬? 임진왜란 전에 극도로 치열해진 당파 싸움도 지금 정치인들보다는 덜했으리라! 우리나라의 국론은 너무나 심각하게 분열되어 있다. 진보 대 보수, 친미 대 반미, 친북 대 반북,

여기에다 영남 대 호남, 기타 지역색까지, 머리에 띠를 맨 노동자들, 미친 듯이 북과 꽹과리를 치는 이름 모를 단체들, 마치 전쟁에 참여하듯 깃발을 흔들며 거리를 행진하는 사람들, 폴리페서들의 서명, 유명세나 있다고 나서는 꼴사나운 사회 인사, 교사, 교회의 목사, 성당의 신부, 사찰의 스님들까지도 나서서 정치를 운운하며 국론의 분열을 조장하고 있다. 이제 대한민국은 갈라질 대로 갈라졌다. 어떤 나라도 침략이 가능하다고 깔보는 나라가 되어가고 있다. 어느 곳이든 가는 곳마다 파벌이 있고 분열이 있다.

최근의 촛불시위는 국론을 더욱 분열시키며, 온갖 유언비어와 괴담이 난무하고, 방송은 연일 분열을 조장하는 나팔을 불어댄다. 지금 대한민국은 그야말로 혼란의 극치이다. 지금이 조선시대인가? 독재시대인가? 왜 이런 난리가 일어나야 하는가? 저 광화문의 작태는 민란인가? 반란인가? 국민투표도 소용없고, 다수결의 원칙도 통하지 않고, 나라의 공권력도 통하지 않는다. 이 마당에도 오직 친미반북의 선동과 정권 퇴진에만 열을 쏟는다. 금강산 관광객이 북한의 총탄에 쓰러져 죽어도 저들은 북한을 규탄하는 촛불은 들지 않는다.

아! 대한민국이여 제발 비굴하고 치졸한 정쟁을 멈추어라! 더 이상 국제사회에서 국가의 위신을 추락시키지 말라! 저 앰네스티 같은 것들은 누가 왜 불렀나? 형편없는 후진국 인권이나 운운하는 앰네스티인지 뭔지를 불러 조사를 시키고는 이것을 근거로 시위대나 몇몇 방송이 대한민국 경찰을 국제사회에 만신창이로 만들고 있다. 이 얼마나 웃기고 유치한 작란인가? 대한민국은 앰네스티 같은 단체가 우리 국민의 인권을 우려할 정도로 형편없는 나라가 아니다. 어디서 함부로 떠벌이며 시건방을 떨고 있는가? 앰네스티는 작란을 멈추고 당장

이 땅을 떠나라! 영국이나 미국 등 선진국에서 이 정도의 폭력시위이면 어떻게 할 것 같은가? 우리 경찰들보다 훨씬 더 강압적으로 진압하고 강력한 처벌을 하였을 것이다. 이것은 국제사회에 대한민국의 위신을 심각하게 훼손시키는 행위이자 국제사회에서 한국을 망신시키는 행위이다. 좀 체신 있게 행동하라!

맹자는 "天時가 地利만 못하고 地利가 人和만 못 하다. 성의 둘레가 3리 정도 되고 외곽 둘레가 7리 정도 되는 작은 성곽을 포위하고도 이기지 못할 때가 있는 것이다. 성을 완전히 포위하여 공격함에 반드시 천시(天時)를 얻음이 있는데도 이기지 못한다. 이것은 천시가 지리(地利)만 못 하기 때문이다. 성이 높지 않은 것도 아니고 해자가 깊지 않은 것도 아니며 무기와 갑옷이 견고하고 날카롭지 않은 것도 아니며 군량이 전쟁하기에 충분한데도 적이 쳐들어오면 이 천년의 요새를 버리고 모두 도망가는 경우도 있으니 이것은 지리가 인화(人和)만 못한 것이다. 그래서 옛말에 "백성을 한정하는 것은 국경선으로 한정하는 것이 아니며, 나라를 견고하게 하는 것은 산천의 험준함으로써 하는 것이 아니며, 천하에 위세를 떨치는 것은 무기의 날카로움으로 되는 것이 아니다. 도를 얻은 사람은 도와주는 이가 많고 도를 잃은 사람은 도와주는 이가 적다. 도와주는 이가 적다가 보면 친척도 배반하며 도와주는 이가 많아지면 천하가 모두 순종하는 것이니 천하 사람들을 모두 순종하게 하는 그 힘으로 친척도 배반하는 자를 공격하는 것이니 군자는 싸우지 않으면 몰라도 싸우면 반드시 승리하는 것이다.

인화단결! 국민총화! 국론통일! 이것이 일본을 이기는 법이다. ♣

대한민국 우향우!

지금 이 나라의 혼란과 독도를 바라보며 오늘은 우편에 서서 지난 정부를 꾸짖노라! 독도의 문제는 지난 김대중 정권 때 일본과 맺었던 이해 못 할 해양어업협정으로 그 빌미를 준 것이다. 그때 이후부터 일본은 독도의 영유권을 자주 주장하였다. 저 일제강압기의 을사오적만도 못한 일이 아니었던가? 그러나 자기의 잘못을 남에게 전가하고 야비하게 뒤통수를 치는 전형적인 야비한 인간들이 현 정부를 솥 안에 물고기처럼 다루고 있다.

지금 대한민국 혼란이 누구의 책임인가? 지난 10년간의 문민정부의 철학 없는 좌향 정치 성향은 지금 현재 많은 문제점과 혼란을 야기하고 있다. 한국의 잃어버린 10년 동안 그리고 최근 상식 없는 미국산 쇠고기 수입 반대까지 지나칠 정도의 반미구호가 심해진 한국을 미국은 어떻게 판단했을까? 미국은 바보의 나라가 아니다. 한국의 일부 진보단체들은 정부의 힘을 업고 미국을 노골적으로 반대하였고, 미군 탱크에 치여 사고로 죽은 두 여중생의 사건을 빌미로 반미를 주장하는 세력들은 촛불시위로 미국을 더 이상 우방의 나라가 아니라 적대국으로 판단했고 침략의 나라로 만들었다. 그 당시 미국의 언론은 "한국을 사랑해야 하지만 이별을 해야만 하는 위험한 나라"로 판단했었던 것을 기억하라! 그리고 지금 저 광화문의 반미친북의 촛불시위를 보고 미국은 이미 한국에 대해 나름대로 결단을 했을 것이다. 겉으로는 우호를 외치고 속으로는 반미를 주장하는 야비한 우방을 미국은 배반의 나라로 규정했다.

국가의 안위는 안중에 없고 오직 목숨 걸고 피터지게 정쟁 시비에만 몰두하는 이상한 나라, 국론은 산산이 분열되어 도저히 화합할 수 없는 나라! 누구라도 침략하면 그냥 정쟁으로 자멸할 가능성이 높은 나라, 세계는 우리나라를 붕괴하기 쉬운 위험한 나라로 보고 있다. 지난 잃어버린 10년이 만든 지구상에서 가장 이상한 민주국가! 그들은 국가의 정통성을 흔들어 놓았고 반미친북의 이상한 외교 관계로 국론을 분열시켜 놓았다.

패배자의 뒤틀린 한은 좌향좌를 선언하고, 조직적으로 시민단체를 만들어 시위로 인민재판을 하며 법치를 문란하게 만들었다. 동방의 무례한 나라! 정의는 사라지고 소인배들이 판을 치는 뒤통수 잘 치는 나라! 지난 10년간의 간사한 정치꾼들이 만들어 놓은 한국의 위상은 국제사회에 돌출한 동방의 소인배의 나라였다.

이와는 반대로 우향우해서 일치단결로 몰아가는 일본의 정치력은 사나운 늑대 떼처럼 무섭다. 정의와 예의가 살아나는 일본의 친미적인 외교력은 우리에게 두려움을 느끼게 할 정도이다. 북한은 이미 굶주린 늑대로 먹을 것을 주지 않으면 동포도 잡아먹을 수밖에 없다는 태세이다. 독도에 대한 미국의 명칭변경은 우리를 두렵게 한다. 우리의 상품에 대해 미국의 까다로워진 시선도 우리의 장래를 어둡게 한다. 저 광화문 촛불시위로 이렇게 국제사회의 혼란을 조성하여 놓고 어려워진 국제관계를 현 정부의 무능한 외교 탓으로 돌리려는 야비한 정치인들과 시민단체 그들이 있는 한 우리는 미래가 두려울 수밖에 없다. 이 혼란의 책임은 지난 정부와 지금 국론을 분열시키고 있는 촛불시위대 그리고 좌향좌! 한 언론 그리고 여기에 동조해서 목숨 걸고 나아가는 우리의 곡학아세하는 인사들, 지금도 좌향좌만 고집하는 일부 국민들 그들에게 있다.

이제는 한국이 국제 사회에서 늑대가 나타났다고 거짓말하다가 진짜 늑대에게 당한 '늑대소년'처럼 될까 두렵다. 지난 잃어버린 10년간의 좌향 정부가 과거의 역사를 왜곡하고 국가의 정통성 무시한 채 좌향의 인사들로만 구성했던 지난 정부의 인사정책을 우리 국민들은 잘 알고 있다. 우리 국민은 그들을 지난 대통령선거에서 엄정하게 심판을 했다. 좌향좌한 지난 잃어버린 10년간의 야비함과 치졸한 오만을 신명나게 심판했다. 그 압도적인 민중의 승리 그것은 우향우를 하라는 명령이었다. 우향우가 우리나라가 바르게 나아가는 길이란 것을 우리 국민의 80% 이상이 염원하고 있었다. 지금 우리나라는 우향우를 할 때이다. 지금 그 심판과 국민들의 염원을 어기고 언론을 비롯한 정부기관 곳곳에 포진하여 악을 쓰며 투쟁하고 틈만 나면 영남인을 욕해대는 좌향 인사들은 국민의 이 심판에 준엄하게 따라야 한다. KBS 사장은 빨리 물러나라! 대다수 국민들은 우향우를 원한다. 좌향좌한 MBC PD수첩의 광우병 진실은 국민 앞에 낱낱이 그리고 상세하게 밝혀져야 한다. 이 사실의 진실은 국민들이 너무나 알고 싶어 하는 국민의 진짜 알권리임을 명심하라!

지금 이명박 정부는 경거망동을 삼가고 그 국민의 고귀한 염원을 엄정하고 위엄 있게 받들어 우향우를 하며 나아가야 했다. 뭐하고 있는가? 지금도 늦지 않았다. 국민의 여망을 안고 희망을 제시하며 우향우를 위해 행진의 나팔을 불어라! ♣

뉴스! 거꾸로 읽기

대한민국은 불법시위 천국이다. 게다가 온갖 종교들이 판을 치는 종교의 천국이다. 이들에게 대한민국의 법치 따위는 안중에도 없다. 불교 조계종 총무원장이 탄 고급 승용차를 경찰이 불법 시위자를 체포하기 위해 검문하였다고 야단법석이다. 일부 수도승들은 여름 산행이 한창인데 총무원장은 고급 승용차를 타고 위세를 부리고 있다. 일부 불교도들은 2천만 불교도들의 숫자를 거론하며 정부와 경찰을 협박하고 경찰 서장은 가서 잘못되었다고 빌고 있다.

거참! 도대체 불교가 무엇이기에 저렇게 거들먹거리는가? 양심과 청빈 고행과 금욕을 수반하며 수행한 그 자비의 마음은 어디로 갔는가? 불경 몇 쪽 어느 곳에 이렇게 오만한 행동을 해도 된다는 경구가 있는가? 부처는 그렇게 세상 사람들을 가르치지 않았다. 내가 총무원장이라면 아니 누구라도 불교를 대표하는 사람이라면 이렇게 대응하지는 않았을 것이다. 경찰이 검색을 하겠다고 하면 어떻게 응해야 하겠는가?

이 무더위 속에 얼마나 고생이 많은가? 연일 계속되는 시위로 마음에 번뇌가 많지요. 자, 저의 차를 편안한 마음으로 검사하십시오, 나무아미타불! 우리 불가들은 원래 정치와는 거리가 멀고 속세를 떠나 무욕의 청정한 마음을 찾아 수도하는 사람들이라 정치적인 시위와 관련되는 것을 별로 달가워하지 않습니다. 나라의 안녕과 질서를 위해 고생하시더라도 몸과 마음을 다치지 않게 조심하십시오. 당신들의 건강과 나라의 안녕을 위해 기도하겠습니다. 나무아미타불! 이 정도는 기본적으로 해 주어야 하는 것이 아닌가?

생산 활동 하나 하지 않는 종교가 국민들의 공밥을 얻어먹으며 거만하게 위세를 부린다면 국민들의 눈총은 어떠할까? 이 사회를 감시하는 바른 언론이라면 이 사실을 어떻게 보도해야 했을까? 당연히 뉴스감은 불교 총무원장의 거만한 태도가 되어야 한다. 그런데도 일부 편향된 방송은 또 경찰 때리기를 계속해댄다. 방송이 국민을 우롱하고 국가를 조롱하고 불법 시위를 조장하고 과장 선전하는 것이 너무 심하다. 거듭 말하지만 이 경우도 경찰의 잘못은 하나도 없다.

정말 대한민국의 언론은 어디까지 썩었는가? 모 방송국은 광우병을 과장 선전하고 국민을 우롱하고도 막무가내로 버티며 무소불위의 권력을 내세우며 국민을 기롱하고 있다. 검찰은 광우병 과장 보도의 내막을 낱낱이 파헤쳐 상세하게 국민에게 알려야 한다. 이것이야말로 국민의 알권리가 아닌가? 이 문제를 다루려는 검찰의 태도는 단호하고 엄정해야 한다. 이것으로 인해 국민들이 얼마나 고통을 당했고 얼마나 국민들이 분열되었는가?

검찰, 경찰, 등 법 집행 관계자들은 더 이상 바보 소리를 듣지 않으려면 이 사실을 법대로 강경하게 처리하라! 방송 언론인에게 무슨 권력이 있는가? 있는 사실을 공정하고 객관적으로 바르게 국민에게 알릴 권리밖에 없다. 불의와 협잡하여 과장과 편향 그리고 선동의 야비함을 행해야만 생겨날 수 있는 것이 부패언론의 권한이다. 언론을 바로세우기 위해 이제는 국민들이 나서야 한다. 국시와는 반대 방향으로 보도하며 국가 원수를 연일 모독하며 오로지 편향된 시각으로 정부 때리기에 집중하면 나라는 약해진다. 약화는 침략을 초래하고 만다.

독도와 우리 국가의 분열된 양상을 바라보는 이 시점에서 다음과 같은 글 한 편이 떠오른다.

위나라의 문후는 이극이란 사람에게 다음과 같이 요청했다. "선생은 지난날 과인에게 家貧思賢妻 國亂思良相(집안이 가난하면 어진 아내를 생각하고 나라가 어지러우면 훌륭한 재상을 생각하게 된다.)이라고 하시었습니다. 지금 저의 아우 성사와 다른 사람 적황 두 사람 중 어느 사람이 재상에 적합합니까? 이에 이극은 다음과 같이 말했다. "평소에 그 가까이 하는 사람을 살피고 부귀할 때는 그가 왕래하는 사람을 살피고 관직에 있을 때는 그가 천거한 사람을 살피고 곤궁할 때도 그가 하지 않는 것을 살피고 어려울 때는 그가 취하지 않는 바를 살피십시오."라고 진언했다. 성사는 자기의 소득 중 10분의 일만 자기의 생활을 위해 썼고 나머지 10분의 9는 어려운 사람들을 위해 사용하였다. 친인척을 경계했던 위 문후는 비록 자기의 동생이지만 성자를 재상으로 임명했다.

친인척이라고 해서 현명한 사람이 없는 것은 아니다. 사람이 자기가 한 행동을 어찌 감출 수가 있으리오. 역사 앞에 거짓은 없는 법이다.

국난사양상(國亂思良相)이라. 미국을 설득한 외교력으로 전 세계 대통령들에게 독도는 한국 땅이라는 서명을 받아 이참에 독도는 한국 땅임을 세계만방에 천명하여 독도가 다시는 일본과의 영토 시비에 휘말리지 않게 할 인재는 없는가? 여야를 막론하고 정치인들을 둘러보라! 안타깝게도 감옥을 보낼 사람들은 수도 없이 많은데 남을 위해 자기의 재산을 나누어준 사람은 없네요! ♣

베이징 올림픽 개막식 읽기

오천 년 중국 역사 이래 황화문명의 최대 걸작, 베이징 올림픽 개막식이 지난 8일 8시 8분에 전 세계인들의 관심이 집중된 가운데 성공적으로 개최되어 세계인들을 감동의 도가니에 빠뜨렸다. 그 장엄하고 웅장한 역사적 상상력의 시공간은 대국다웠다. 그들이 주장하려는 중국 중심주의, 즉 중화사상은 한 단계 더 나아가 중국 제일주의를 지향했으며 그들의 자긍심을 유감없이 드러내었다.

베이징 올림픽의 화려한 밤의 주제는 우주를 주관하는 하늘과 땅과 사람의 천지인(天地人) 삼재(三才)의 원리로 제시되었다. 굳이 우리 역사에서 그것을 찾아본다면 일찍이 조선 개국을 주도한 삼봉 정도전이 도은 이숭인의 문집서에서 표현했던 것으로, 이른바 "해와 달과 별들은 하늘의 문장이요, 산과 내와 초목의 자연들은 땅의 문장이요, 시와 역사와 예악문물은 사람의 문장이다"라는 언급 바로 그것이다. 즉 천지문(天之文, 日月星辰)·지지문(地之文, 山川草木)·인지문(人之文, 詩書禮樂)으로 요약되는 이 원리는 조선 전기 우리 문학의 기본 사상이요, 미학의 원천이기도 하지만 이것은 중국 문화의 원천이기도 하다.

그들이 공연한 개막의 화려한 축제의 주제는 바로 이것이었으며 그것은 황화문명의 웅장한 역사이자 황하미학의 절정이었다. 그 시간 세계의 중심은 분명 중국이었다. 그들의 올림픽 개막을 알리는 공연은 거대한 중국의 역사였다.

황화 문명의 하늘이 처음 열리고 중국 역사의 서막을 알리는 신화 시대인 삼황오제와 요순을 거치면서 수인씨의 불의 사용과 신농씨의 곡식 재배 등과 황제의 서기 창힐이 만든 중국 고유의 문자인 한자의 세계가 표현되고 있었다.

그 다음은 하은주 시대의 성인들을 표현했다. 바로 봉황은 성인(聖人)의 탄생에 맞추어 세상에 나타나는 새로 알려져 있다. 일찍이 퇴계가 그토록 본받고자 했던 주자는 "봉황이 높이 솟되 오동이 아니면 앉지를 아니하고 대나무 열매가 아니면 먹지를 아니한다. 이는 군자의 처세이다"라고 봉황을 노래한 적이 있었다.

봉황은 앞부분은 기린, 뒷부분은 사슴, 목은 뱀, 꼬리는 물고기, 등은 거북, 턱은 제비, 부리는 닭을 닮았다고 한다. 오색의 깃털을 지니고, 울음소리는 5음(音)으로 된 묘한 음색을 내며, 뭇 새의 왕으로서 귀하게 여기는 환상적인 영조(靈鳥)이다. 새 둥지 모양의 올림픽 주경기장 냐오챠오(鳥巢)는 바로 이 봉황의 둥지였다.

또 이번 개막식의 볼 것 중에 하나는 공자의 삼천 제자와 죽간에 쓴 사서삼경의 공연이었다. 그러나 남송 때 주자에 의해 계승되어 완성된 신유학은 중국 본토에서는 뿌리를 내리지 못하고 우리 조선으로 건너와 꽃을 피우기 시작했다.

그리고 그들이 주장하는 한나라 무제 때(기원전 60년) 장건이 개척한 비단길은 중국 역대 왕조가 서역과 교역한 것으로 황하의 문화가 서역으로 전파된 것을 알린다. 중국인 들은 세계 최초로 발명한 종이, 나침반, 화약, 인쇄술은 그들의 자긍심이었으며 특히 그들이 쏘아대며 밤하늘을 수놓은 불꽃 축제는 세계 최초로 화약을 발명한 나라의 자긍심이었다.

그들의 베이징 올림픽 개막식의 키워드는 문화와 소통이었다. 삼국지의 영웅호걸들이 명멸하던 육조시대를 표현하고 수나라, 당나라를 거치면서 이백 두보가 판을 친 세계 최고의 시의 나라를 표현하고 오대 송금의 시대를 거치면서 도자기와 비단의 나라를 이룩한 중국의 문화는 세계를 개척하려고 애썼다는 것을 강조하였다.

이번 개막식에서 특히 눈길을 끈 것은 정화(鄭和)의 함대였다. 명나라 때 환관인 정화가 황제에게 주청하여 대항해를 시도한 것은 서양의 신항로 개척과 똑같은 대항해였다.

명나라 당시 1400~1500년만 하더라도 중국에 비하여 유럽은 매우 낙후되어 있었다. 중국 명나라의 정화는 무려 260여 척에 수행인원만 2만 7천 명의 대규모 함대로 인도 너머까지 탐험했다. 이 사실을 알리려는 중국의 의도는 분명 세계 최고의 나라는 옛날부터 중국이었음을 확인시키는 것이었다.

이렇게 원나라 명나라 시대를 거치면서 이번 올림픽의 이체는 그들이 오랑캐로 여겼던 만주족 청나라에 대한 강조였다. 현재 베이징이 청나라의 옛 수도인 연경이어서 그럴까? 청나라의 상징인 제비를 표현하고 청나라의 정신문화를 계승하려는 의도가 분명하게 시도되고 있음을 느꼈다. 베이징의 자금성을 비롯한 청의 문화는 빛나기 시작했다.

이번에 중국에 상서로운 기운을 알리는 봉황이 나타났다. 잠자는 사자 중국은 거대한 용트림을 하며 깨어나 우렁차게 포효하기 시작했다. 지구 한편에서는 전쟁이 일어나 우리를 우울하게 하지만 이 위대한 올림픽 속에서 대한 건아들의 값진 승전보는 세계를 감동시키기 시작했다. ♣

8.15 광복절 유감

국적(國賊) 이토 히로부미(伊藤博文)를 사살한 안중근 의사는 그를 저격한 이유를 다음과 같이 밝혔다.

1. 1895년 명성황후를 시해한 죄.
2. 한국 황제를 폐위시킨 죄.
3. 1905년 군대의 힘을 빌려 을사보호조약을 맺어 한국에 불이익을 가져온 죄.
4. 무고한 한국인들을 학살한 죄.
5. 정권을 강제로 빼앗은 죄.
6. 철도, 광산, 산림, 천택을 강제로 수용한 죄.
7. 일본의 제일은행 발행의 지폐를 강제로 한국에서 사용하게 한 죄.
8. 군대를 해산시킨 죄.
9. 민족교육을 방해한 죄.
10. 한국인의 외국유학을 금지 시킨 죄.
11. 한국의 민족교육의 교과서를 불태워버린 죄.
12. 한국인이 일본의 보호를 받기를 원하고 있다고 세계에 거짓 선전한 죄.
13. 한국이 일본의 보호하에 평화로운 나라가되었다고 자기 정부

와 왕에게 거짓 보고한 죄.

14. 동양 평화를 깨뜨린 죄.

15. 일본의 선왕을 죽인 죄.

여기에서 일본의 만행을 조목조목 드러내었다.

대한민국 열혈남아로서 장부의 기개를 세우며 국치를 설욕하려 했던 애국투사 안중근! 그는 대한독립을 위하여 먼 이국땅 하얼빈에서 풍찬노숙(風餐露宿)하며 우리 국민들 가슴에 맺힌 원수 이토 히로부미를 권총으로 사살하여 일제강압기의 처절한 역사를 심판하고 세계만방에 대한민국의 독립을 외쳤다. 이 죄를 물어 일본 법정이 사형을 언도하자 안중근은 "일본법에 사형보다 더 큰 형벌은 없는가?"라고 외치며 일본 법정을 마음껏 조롱했다.

또 안중근은 사형이 집행되기 직전에 면회 온 두 동생들에게 이렇게 부탁했다. "내가 죽은 뒤에 나의 뼈를 하얼빈 공원 근처에 묻어 두었다가 우리 국권이 회복되거든 고국으로 반장해다오, 나는 천국에 가서도 또한 마땅히 우리나라의 회복을 위하여 힘쓸 것이다. 너희들은 돌아가서 동포들에게 각각 모두 나라의 책임을 지고 국민 된 의무를 다하여 마음을 같이하고 힘을 합하여 공로를 세우고 업을 이루도록 일러다오. 대한독립의 소리가 천국에 들려오면 나는 마땅히 춤추며 만세를 부를 것이다."

아! 대한 건아의 기백이여! 사내대장부로다. 누가 조국의 국토산하에 대하여 이렇게 뜨거운 가슴을 가지고 헌신적으로 대했고, 누가 우리 역사에 대하여 이렇게 민족적이었으며, 누가 우리 국민을 이토록 사랑하고 조국의 앞날을 위하여 이토록 걱정하였는가? 이토록 가슴이 벅차고 혈맥이 동탕하는 그러면서도 국민들을 감동의 늪에 빠뜨려 놓는 애국투사들의 항일투쟁! 우리는 과연 그 숭고한 정신을 올바로 계승하고 있는가?

대한민국 국민들이여! 제발 아무데나 의사이거나 투사의 칭호를 붙이지 마라! 정쟁으로 국민을 분열시키는 광화문 촛불시위를 이들의 숭고함에 감히 비유하지 말라! 우리 민족끼리 정쟁으로 다투는 것을 민주화라고도 하지 마라! 그 얄팍한 행위를 가지고 어느 누가 감히 투사니 의사의 칭호를 붙이는가?

오늘날 분열과 갈등을 조장하는 정치인들을 돌아보라! 그리고 곡학아세하는 언론인, 지식인, 시민단체들을 돌아보라! 일본이 독도를 자기네 영토라고 우기고, 중국도 덩달아 이어도를 넘보는데 오늘 우리의 뜻깊은 60주년 광복절 행사는 두 동강으로 갈라졌고 분열 또 분열되어 피 터지게 싸우고 있다. 우리 조국 어디에 애국투사가 있는가? 이 조국의 발전을 위하여 국민총화를 외치고 화합의 역사를 위해 헌신할 정치가는 어디에 있는가?

그 악독한 일체 치하를 벗어나 분열의 쓰라린 역사를 경험하고, 6.25전쟁의 잿더미 위에서 일치단결하여 재건의 땀방울을 흘렸던 국민들과 강력한 지도력으로 일약 선진국 대열에 들어서게 한 정치인의 리더십! 그리하여 세계에서 가장 잘사는 나라를 만든 사람들! 위대한 국민, 기적의 역사! 광복 63주년! 건국 60년! 누가 이 조국을 진실로 위하고 뜨거운 가슴으로 안으려 했는가? 누가 역사에 부끄러운 짓을 하는가? 이제 국민들은 확실히 알아야 한다.

오늘 환갑을 맞는 대한민국! 이날 역대 대통령 중에서 가장 위대한 업적을 이룬 대통령은 누구냐는 질문에 우리 국민들은 박정희 대통령을 꼽았다. 이 시점에서 왜 박정희 대통령이 위대한 인물인지를 사람들은 알아야 한다. 일부에선 그 위대한 대통령의 업적을 폄하하고 헐뜯어 왜 죄인으로 만들려고 하는지도 알아야 한다. 그 시대를 살지 않았던 사람들은 독재냐? 건설이냐? 말을 삼가라! 분열 또 분열 그리고 분열.

베이징에서는 대한 건아들이 투혼을 불사르며 올림픽에서 금메달을 따는 쾌거가 연일 보도되고, 대한 건아의 기백이 온 세계를 감동시키고 있는 가운데도, 오늘 조국은 우울한 광복절을 맞고 있다. ♣

베이징 올림픽의 영웅 서사시

　제29회 베이징 올림픽이 큰 탈 없이 성공리에 막을 내렸다. 베이징 올림픽은 시작 전부터 크고 작은 사고와 테러가 발생하고 중국을 위협하는 티베트의 독립을 위한 투쟁 등으로 세계인들의 우려와 걱정 속에 개최되었지만 그들이 보여준 강한 통제력과 질서로 안전을 유지해낸 베이징 올림픽은 성공적이었다. 아니 훌륭했다. 모든 세계인들은 중국을 주목했으며 성공적으로 치러낸 베이징 올림픽에 대해 찬사를 보냈다.

　또 다른 사람들은 절반의 성공이라고 비하하기도 한다. 안전을 위해 집회와 시위를 통제하고 지나친 규제로 일관된 인권 탄압은 도를 넘었으며 베이징 올림픽은 열린사회가 아니었다고 비판하는 한국의 한 언론의 비뚤어진 시각은 구차한 헐뜯기로 보인다.

　올림픽 국가대표 267명의 선수 여러분! 여러분들이야말로 조국을 빛낸 진정한 영웅들이었습니다. 조국을 위해 투혼을 불사른 대한 건아들의 위풍당당한 모습. 당신들이 있기에 대한민국 국민임이 자랑스러웠고 당신들이 보여준 열정에 대한민국 국민 모두는 행복했습니다. 광화문의 촛불로 국민들은 분열되고 실의에 빠져 암울해 보이기만 하던 조국 대한민국에 화합과 희망의 서광을 몰고 오는 당신들의 승전보는 너무나 아름다웠습니다. 국민들은 눈물을 흘리며 가슴을 쥐고 감사했습니다. 대한건아 당신들이야말로 진정한 애국투사였습니다.

물론 지구 한구석에서는 전쟁이 일어나고 테러가 발생하긴 했지만 세계평화를 지향하는 올림픽은 그대로 아름다웠다. 65억 세계인의 대축제, 하나의 세계, 하나의 꿈! 더 높이. 더 멀리. 더 빠르게. 올림픽 출전은 그 자체가 인간이 가질 수 있는 최고의 영광이며 아름다운 영화 속의 주인공이다. 올림픽 그 위엄 앞에서 벌어지는 경기는 긴장! 갈등! 그리고 찾아오는 카타르시스! 그대로가 한 편의 위대한 서사시이고, 소설이고, 희곡이며, 오페라이고 뮤지컬이었다. 베이징 올림픽은 또 다른 면에서 황하문명의 위대한 발상지답게 문화와 소통을 추구했으며 다양한 전자세계의 디지털과 아날로그가 융합한 위대한 종합예술이며 문화콘텐츠였다. 그것은 온 세계인들이 동시에 신문 시회면의 골치 아픈 이야기들을 집어던지고 선수들의 경기에 몰입하게 했다. 보고 또 보고 그리고 또 봐도 훌륭한 감동의 드라마, 위대한 예술이다.

특히 정말 그대로가 한 편의 위대한 영화였던 베이징 올림픽의 야구 스토리텔링은 천의무봉(天衣無縫)의 걸작이었다. 발단, 전개, 위기, 절정, 대단원 어느 하나도 부족함이 없는 정말 위대한 예술, 하늘이 써내려간 걸작이었다.

대한민국 국민여러분! 특히 한국과 일본전에서 이승엽 선수가 때린 공이 일장기를 가로질러 넘어가는 홈런 장면은 베이징 하늘에 쓴한 줄의 위대한 시였습니다. 일제강압기의 치욕을 씻어내고 독도를 자기네 땅이라고 우기는 일본의 야비함에 통쾌하게 한 방의 어퍼컷을 날리는 순간이었습니다. 정말 혈맥이 동탕하여 가슴이 터질 것 같았습니다. 대한민국 만세! 이 기쁨을 대한민국 국민이 아니고서야 그 누가 알겠습니까?

지구상에서 가장 위대한 예술과 철학! 스포츠는 과학이었다. 태극 남매의 37분간의 불꽃같은 쇼! 배드민턴! 그것은 세계인들의 넋을 나가게 했다.

올림픽 그 빛과 그림자 매달을 아깝게 놓치던 순간 그것은 가장 아름다운 탄식! 무엇이 이보다 더 아름다운 탄식을 자아내게 하는가? 이 모두가 이명박 대통령 태극기 거꾸로 들고 응원한 덕분이다! 우리는 베이징 올림픽을 통하여 위대한 대한민국의 이미지를 전 세계인들의 가슴에 각인시켰다. 위대한 대한민국의 상상력과 꿈을 보여주었다. 금메달 13, 은메달 10, 동메달 8. 세계 7위. 승리의 원인을 설명하기란 어렵다. 편견과 오만이 우리를 패배시킬 수는 없었다.

헤라클레스 장미란의 역도 영웅의 신화 창조는 아름다웠다. 한국의 고교생 박태환, 그는 세계인들의 위대한 수영 이야기가 되었다. 놀라웠고, 위대했다. 편견을 깼고, 패러다임을 바꾸었다. 그리고 황색인종으로는 최초의 역사였다. 지구상에 너무 작은 나라 대한민국! 그러나 그 국민은 너무나 위대했다.

베이징 대첩! 베이징 올림픽 대한민국 이야기는 진실한 세계사이다! 베이징의 하늘에 쓴 위대한 영웅서사시였다. 선수들의 투혼으로 써내려간 베이징의 전설! 17일간의 위대한 쇼는 우울했던 대한민국의 가슴을 한꺼번에 씻어 내렸다. 이 진한 감동이 지워지지 않고 2012년 런던 올림픽에 그대로 이어지길 기원한다. ♣

기독교와 불교의 시소게임

대한민국은 지금 기독교와 불교의 시소게임 중이다. 기독교가 정권을 창출하자 불교가 이에 맞섰다. 대한민국 정치판이 종교판이 되어 버렸다. 이 나라에서 종교인들은 자신들의 분수를 알아야 한다. 종교는 마음 안에 있어야지 밖으로 나오면 안 된다.

특히 이명박 대통령은 기독교도로서 행동에 주의가 필요하다. 한 국가 원수로서 공명정대한 정신을 함의하고 있지 않으면 편향된다. 기독교도들의 정치 행위는 더욱 더 주의를 요구한다. 가톨릭의 정의구현사제단은 이미 도를 넘었다. 그들은 이미 정치인이지 종교인이 아니다.

뉴라이트 김진홍 목사는 이미 정치인이다. 일부 불교도들도 정치에 깊숙이 개입하고 있다. 불교도가 정치인을 보고 할복을 할 일이 무엇이 있는가. 파계한 종교인보다는 종교의 교리를 통한 종교인다운 삶을 누리는 것이 바른길이 아닌가. 그러나 모든 사물은 불공평하면 운다는 논리는 당나라 한유 때부터 있어 온 논리다. 종교는 정치에 개입하지 말아야 한다. 북한을 동조하는 가톨릭교도나 기독교도나 불교도가 있다면 당장 북으로 갈 일이다.

마르크스는 종교는 아편이라고 했다. 북한과 중국은 공산국가임을 잊지 말아야 한다. 대한민국에서 누리는 종교의 자유는 이 지구상에서 최고이다. 종교로서 분수와 체통을 지키기를 바란다.

최근 불교도들의 행동에 실망이 크다. 우리 민족사의 흥망성쇠에 불교가 빠진 적이 없었다. 우리의 불교를 모르고는 우리의 민족사를 논할 수는 없다. 그러나 일찍이 이렇게 타락한 불교는 없었다. 원효대사, 의상대사, 서산대사 등 훌륭한 스님들의 눈에 적어도 권력과 부는 보이지 않았다.

이쯤에서 불교 공부 좀 하자. 사성제(四聖諦) 팔정도(八正道)는 불교의 근본 원리이다. 사성제는 '고·집·멸·도(苦集滅道)' 네 가지 거룩한 진리를 깨달으라는 가르침이다.

첫째 고제(苦諦)는 생로병사(生老病死)가 곧 괴로움이요, 싫어하는 사람이나 사물을 대하는 괴로움, 사랑하는 사람이나 사물과 헤어지는 괴로움, 원하는 것을 얻지 못하는 괴로움, 존재 자체의 괴로움 이른바 사고(四苦) 팔고(八苦)이다.

둘째 집제(集諦)는 번뇌에 대한 진리다. 모든 번뇌는 욕심 때문에 생긴다. 집착, 정욕, 애욕, 욕심, 욕정 때문에 번뇌가 생긴다는 것이다.

셋째 멸제(滅諦)는 번뇌를 없앨 수 있다는 깨달음의 경계.

넷째 도제(道諦)는 번뇌를 없애는 '깨달음의 길'을 깨닫는 진리다.

팔정도(八正道)는 사성제 가운데 마지막 도제에서 가르치는 구체적인 수행 방법 여덟 가지 바른 자세를 말한다.

정견(正見) - 올바른 견해, 정사유(正思惟) - 올바른 생각, 정어(正語) - 올바른 말, 정업(正業) - 올바른 행동, 정명(正命) - 올바른 생활, 정정진(正精進) - 올바른 노력, 정념(正念) - 올바른 기억, 정정(正定) - 올바른 수행과 명상이다.

우리가 이 도리를 올바르게 실천하면 그만큼 더 편안하고 자유스러워지고, 세상은 그만큼 더 평화롭고 아름다워진다. 얼마나 멋진 진리인가. 그런데 지금 불교도들의 집단행동 속에서 어느 것 하나인들 찾을 수 있는가. 지금 광화문에 모인 스님들 중에는 '대사(大邪)'는 많아도 '대사(大師)'는 없다.

아! 불교여, 어쩌자고 이렇게까지 타락하는가. 저들을 위해 목탁 몇 번 때려주고 사성제 팔정도를 설법하면 될 것을, 그렇게 정치에 집착하는 집단행동은 좋지 않아 보인다. 경계하고 또 경계하여도 내 마음에는 어느새 묘하게도 집착이 있다는 진공묘유론(眞空妙有論)을 생각해보라. 스님 눈에 권력과 부가 보이면 중생들은 어디에서 부처의 깨달음을 전해 듣겠는가. 산으로 돌아가 수행하시라. 그리하여 신도들로부터 존경받는 종교인이 되시라.

'상구보리 하화중생'을 외치고 자비로운 마음으로 엄격한 계율을 따라서 인내하고 용서하고 속세와의 인연을 끊으라는 말은 있어도 정치에 집착하여 정부에 구차하게 요구하고, 경찰청장을 쫓아내라는 등 불법시위자들의 체포를 중단하라는 등 그런 사특한 논리는 들어보지 못했다.

국민은 바보가 아니다. 공무원은 종교와 정당으로부터 중립을 지켜주길 바란다. 특히 불교계 학교들과 기독교계 학교들의 교사들은 종교적, 정치적 중립을 지켜야 한다. 나도 불교계 고등학교를 나왔지만 심할 때도 많았다. 기독교계 학교들은 말해 무엇하겠는가.

뉴라이트가 기독교도들의 모임은 아니지만 김진홍 목사는 뉴라이트 대표직을 사임하고 목사의 본분으로 돌아가라. 인간의 영혼을 인도하는 종교인의 참모습은 아름답다. 더 이상 정치에 개입하지 말고 평화롭게 시소놀이를 하길 바란다. ♣

국회 쇠고기 청문회 유감

　대한민국 국회가 지난 광화문 촛불시위의 진실을 위하여 마련한 미국산 쇠고기 국정조사 특위가 지난 5일 국회 청문회를 끝으로 54일 만에 그 막을 내렸다. 그러나 국민의 관심이 집중되었던 것만큼 실망도 컸다. 진실을 밝히려는 국회인지 진실을 덮으려는 국회인지 도무지 분간이 가지 않았다. 그렇게 어렵게 만들고 합의한 국회 특위는 이명박 정부의 미국산 쇠고기 수입개방 문제를 놓고 '참여정부 설거지론' '정상회담 선물론' 공방만을 전개하며 분명한 것은 하나도 없는 참 이상한 국회로 만들고 말았다.

　미국산 쇠고기, 그 수입개방의 문제는 아랑곳 않고 광우병 괴담으로 광화문에는 촛불난리가 근 석 달 가까이 일어났다. 국민은 혼란에 빠졌고, 진보와 보수가 극한 대립을 보였으며 종교단체들도 이명박 정부를 비판하고 나섰다. 교통이 마비되고 국가는 위태로울 지경이었으며 시위대와 경찰은 무슨 전쟁이나 하듯이 싸우며 극한 대치를 벌였다. 그런데 이 일을 이렇게 형편없이 끝낸다니, 국민을 우롱해도 유만부동이지 이대로는 안 된다.

　광화문의 촛불시위가 절정에 이르렀을 때와는 너무나 딴판인 야당 국회의원들의 준비 없는 토론은 여론의 몰매를 맞기에 충분하다. 답변을 듣지 않는 그들의 질의 행태는 거의 코미디였다. 질의라기보다는 자기선전과 독선에만 골몰하는 오만과 편견 그것밖에 없었다. 거기에는 나라를 걱정하고 백성을 사랑하는 애국정신 같은 것은 아예 없었다. 세상에 그런 억지 논리가 어디에 있으며 이런 국회의원들이 세상 또 어디에 있는가? 국민의 관심은 국회의원 당신들의 질의에 있는 것이 아니라 이명박 정부 실무 당사자들의 답변에 있었다.

이번 쇠고기 청문회는 무승부가 아니라 너무나 일방적으로 당하던 이명박 정부와 여당의 승리라고 할 수밖에 없을 것 같다. 야당의 구차한 '선물론'은 설득력을 잃었다. 이 일은 어떻게든 결론이 나야 한다. 그럼 그 광화문의 촛불은 뭐란 말인가. 이를 지켜본 국민은 모두 의아해하고 있다. 초등학생들 데려다 놓고 똑같은 주제로 모의국회를 열어도 저보다는 나을 것이다. 국민은 의외로 준비가 안 되고 저질 질의로 일관하는 국회의원들에게 큰 실망을 했다.

야당은 정치적 공세에만 치중했다. 한나라당도 정부를 옹호하고 참여정부의 기조 위에서 실행된 것이라고 책임전가에만 열중했다. 그러나 이 문제를 양비론으로 미루기는 적절치 못하다. 우리 언론들은 이 문제점을 적극적으로 파악하여 국민의 알권리를 충족시키는 일에는 소홀하였다. 이 쇠고기 특위의 국회방송과 생중계를 지켜본 국민의 한 사람으로 그 소회를 밝혀 본다면 다음과 같다.

방송을 통해 본 여야의 공방과 참고인들의 진술을 종합해 본 결과 지난 정부가 주도할 당시의 미국산 쇠고기의 인식과 이명박 정부의 미국산 쇠고기의 인식은 공통된 부분이 있었다. 첫째, 30년 이하 미국산 쇠고기는 안전하다. 둘째, 30년 이상의 쇠고기는 광우병의 원인이 되는 동물성 사료를 제재하는 미국 사료법을 공포한 이후에 통상한다. 셋째, 쇠고기 개방은 불가피한 것이다. 이 세 가지가 핵심 문제이다. 그런데 광화문의 촛불은 왜 일어난 것인가 그것이 문제로다.

아마도 모두(Modu)가 뻥(Bpung)과 구라(Cura)인 MBC는 알고 있는 것 같다. 세상에 어느 공무원이 나라의 막중한 임무를 띠고 가서 그렇게 위험한 쇠고기를 우리 국민에게 무지막지하게 먹이려 했겠는가. 야당 국회의원의 질의와 추궁은 좀 억지가 들어 있었다. 왜 옳은 것을 옳다고 말하지 않는가.

미국산 쇠고기는 여전히 위험하다고 곡학아세하는 전문가 증인들의 꼴도 참 품위가 없어 보였다. 어디서 난리가 일어나기만을 기다리는 우리 야당 국회의원들의 지지도가 떨어지는 당연한 이유를 이제야 알 것 같다. 지지율을 끌어 올리려면 궁색하게 헐뜯는 것보다는 건설적인 안건을 제시하여야 하지 않을까.

『논어』 안연 편에서 공자의 제자 자공이 정치에 대해서 묻자 공자는 "먼저 식량을 충족하게 하고, 그 다음은 군대를 위하여 무기를 충분히 하고 그 다음은 백성들을 믿게 하는 것이다"라고 대답했다. 자공이 다시 묻기를 "부득이 한 가지를 버려야 한다면 셋 중에 어느 것을 먼저 버려야 합니까?"라고 묻자 공자는 "무기를 버려라"라고 했다. 자공이 다시 "만부득이 한 가지를 또 버려야 한다면 둘 중 어느 것을 버려야 합니까?"라고 묻자, "양식을 버려라, 자고로 누구나 사람은 한 번은 죽는다. 그러나 백성들이 믿지 않으면 나라 자체가 존립할 수가 없다"고 하였다.

이 이야기는 정치에 있어서 백성들에게 믿음을 얻는 것이 가장 중요한 것임을 깨우쳐주는 이야기이다. 국가에 대한 믿음, 정치인에 대한 믿음, 백성 상호 간의 믿음, 믿음이 곧 정치의 기본이다. ♣

추석秋夕 유감有感

"더도 말고 덜도 말고 한가위만 같아라." 이 보름달만큼이나 넉넉하고 풍성하며 인정 많은 속담은 고래로부터 이어온 추석의 아름다운 풍속을 표현하기에 손색이 없어 보인다. 이 말을 올해 추석에는 정가(政街)로 돌리고 싶다.

저 미국산 쇠고기 수입 문제로 붉어진 광화문의 촛불시위로 국민들은 분열과 갈등의 엄청난 후유증을 앓고 있다. 미국산 쇠고기를 제사상에 올리는 문제부터, 서로 다른 견해로 인해 부자 혹은 형제자매 간에도 언행을 조심해야 하는 불편함을 초래하고 있다.

이 광화문의 촛불시위의 연장선에서 붉어진 불교에 대한 편파 시비는 정국을 더욱 혼란하게 만들어가고 있다. 급기야 한국의 불교 시위대는 대통령의 사과와 경찰청장의 퇴진을 요구하며 전국의 불교도들을 동원하여 이명박 정부를 규탄하는 대규모 집회를 열어 버렸다.

대통령의 유감 표명 이후에도 불교도들은 정부를 규탄하는 대대적인 전국 불교도 집회를 예고하고 있다. 이를 보는 다른 종교들의 편파성 시비도 연달아 일어날 조짐을 안고 있다. 추석 날 서로 다른 종교를 가진 가족들의 대립은 민족의 분열로 이어진다. 북한 김정일의 건강 문제로 붉어지는 북한 붕괴의 불안감도 국민들을 혼란 속으로 빠뜨린다. 여기에 고유가 파동으로 이어지는 경제적 혼란까지 추석 이후의 정가는 대 혼란을 예고하고 있다. 이런 가운데 한반도는 추석의 대명절을 맞이하고 있다. 우리 조국의 국토 산하는 보름달 빛에 쌓여 평화로워 보이건만 그 안을 들여다보면 촛불시위의 여파로 멍들어 있는 조국은 수심에 휩싸여 있다. 그래도 갈등과 분열을 치유하기 위한 것으로만 보이지는 않지만 오늘 대한민국 정치인들은 추석 민심잡기에 골몰하고 있다. 정치인들이 민중 속으로 파고들자 온갖 시비가 좀 끊어지고 시끄러움이 멈추어지는 듯하다. 정치도 더도 말고 덜도 말고 한가위만 같아라.

우리 경북 북부지방에 전해오는 술 먹으면서 하는 술 권하는 말 중에 "묵은 묘소도 두 잔은 먹는데 산 사람이 세 잔은 먹어야지"라는 속담이 있다. 이 말은 추석 날 성묘를 하러 다니다가 보면 초라한 봉분에 벌초도 하지 않고 세월이 너무 지나서 아무도 찾아오지 않는 무덤이 있다. 우리 성묘객들은 이 묘소도 그냥 지나치지 않고 술 두 잔을 넉넉하게 치고 간다. 이 인간미 넘치는 속담의 넉넉한 인심은 우리를 숙연하게 만든다. 대한민국의 정치인들도 이 속담에 귀 기울여주기 바란다.

최근 고유가로 어려워진 경제 탓을 하면서 주변의 불우한 이웃에게는 소홀한 것이 아닌가? 옛날이라고 해서 왜 경제가 어려운 시기가 없었겠는가? 그래도 있으면 있는 대로 없으면 없는 대로 그렇게 정을 나누고 더불어 살아왔다. 경제는 발전하여 물질은 풍부해졌지만 그 넉넉한 인심과 아름다운 풍속은 오히려 쇠퇴해 가고 있다.

우리 대한민국의 시골 농촌은 사람이 없고 논밭은 잡초로 우거지고 민가들은 사람이 살지 않는 폐가가 늘어만 가고 있다. 고향은 내가 그리던 옛 고향이 아니고 사람들도 내가 생각하던 옛 사람들이 아니다. 지금 대한민국 농촌은 폭격을 맞은 듯 황량하고 쓸쓸해 보인다.

논 한가운데 우뚝하게 솟은 아파트를 보고 그 옛날 달구경하던 그 언덕배기에는 입산금지 간판이 그 추석의 아름다운 기억을 짓누르고 있는 것을 보면서 개발만이 능사는 아니라는 감을 갖는다. 그 쓸쓸하던 시골에 추석 달이 들면 그래도 드문드문 사람들이 보이고 그래도 생기가 일어나는 것은 추석이 있기 때문이다. 그래도 흩어졌던 가족들이 다시모이고 이웃과 이웃 간에 단절되었던 인심이 소통되고 사라질 뻔한 친족 아이들의 이름과 이웃에 대한 기억을 되살려 놓는 것은 조상을 숭배하는 우리의 전통이 있기 때문이다. 제사를 우상으로 보는 서양 종교와 조상의 무덤이 없는 불교와도 상관없는 제사와 성묘라는 유교식 전통제례가 있기 때문이다. 중국이 최근 유교만이 중국의 살길이라고 한 말을 간과할 수만은 없다.

이명박 정부 내내 벌어질 저 안티 이명박의 세력들의 데모는 끊어지지 않는다. 달랜다고 될 일도 아니다. 그들은 이미 이명박 정부가 망하기만을 기대하며 혼란이 일어나기만을 기다리고 그 빌미를 찾기에 골몰하고 있다. 이명박 정부는 더 이상 흔들리지 말고 관심도 갖지 말고 정치의 기강을 잡아가길 바란다.

이 대혼란을 치유하는 길은 어쩌면 예를 중시하는 전통 유교에 있을 수도 있다. 지난 잃어버린 십 년 동안 정부의 개혁을 지켜보면서 인의(仁義)가 사라지고 전통문화가 사라지는 것을 뼈저리게 느낀 적이 있었다. 아름다운 전통 풍속을 없애는 것은 순식간이지만 다시 일으켜 세우려면 몇 십 년 몇 백 년은 족히 걸린다는 것을 명심하라! 깊은 철학 없이 우리의 전통 풍속을 함부로 재단하여 없애는 그런 개혁이 이 정부에서는 없길 바란다. ♣

종부세 완화에 대한 주먹구구

노무현 대통령 시절 종부세 이야기가 나오면서 어떤 사람이 서울의 한 아파트를 팔았는데 그 얼마 후에 그 집값이 20~30% 올랐다고 한다. 이때가 2005년이었다. 불과 3년 전에 터무니없이 집값이 오르고는 내리지는 않았다. 그렇다면 적어도 집값이 30%는 더 내려야 한다. 거기에다가 거품으로 들어 있는 것이 또 얼마인가? 그래서 노무현 대통령은 결자해지(結者解之)의 차원에서 집값을 안정시키기 위해 특단의 조치를 내렸다. 그것은 이때까지 나온 주택정책 중에 가장 강력하고 집값이 하향 안정세를 보이며 그 효과를 나타내고 있다. 노무현의 주택정책은 성공적이었다. 이것은 그대로 두어도 될 것 같은데 이대로 한 삼 년 흐르면 될 것 같은데 왜 바꾼다는 것인가? 도대체 또 어쩌려고. 그런데 이명박 정부는 그때 그렇게 오른 가격을 그대로 지금 안정시키려 한다. 그만큼 집값이 올랐으면 그만큼 세금을 내야 하는 것 아닌가?

그렇다면 주먹구구를 한번 해보자. 부자들은 집값이 그대로 올라서 좋고 거기다가 세금 감면 받을 수 있어서 더욱 좋고, 이미 팔았던 사람과 다시 아파트값 내리기만을 기다리던 사람들은 얼마나 손해인가? 그리고 서민은 올라있는 집값을 고스란히 떠안고 사야만 한다. 고유가에다가 물가는 잔뜩 올라있고 경기는 어려운데 뭐 이런 정책이 다 있나? 주먹구구한 손가락이 차마 펴지지 않는다.

경제 대통령의 정책이 건설과 포클레인에서만 상상된다는 것은 문제가 좀 있다. 지방에는 미분양 아파트가 속출하고 있다, 이번 부동산 완화 정책은 '강부자'를 위한 감세 정책이고 부동산 투기를 조장하는 정책이라고 판단된다. 이미 야당은 종부세 완화에 대해 '부자들을 위한 감세'라며 일제히 비판하고 나섰다. 제발 서민들을 자극하는 정치를 하지 말라! 또 한 번 정가가 혼란의 소용돌이 속으로 빠져들어 갈 추세이다. 촛불 정국으로 민심이 이반되어 있는 가운데 여기에서 또 종부세 완화 정책 같은 무리수를 두는 것은 시기가 좋지 않아 보인다. 아 왜 사람들이 이명박 정부의 정책에 안티가 그렇게 많았는지 이해가 간다.

지금 미국의 경제위기가 집값의 거품 때문이라고 하고, 우리 아파트들도 거품이 꽉 차 있다고 하던데, 집 없는 서민은 걱정이 말이 아니다. 집이 재산 증식의 대상이 되어서도 안 되고, 투기의 대상이 되어도 안 된다. 이명박 대통령님! 청계천 풀빵 장사하던 그 어렵던 시절로 돌아가 서민의 입장에서 다시 돌아보시오. 왜 서민보다 부자를 먼저 생각해야 하는지를.

이쯤에서 부자들의 화려한 집을 떨쳐 버리고 누추한 집에서도 안락을 누리는 군자들을 따라가 보자. 당나라 시인 유우석(劉禹錫)의 〈누실명(陋室銘)〉을 한번 읊고 가자.

산이 높지 않아도 신선이 와서 살면 유명해지는 법이고
물이 깊지 않아도 용이 와서 살면 유명해지는 법이다
이곳은 비록 누추한 집이나 오직 나의 덕은 향기가 난다네
이끼 긴 계단은 푸르고 풀빛은 발을 통해 더욱 파랗고

다만 담소하는 선비가 있을 뿐 왕래하는 백성은 없도다
거문고를 타고 불경 뒤적이며
음악은 귀를 어지럽히지 않고
관청의 서류로 몸을 수고롭게 하지 않아
남양 제갈량의 초가집이나 서촉 양자운의 정자와 같으니

공자께서도 "군자가 거처함에 무슨 누추함이 있으리오"라고 하셨다. 누추한 동네, 누추한 집이더라도 군자가 살면 유명해지는 법, 어찌 화려한 집을 생각하며, 게다가 투기까지 하겠는가? 이 시로 대통령을 한번 비웃으며, 초연히 살리라. 대통령 아저씨 부자들과 잘해 보세요. 서민은 물러갑니다.

『논어』술이 편에 "子曰 飯疏食飮水하고 曲肱而枕之라도 樂亦在其中이니 不義而富且貴는 於我如浮雲이니라"라는 구절이 있다. 이것을 해석해 보면 "공자께서는 거친 밥을 먹고 찬 물을 마시고 팔 베고 누웠어도 즐거움은 그 가운데 있으니 의롭지 않는 부귀는 내게는 뜬 구름과 같다"고 하셨다. 거친 밥, 찬물, 팔베개가 부귀보다 나을 리는 없겠지만 그렇다고 해서 부정한 방법과 의롭지 못한 수단으로 부귀를 차지하면 마음이 편할 것인가?

이명박 정부가 이번에 발표하는 종부세 완화 조치는 부적절해 보인다. 집값은 더욱 더 떨어져야 한다. 물론 종부세가 너무 가혹해서 세금 폭탄이라는 논란도 있었던 것도 사실이다. 그러나 종부세가 집값에 거품을 빼고 있었다는 것만은 인정하고 싶다. ♣

부끄러운 역사 교과서 논란

역사는 한 대를 지나서 평가되어야 한다. 우리는 역사 용어로서 '세기(C)'라는 말을 쓴다. 이는 100년을 지나야 역사 평가가 공정하게 이루어질 수 있기 때문이다. 그 당대에 살아있던 사람들이 모두 사라진 후에라야만 역사 전문가들에 의해서 주관적인 평가가 사라지고 객관적이고 공정한 평가가 이루어질 수 있다는 말이다.

그래서 옛날 왕조시대에도 사관의 기록은 당대 왕이 못 보게 되어 있었다. 그러나 지난 잃어버린 십 년 속에서는 역사의 정신도 잃어버렸다. 지난 정부의 잃어버린 교육은 역사를 바로잡아야 한다고 하면서 과거 정부들을 군부독재로 규정하고 그 전에는 마치 민주주의가 조금도 없었던 것처럼 역사를 함부로 재단해 버렸다. 되지도 않은 햇볕정책을 선전하기 위해 북한을 찬양하고 전쟁을 일으킨 김일성에 대한 심판을 뒤로한 채, 6.25전쟁 때 목숨을 바친 충혼들을 부끄럽게 만들었다. 그리고는 절대로 손대지 말았어야 할 교과서마저도 함부로 고쳐서 자기의 업적을 과시하려고 하였다.

교육자는 정치적 종교적으로 절대 중립이어야 한다. 교과서는 진실이어야만 하며 정치인들이 자기의 업적을 선전하기 위한 도구로 함부로 재단해서는 절대로 안 된다. 역사 교과서는 논란이 있는 것을 가르쳐서는 안 된다. 이 때문에 교육이 얼마나 많은 혼란을 겪고 있고, 교사들의 의견은 서로 갈라지고 학생들은 혼란에 빠졌는가? 역사는 이것을 절대로 용서하지 않는다. 순수한 진리를 마음껏 구가해야 할 학생들에게 치졸한 음모를 가르쳐야 하는가? 학생들이 무슨 죄가 있는가?

그 중에 하나가 박정희 대통령의 업적이다. 지난 광복절 광복 63주년, 대한민국 건국 60주년의 평가에서 가장 훌륭한 대통령으로 박정희 대통령이 뽑혔다. 이 압도적인 국민의 평가를 외면하고 좌향으로 오만과 편견을 고집하는 저 잘못된 역사 평가는 고쳐져야 한다. 그렇다고 우향으로 너무 지나치게 미화되는 것도 경계하여야 한다.

그러나 지난 잃어버린 10년의 '역사 삐뚤게 세우기'는 이승만 대통령의 동상을 끌어내렸고, 한국전쟁의 영웅 맥아더 동상도 잔인하게 끌어내려 던졌으며, 특히 박정희 대통령 동상을 끌어내려 정적의 한풀이를 잔인하게 하였다. 그리고는 친북반미를 진보적인 역사관이라고 우기고 있다. 후대 역사가는 이를 어떻게 서술할 것인가? 우리에게 친근한 맥아더 장군의 자녀를 위한 기도를 들어보자.

주여! 내게 이런 자녀를 주옵소서.
약할 때에 자기를 돌아볼 줄 아는 여유와
두려울 때 자신을 잃지 않는 대담함을 가지고
정직한 패배에 부끄러워하지 않고 태연하며
승리에 겸손하고 온유한 자녀를 내게 주옵소서.
생각해야 할 때에 고집하지 말게 하시고
주를 알고 자신을 아는 것이
지식의 기초임을 아는 자녀를 주옵소서.
원하옵나니 그를 평탄하고 안이한 길로 인도하지 마옵시고
고난과 도전에 직면하여 분투 항거할 줄 알도록 인도하여 주옵소서.

그리하여 폭풍우 속에서 용감히 싸울 줄 알고
패자를 관용할 줄 알도록 가르쳐 주옵소서.
그 마음이 깨끗하고 그 목표가 높은 자녀를,
남을 정복하기 전에 먼저 자신을 다스릴 줄 아는 자녀를,
장래를 바라봄과 동시에 지난날을 잊지 않는 자녀를
내게 주옵소서.
이런 것들을 허락하신 다음 이에 더하여
내 자녀에게 유우머를 알게 하시고
생을 엄숙하게 살아감과 동시에
즐길 줄 알게 하옵소서.
자기 자신에게 지나치게 집착하지 말게 하시고
겸허한 마음을 갖게 하시사
참된 위대성은 소박함에 있음을 알게 하시고
참된 지혜는 열린 마음에 있으며
참된 힘은 온유함에 있음을 명심하게 하옵소서.
그리하여 어느 날 나 아버지는
내 인생을 헛되이 살지 않았노라고
고백할 수 있도록 도와주시옵소서.

　아! 이 얼마나 올바르고 정의로운가? 맥아더의 이 기도는 우리 역사교육이 나가야 할 길이기도 하다. 비록 그의 동상은 훼철되었지만. 그의 이 기도는 대한민국과 함께 영원하리라고 본다. 기억하라! 역사는 비밀이 없다는 것을. ♣

최진실과 삼인성호三人成虎

중구삭금(衆口鑠金)! "많은 사람의 입은 무쇠도 녹인다"란 말이 있다. 그 예쁘고 깜찍했던 인기 탤런트 최진실 씨가 스스로 목숨을 끊었다. 그 사유는 방송을 타고 흘러나온 사이버 상의 악성 루머 때문이라고 한다. 확실한 검증과 신빙성을 확보하지도 않고 무조건 한바탕 호들갑을 떨고 보자는 우리나라의 막가식의 방송 행태도 여기에 일조를 가했다. 누구를 위한 무엇을 위한 방송인가? 철학 없는 방송이 없는 사실을 만들어 내어 사람을 잡고 있다. 지금 이 순간도 헤아릴 수 없는 인터넷 상의 악성 댓글들이 허위 사실을 유포하고 유언비어를 날조하며 사람들을 공격해댄다. 이 악성 글들이 가슴에 스며들면 어떻게 될까? 마치 독이 퍼지듯이 사람을 급습한다. 얼마나 괴롭고 얼마나 억울했으면 죽음을 선택했을까? 더 이상 이런 안타까운 일이 벌어져서는 안 된다. 더 이상 인터넷 공간은 편리한 문명의 이기만은 아니다. 때로는 인류에게 해를 끼치는 무서운 무기가 될 수 있다는 것을 인지해야 한다. 사이버 상에서도 표현의 자유가 위축되지 않으려면 품격 높은 사이버 상의 윤리와 도덕을 수반해야 한다. 인터넷 상의 사이버 공간은 공중화장실에 표현된 이상한 그림이나 욕설을 낙서해 놓는 그런 저질 공간이 되어서는 더더욱 안 된다. 이것은 표현의 자유가 아니라 처벌받아야 할 범죄행위라는 것을 명심해 주기 바란다.

중국 전한시대의 유향(劉向)이 전국시대(戰國時代, 기원전 475~222)

의 수많은 제후국 전략가들의 정치, 군사, 외교 등 책략을 모아 집록한 자료를 『전국책(戰國策)』이라 한다. 그『전국책』, 〈위책(魏策)〉에 이런 이야기가 전해 온다.

위나라 신하 방총(龐蔥)이 위(魏)나라 태자와 함께 인질(人質)이 되어 조(趙)나라 수도 한단(邯鄲)으로 가게 되었을 때, 위나라 왕에게 다음과 같이 아뢰었다. "지금 어떤 한 사나이가 시중에 호랑이가 나타났다고 하면 전하께서는 믿으시겠습니까?" "믿지 않겠다." "그러면 두 사람이 와서 호랑이가 나타났다고 하면 믿으시겠습니까?" "과인은 의심해 보겠노라." "세 사람이 와서 호랑이가 나타났다고 하면 믿으시겠습니까?" "과인은 그것을 믿을 것이오." "저 시내 한 가운데에 호랑이가 없다는 것은 분명합니다. 그런데도 세 사람이 말에 의해 호랑이가 만들어지는 것입니다. 이제 신이 태자를 모시고 한단으로 가면 이곳 대양(大梁)은 저자거리에서 멀리 있고, 신을 험담하는 자가 세 사람이 넘을 것입니다. 전하께서는 이것을 잘 살피시기 바랍니다." "과인이 알아서 하겠소. 과인은 유언비어를 절대 믿지 않을 것이오." 방총은 이 말을 왕에게 다짐해 두고 한단으로 떠났다. 방총과 태자가 한단에 도착하기도 전에 벌써 방총을 험담하는 거짓 참소가 왕의 귀에 들렸다. 그 한참 후에 조나라와 사이가 좋아져서 태자가 인질에서 풀려났는데도, 방총은 마침내 왕을 뵙지 못하게 되었다고 한다.

이 이야기에서 유래한 고사성어가 삼인성호(三人成虎)이며, 혹은 삼인시호(三人市虎)라고도 한다. 세 사람이 짜면 거리에 범이 나왔다는 거짓말도 꾸밀 수 있다는 뜻으로, 근거 없는 말이라도 여러 사람이 말하면 곧이듣게 됨을 이르는 말이다.

이 이야기는 객관성 없는 우리 방송 이야기이며 광우병이나 최진실 사건처럼 사이버 상에서 자행되고 있는 악성 거짓 루머에 시사하는 바가 많다. 우리 사회에는 지난 몇 년 동안 없는 사실을 만들어 사람을 헐뜯고 남을 비방하여 자기의 입지를 굳혀보려는 야비하고 치졸한 정치 행태가 만연하고 있다. 이와 같이 사이버 상에서 숨어서 유언비어를 날조하여 인신을 공격하는 것은 화장실에 앉아서 벽에 낙서하는 것과 마찬가지로 치졸하고 비열한 짓이다. 이 사건을 계기로 이 사이버 폭력으로부터 인권을 유린당하지 않도록 강력한 법을 만들어 엄중하게 대처해야 한다. 정부와 여당은 인터넷 상의 근거 없는 소문과 '악플'을 규제·처벌하는 법을 추지해 오던 중에 최진실 사건이 터지자 더욱더 박차를 가하고 나섰다. "사이버모욕죄·인터넷실명제는 너무나 당연한 법이라고 판단할 수밖에 없는 것 같은데, 야당은 인터넷 감시로 사실상 '사이버 계엄령'"이라고 대립의 각을 날카롭게 세우고 있다.

인터넷 공간이 범죄의 소굴로 변하고 창녀촌의 소굴같이 인류에게 해악을 끼치는 것이 도를 넘고 있는 상황에서 인터넷을 규제하는 법령의 모색은 너무나 당연하다. 사이버 공간의 아름다운 문화가 빨리 정착되어 건전하고 품격 높은 표현의 자유가 구가될 수 있도록 강력한 법이 만들어지길 기대한다. ♣

축제의 늪에 빠진 대한민국

대한민국은 축제의 나라이다. 대한민국은 음주의 나라이자 춤과 노래의 나라이다. 우리가 잘 아는 무천(舞天)은 우리 고대시대 동예(東濊)에서 매년 음력 10월에 행해졌던 제천의식이다. 삼국지의 『위지(魏志)』, 〈동이전(東夷傳)〉에 보면, '항상 10월에는 하늘에 제사를 지내고, 밤낮으로 술을 마시며 노래하고 춤추는데, 이를 무천이라 한다(常用十月祭天 晝夜飮酒歌舞 名之舞天)'라는 기록이 있다. 이는 하늘에 풍년을 빌고 추수를 감사하는 일종의 의식으로 춤과 노래로 의식을 행하였으며 부여(夫餘)의 영고(迎鼓, 12월), 고구려의 동맹(東盟, 10월)과 그 성격이 유사하다. 여기에서 우리 민족의 특징으로 꼽히는 '음주가무(飮酒歌舞)'란 말이 처음 나타난다.

이 '음주가무'는 어떤 것일까? 음주는 고대시대의 풍성한 먹거리를 연상하게 한다. 그때는 무슨 술을 마시고 어떤 음식들을 먹었을까? 가(歌)에서는 노래를 생각하며 들을 거리를 생각한다. 그때는 어떤 아름다운 노래들이 있었을까? 무(舞)에서는 춤을 생각한다. 어떤 아름다운 춤으로 볼거리를 제공해 주었을까? 이런 '음주가무'들이 한 판을 만들고 온갖 종합예술을 창출하면서 밤낮으로 즐겼던 모양이다. 그러나 그때의 음식과 술은 지금은 먹을 수도 없고, 그때의 춤과 노래는 볼 수도 없고 들을 수도 없다. 그냥 막연한 상상만 있을 뿐! 그러나 우리 민족의 특성 중에 하나가 '음주가무'라는 말은 지금 대한민국에서 벌어지고 있는 축제들을 보면 부정할 수 없는 현실이다.

지금도 대한민국 어느 곳에선가는 축제가 한창 열리고 있다. 대한민국 축제는 지방자치시대가 열리면서 온갖 축제들이 우후죽순처럼 생겨나서 지금은 축제가 없는 곳이 없다. 전국적으로 축제의 수는 천여 개에 육박한다고 한다. 그러다 보니 일 년 내내 축제의 북소리가 멈추지 않는다. 그 종류도 너무나 다양하다. 정월 초하루 영덕 해맞이 축제를 시작으로 대관령 눈꽃축제 화천의 빙어축제, 벚꽃축제, 사과축제, 복숭아축제, 포도축제, 한우축제, 등등 축제들이 같은 날에도 몇 군데서 열리고 비슷한 축제들이 일 년 내내 끊이지 않고 열린다.

축제는 기본적으로 농사에 풍년이 들거나 그 지역 특산물이 특별히 많이 생산되거나 바다에서 특별한 고기가 많이 잡히거나 하여 그 풍족함에 대한 축하의 잔치가 되어야 한다. 그래야만이 풍요로운 축제가 되고 인심이 넘치는 축제가 된다. 축제는 먹거리, 볼거리, 놀거리, 들을 거리, 잘 거리 등 이 몇 가지가 모두 풍족하게 잘 갖추어져야 성공을 한다.

그러나 지방자치 단체들이 주관하는 일부 축제들은 그 지역의 풍족한 특성을 살리기보다는 돈벌이를 목표로 진행하고 있다. 그것도 서로 유사한 내용으로 각 지역과 서로 겹치고 경쟁적으로 시행되다 보니까 날짜와 축제의 여건들을 잘 갖추지 못한 채 파행적으로 진행되고 있다. 그러니 나라가 망해도 축제를 하는 나라! 농사가 흉년이 들어도 축제를 하는 농촌! 기후 관계로 송이가 없어서 생산이 안 되는데도 북한 송이를 수입해 와서 송이축제를 해야 하는 군청. 매화가 개화 시기가 늦어져서 꽃이 없는 데도 매화축제는 반드시 해야 하는 남쪽의 어느 지방! 눈이 오지 않는데도 눈축제를 해야 하는 산동네들, 그

축제의 현장을 가보면 어느 곳 없이 시골 장날 같은 똑같은 물건을 판매하는 장터가 되어 있다. 그러면서도 지역민을 동원하여 음주가무를 해야만 하는 이상한 축제들이 난무하게 되었다.

어느 제법 큰 국제 페스티발에 간 적이 있었다. 한 사람이 음식점에서 음식이 부족하다고 말하자 "이 코너 한 칸을 3백만 원을 주고 빌렸다. 저 사람들 월급 주고 우리가 뭐 남는 것 있냐고?" 하는 얘기를 엿들었다. 거참 당나귀 귀 띠고, 뭐 띠고 남는 것 뭐있겠나 싶었다. 그러다 보니 돈 없는 지역 사람은 장사도 못 하고 타지 사람들이 다른 지방의 물건을 가지고 와서 장사하고, 음식점에도 쇠고기 국밥에는 쇠고기가 없고, 산채비빔밥에는 중국산 나물이 나오고, 가격은 비싸고 인심이 사납기가 그지없었다. 그것도 산나물이 풍성하고 한우가 유명한 고장에서 타지 사람들에게 풍성한 지역 인심 사납게 구겨버리고! 백만 인구가 다녀갔기 때문에 성공이라고 자평하고 있더라. 대한민국 어느 지역의 축제도 이와 비슷하다. 장사도 이렇게 하면 안 된다. 만약 그 돈을 받지 않고 지역민의 인심을 그 사람들의 가슴에 새기고 가게 했다면 그 마음이 얼마나 흡족했을까? 내가 보기엔 장사라면 몰라도 축제로 본다면 사람들이 많이 온 만큼 실패였다. 축제는 그 넉넉한 지역 인심과 그 지역의 풍성한 먹거리의 어울림 한마당이 되어야 한다. 축제 현장을 가보니 인파가 몰리기는 했는데 주민을 위한 한마당 잔치는 보기 힘들고, 온통 그들과 장사들만의 잔치이다.

올림픽도 4년에 한 번 열린다. 대한민국 축제 매년 하는 것을 2년에 한 번씩 하면 우리나라 어려운 경제를 살릴 수 있다. ♣

쌀 직불금,
그 부패의 자화상

'쌀 직불금'이란 것이 도대체 무엇인가? '쌀 소득 보전 직불금'의 준말로 지난 2004년에 쌀 재협상 문제 때부터 만들어진 것으로서 쌀 80kg 한 가마니 가격을 기준으로 협상 이전 3년간 쌀값을 기준으로 목표 가격을 설정하고 목표 가격과 해당 연도 수확기의 산지 쌀값과의 차이의 85% 금액을 직접 지불금 형태로 보전하는 제도이다.

쌀 재배 농가는 12월에 쌀값 등락과 관계없이 ha(3,025평)당 70만 원의 고정 직불금을 받을 수 있으며 목표 가격과 수확기 산지 쌀값 차이의 85%보다 고정형 직불금 액수가 적으면 다음해 4월까지 그 부족액만큼 변동형 직불금을 받게 되어있다. 이는 쌀값 하락으로부터 벼를 재배하는 농민들을 보호하고 벼농사를 장려하며 농민의 안정된 소득을 보장하기 위한 보조금으로 실제로 벼 재배 농업에 종사하는 농업인에게 지급되는 것이다.

이렇게 만들어진 쌀 직불금이 농민이 아닌 다른 사람들이 실제 경작을 하고 있지 않음에도 '쌀 직불금'을 타 간 사실이 밝혀지면서 대한민국 국민들은 분노하고 있다. 더군다나 더욱 놀라운 사실은 2005년부터 약 17만 명이나 되는 어마어마한 수의 사람들이 부당하게 쌀 직불금을 타 갔고 그 금액만도 2천억에 육박한다고 한다. 거기에는 고위 공무원도 끼어 있고, 국회의원도 끼어 있어서 또 한 번 국민들을 실망시키고 있다.

이 비양심적인 대한민국 부패의 자화상을 보면서 저 농민들의 가슴은 어떠할까? 비양심적이고 파렴치한 가짜 농부들이 어찌 이렇게 많단 말인가? 저들이 어떻게 대한민국 고위 공무원이고 국회의원이란 말인가? 이것은 철저하게 수사하여 국민 앞에 낱낱이 밝혀야 한다. 이 일을 두고 노무현 정부와 현 정부의 문제로 몰아가며 정략적으로 이용하려는 저 못난 정치인들의 저열한 대처 행태는 도저히 용서할 수 없는 비열하고 고질적인 추태이다. 이 문제는 신속하게 진상을 조사하여 명단을 공개하고 국정조사를 진행하여 가차 없이 법대로 처벌해야 한다.

이 제도가 만들어진 후 쌀 보전 직불금이 지급된 것은 2005년도부터라고 한다. 그렇다면 2005년도부터 이 파렴치한 행동을 한 사람은 모두 찾아내어 엄벌에 처해야 하는 것은 너무나 당연한 처사다. 우선 2005년도부터 조사하여 그 명단을 공개해 놓고, 그 다음 국정조사도 반드시 해야 한다. 더 이상 비열한 짓을 하여 농민들을 두 번 우롱하지 말고 정치정략을 앞세우지 말기를 당부한다.

그리고 왜 이 법에 관계된 모든 파렴치범들을 고발하고 성토하지 않는가? 전직이건 현직에 있건 간에 직위고하를 막론하고 이런 몰염치한 사람들은 법정에 세워야 한다. 왜 이봉화 보건복지부 차관 한 사람만 고소하고 문제 삼아 '정치 플레이'로 끝내려는지 이해할 수가 없다. 이봉화 차관은 그냥 두어도 사퇴할 수밖에 없을 것 같다.

일반적으로 보기엔 지난 정부의 잘못이 큰 것 같은데도 야당의 주장을 보면 현 정부만 비판하지 지난 정부에 대해서는 또 언급이 없다. 이명박 대통령도 읍참마속하는 심정으로 이 사실에 대하여 단호한 대처를 주문했어야 했다. 이것이야말로 부패를 척결하고 고질적인 병폐를 개혁하는 기초가 되는 것이 아닌가? 온 나라가 다 썩어 가고 있는데 이것이 무슨 관망할 문제냐? 전직 관리들을 비롯하여 노무현 대통령도 고발해야 하는 것 아닌가? 지난 정부의 무능을 바라보며 다시 한 번 분노한다. 만약 대통령이 이것을 알면서도 바로잡지 않았다면 직무유기이며 국민 앞에 죄를 지은 것이 크다. 노무현 전 대통령도 필요하다면 법정에 세워야 한다. 지난 정부에서 이미 붉어진 문제를 처리하지 않았다는 말도 있다. 이것이 정말이라면 그동안 국회의원들은 뭘 했고, 그동안 언론들은 무얼 했으며 시민 단체들은 무엇을 했는가? 철저하게 파헤쳐라! 이것이 감춘다고 될 일인가?

『논어』〈위정〉 편에 보면 "子曰 視其所以하며 觀其所由하며 察其所安이면 人焉廋哉리오 人焉廋哉리오"라는 구절이 있다. 이것을 해석해 보면 "공자께서 말씀하시기를 그 행동하는 바를 보며, 그 행동하는 동기를 관찰하고, 그 즐거워하는 바를 살피면 사람이 어찌 감출 수 있으리오 사람이 어찌 감출 수 있으리오"라는 뜻이다.

이 말씀은 한 사람의 인간을 알고자 한다면 그가 하는 행동을 보고, 그가 행동하게 된 동기를 관찰하고, 그가 행동한 후에 만족하는 것을 살펴본다면 그 사람을 알 수 있는 것이니 사람은 자기가 행동해 온 바를 감출 수가 없다는 것을 강조한 말이다.

정치인들이여! 고위 공무원들이여! 그리고 쌀 직불금을 부당하게 수령한 사람들이여! 제발 양심과 도덕을 가지고 바르게 좀 살아가자! 영원한 비밀은 없다. 정부는 더 이상 구물거리지 말고 그 명단을 빨리 공개하라! ♣

동방예의지국과 국정감사

우리 격언에 身言書判(신언서판)이라고 했던가? 이 말은 언행이 그 사람의 인격을 드러낸다는 점을 강조하고 있다.

국회는 한 나라를 대표하는 기관이다. 따라서 한 나라의 국회가 진행하는 국정감사장의 언행은 극도로 신성하고 엄숙해야 한다. 국회 안에서의 행동은 극도로 엄정하며 위엄이 있어야 한다. 더군다나 오늘날 국감은 옛날과 달라서 텔레비전을 통해 국민에게 생중계되고 있다. 국회의원들은 예의를 갖추어 신중히 묻고 토론하며 따지고 상대방을 최대한 존중하면서 정치인의 위엄스러운 면모를 갖추어야 한다. 모든 국민이 지켜보고 있는 것을 의식하고 예의 바르고 정정당당하게 행동해야 한다.

그러나 이번 국정감사에서 보여준 일부 국회의원들의 부적절한 언행은 예의나 위엄이 있어 보이기는커녕 거의 상말에다가 고함에다가 거들먹거리기까지 하며 못 하는 짓이 없을 정도로 무례하고 극악무도해 보였다.

우리나라는 예로부터 동방예의지국(東方禮義之國)이라 불릴 정도로 예가 있는 나라요, 동방군자지국(東方君子之國)으로 불릴 정도로 군자의 길을 가는 사람들이 많은 나라였다. 이번 국정감사를 통해 드러난 국회의원들의 행동거지는 반듯하고 정의로워 보이기는커녕 거의 조직폭력배에 가까 왔다. 지금 대한민국을 대표하는 국회의원들의 국정감사 중에 행하였던 언행들을 보면 우리나라는 동방 최고의 무례지국이요, 소인배의 나라로 전락하고 말았다. 한마디로 대한민국의 예가 땅에 내팽개쳐졌다.

한 나라의 장·차관은 그 나라의 행정 수반들이다. 그 사람들을 앞에다 두고 난폭한 언어를 마구잡이로 구사하고 있다. 욕을 해대고 윽박지르고 질의 응답하는 모습을 보자면 무례도 그런 무례가 없었다. 거의 법 너머의 인권유린을 잔인하게 자행하는 수준이다.

국민 앞에서 보여준 국회의원들의 이 방자한 행동을 다른 나라 사람이 보고 어떻게 생각했을까? 우리나라의 미래를 책임질 어린이들이 무엇을 보고 배울까? 이번 국정감사 기간 내내 국회의원들의 언행은 참 나빴다.

공자는 그의 제자 안회(顔回)에게 네 가지 하지 말아야 할 경계와 교훈을 드리우는 말을 내려주었다. 이것이 유명한 '사물(四勿)'이며 바로 '非禮면 勿視聽言動하라'는 글귀이다. 예가 아니면 보지 말라! 예가 아니면 듣지 말라! 예가 아니면 말하지 말라! 예가 아니면 움직이지 말라! 이제 이 가르침을 자식들에게 말할 때가 왔다.

최근 국감장에서 벌어진 유장관의 부적절한 언동이 연일 텔레비전에 오르내린다. 너무나 적나라하게 노출시켜 놓은 채로 그리고 언론은 마음 놓고 짖어댄다. 참 안되어 보이고 측은해 보이는데도 언론은 끝까지 잔인하게 해댄다. 살인범은 얼굴이라도 가려 주더니만 우리 장관님은 얼굴을 가려주기는커녕 오히려 언론들은 똑똑히 비추려고 안간 힘을 쓴다. 사퇴를 요구하는 언성은 날카롭다.

야당의 이모 의원이 아무리 저질적으로 공격을 하더라도 감정을 통제하지 못하고 경솔하게 행한 유 장관의 행동은 분명 부적절했다.

그러나 어쩐지 사악해 보이지는 않았다. 원인 제공자 이모 국회의원의 저질 언행은 자랑스러운가? 사진기자들의 저질 행동은 옳았는가? 지금 언론은 정의롭고 공정하며 객관적인가? 오히려 이들의 행동이 어딘지 모르게 좀 어설퍼 보인다.

이쯤에서 우리 유학의 선구자 정이천이 지은 〈視聽言動(시청언동)〉에서 경계와 교훈을 새기는 말로 유명한 '四勿箴(사물잠)'이라는 글을 한 번 보고 가자. 그 중에 '언잠(言箴: 말에 대한 조심)'을 보면 "사람 마음이 이끌리는 것은 말 때문이니, 말을 할 때에 조급함과 가벼움을 금지해야만, 마음속이 고요하고 혼란하지 않는다. 하물며 말은 자기 마음의 출입문 같으니, 말 한마디로 전쟁이 일어나기도 하고, 우호관계를 만들기도 한다. 길하고 흉하며 영화롭고, 욕됨이 오직 그 입이 부르는 것이다. 너무 말을 쉽게 하면 믿음성이 떨어지고, 번거롭게 말수가 많아지면 그 핵심을 잃어버리게 되며, 가는 말이 고와야 오는 말도 곱고, 비뚤어진 말은 비뚤어져 돌아온다. 말 같지 못한 말은 하지 말라. 이 말을 명심하여라.(其言箴曰, 人心之動, 因言以宣, 發禁躁妄, 乃斯靜專, 是樞機, 興戎出好, 吉凶榮辱, 惟其所召, 傷易則誕, 傷煩則支, 己肆物, 出悖來違, 非法不道, 欽哉訓辭)"라고 하고 있다.

화를 참지 못하는 일국의 행정 장관이시여! 상스럽기 그지없는 언행을 퍼붓는 일부 국회의원들이여! 형평을 잃어버리고 사특함을 일삼는 언론인들이여! 그리고 악성을 마음껏 뇌까리는 철없는 네티즌들이여! 그리고 점잖은 국민들이여! 누가 얼마만큼 더 잘못했는지 냉철하게 따져보자. 그리고 제발 언행을 삼가자. 국민은 당신들에게 엄정하게 요구하고 있다. 말하는 법을 좀 배우라고. ♣

이불 위에 새기는 청렴

대한민국에는 청렴이 과연 존재하는가? 파렴치한 '쌀 직불금' 불법 수령에 이어 환경운동연합 및 시민단체의 공금 횡령 소식을 접하며 마음이 무겁다. 경찰이 뇌물을 받고, 정치인들은 사특하기 이를 데 없다. 공무원들은 공금을 파렴치하게 도둑질하려 한다. 대기업은 물론 국영기업까지 훔치고 숨기고 하는 낯부끄러운 행동을 서슴지 않고 행하고 있다. 대한민국이 온통 어떻게든 불법으로 나랏돈을 훔칠까에 골몰하고 있다. 온 나라는 도둑의 소굴이 된 지 오래다.

청렴결백하게 국민 앞에 떳떳하고 자기 마음에 솔직히 도적의 마음이 없었던 양심 있는 인사가 있으면 나와 보라고 한다면 과연 몇 사람이나 존재할까? 어느 것 하나인들 온전한 것이 있겠는가? 이 참담한 현실을 개탄하며 제발 청렴하고 공명정대하며 정의로운 인사들이 일어나 대한민국의 총체적인 부패를 일소해 주길 간절히 바란다.

사람의 마음은 하루라도 조심하고 경계하지 않으면 사특한 마음이 수시로 일어난다. 이를 이기고 청렴으로 돌아가기 위해서 우리 조상은 안간힘을 쓰며 마음을 수양하며 경계하고 또 경계해 왔다.

청렴결백하고 당당한 삶을 좀 살아보자. 임진왜란 시절 명재상이었던 서애 유성룡이 청렴을 지키기 위해 자기가 덮고 자는 이불 위에 그 마음을 경계했던 글을 여기 소개한다.

〈獨寢不愧衾銘(혼자 누워도 이불에 부끄럽지 않은 좌우명)〉

깊은 밤 깜깜한 때는(暮夜之暗) 상제가 나에게 임하고(帝其我莅)

사람이 보지 않는 곳에는(屋漏之幽) 신명이 살피고 있다(神其爾伺)

모를 것이라 말을 말라(勿謂無知) 그 기미는 훤히 드러난다(其機孔彰)

무엇이 나쁘냐고 하지를 말라(勿謂何傷) 그 사특한 것이 점점 커진다(其慝將長)

숨기려는 것보다 더 잘 보이는 게 없고(莫見者隱)

은미한 것보다 더 잘 드러나는 게 없으니(莫顯者微)

잠깐이라도 조심하지 않으면(斯須不謹) 모든 잘못이 나에게 온다(衆惡皆歸)

내게 있는 내 마음(我有我心) 밝고도 신령하다(旣明且靈)

조금이라도 잘못하면(一有爽德) 양심이 편치 않네(中心不寧)

어찌 남이 알아야 만이(豈待人知) 굳이 부끄러워할까(然後爲愧)

이래서 군자들은(是以君子) 행여나 잘못될까 자나 깨나 걱정이네(罔敢或肆)

성의가 중심에 심어지면(一誠植中) 행동거지는 다 예에 맞다네(動必以禮)

게으르고 간사한 나쁜 행동을(惰慢邪僻) 어찌 나에게 있게 하리요(寧設于軆)

낮이면 분주하다가(日用造次) 밤들어 쉬게 된다(向晦燕息)

조심하고 또 조심하여(翼翼兢兢) 상제의 법칙대로 따를 지어다(維帝之則)

간사하고 사사로운 욕심 멀리하여(剔邪去私) 타고난 성품을 보존하세(是保是守)

양심상 허물될 게 없다면(內省不疚) 이 세상에 무엇이 부끄럽겠나
(何愧之有)

　지극한 그 경지를 추구하면(推其極致) 천지와 같이 높고 넓다네
(浩然天地)

　위대하도다 진서산(眞西山)이여(卓哉西山) 학문에 힘씀이 지극히
깊었도다(用力深至)

　일깨워 주는 그 한 말씀은(一言警策) 후생들의 산 교훈이라(以迪
來裔)

　덕을 닦으면 날마다 훌륭해지지만(作德日休) 잘못을 행하면 날마
다 옹졸해지니(作僞日拙)

　성인과 광사(狂士)의 구분은(聖狂之別) 여기에서 그 길이 달라지
도다(由此異轍)

　성실하지 못하면 아무 일도 안 되는 것(不誠無物) 예부터 그 말을
듣고 있다(古聞其語)

　신은 삼가 명문을 써서(臣拜銘之) 감히 가까이 모신 분께 아뢰옵
니다(敢告褻御)

　청렴을 맹세하는 서애 유성룡의 마음가짐을 보라. 하루도 덮지 않
으면 안 되는 이불 위에 이 청렴을 맹세하는 글을 써놓고 날마다 마음
을 수양해 오며 경계하고 또 경계한 것을 보라. 이 얼마나 청렴하고
공명정대하려는 마음으로 꽉 차 있는가.

　나는 이 글을 대하며 마음으로 부끄러웠노라. 그리고 가슴을 움켜
쥐며 감동했노라. 한시도 부끄럽지 않겠노라 맹세했노라!

　대한민국 국민들이여, 오늘 당장 이불 위에 글자를 새기자. 그리고

혼자 잠자리에 누워 과연 오늘은 부끄러운 행동을 한 적이 없었는가를 반성하자. 우리에게 이러한 훌륭한 조상이 있다는 것이 얼마나 다행한 일인가.

공무원들이여 정치인들이여 시민단체들이여, 제발 이 순간부터 마음속의 도둑 심보를 몰아내라. 한번 마음을 돌이키면 청렴이 되고 한번 마음을 못 잡으면 도둑이 될지니. ♣

한국의 법난法亂

대한민국은 지금 법난(法亂)이 일어났다. 집단의 이기가 법을 흔들어 대는 현상이 심각하다. 소위 '떼법'이란 것이 이것이다. "악법도 법이다"라며 독배를 마시고 죽은 소크라테스의 준법정신은 잘못된 것이다. "악법은 법이 아니다"라고 외치며 따르지 않고 항거했어야 한다.

법(法)의 고자(古字)는 '수(水)'·'치(豸)'·'거(去)'의 3자가 합쳐진 것[灋]이었다. '수'는 낮은 곳을 향해 간다. 아무리 평평해 보여도 물은 낮은 곳을 알아낸다. 아무리 깊고 험하고 기울어 있어도 물은 반드시 하나도 빠짐없이 깊은 곳을 채우되 그 수면은 수평을 유지한다. 물은 시비곡직을 잘 판단해 낸다. 물은 잘잘못을 판단해 내는 지혜가 있다. 물에는 순리가 있고 공평함이 있으며 다스림이 함의되어 있다.

광화문 앞에는 왜 해태가 있는 것일까? '치(豸)'는 해태라고 하는 전설적 동물로서 시비곡직을 가리는 일을 맡은 동물인데, 정의를 실현하는 상징이다. 해태는 또한 불을 삼키는 동물로 알려져 불붙은 분쟁을 가라앉힌다고 하여 중국에서는 예로부터 재판을 할 때 이 해태상 앞에서 했다고 한다.

'거'는 악을 제거하는, 즉 응징적인 강제성을 나타낸 것이다. 그 약자인 '법(法)'도 따지고 보면 물이 높은 데서 낮은 곳으로 흐르듯 순리적인 것을 뜻하는 글자라고 설명할 수 있을 것이다.

진나라는 법 때문에 망했다. 법가가 있었다. 전국시대(기원전 475~

221)에 한비자(韓非子)의 영향을 받아 중국 최초의 통일제국인 진(秦: 기원전 221~206)의 이념적 토대를 이루었다. 법가는 인간의 실제 행동에 따라 정치제도를 만들어야 하며, 인간은 본래 이기적이고 앞을 내다볼 줄 모르는 존재라고 믿었다. 그러므로 백성이 통치자의 미덕을 인정한다고 해서 사회적 화합이 보장되지는 않으며, 오직 국가의 강력한 통제와 권위에 대한 절대복종을 통해서만 사회적 화합을 이룰 수 있다고 생각했다. 법가는 특정한 행동에 대해 엄격하게 상벌을 내리는 법률체계를 내세워 정부를 옹호했다. 또한 인간의 모든 활동은 통치자와 국가권력을 강화하는 방향으로 나가야 한다고 강조했다.

그러나 권위주의적인 진나라는 이 정책을 가혹하게 실행했기 때문에 결국 15년 만에 무너졌고, 법가 철학도 중국에서 영원히 불신 받게 되었다. 특히 신상필벌 정책은 법가의 가장 기본적인 주장으로, 모든 것을 법으로 다스려 법을 지키는 사람에게는 상을 주고 법을 어기는 사람에게는 벌을 준다는 원칙을 공평하게 견지해야 한다는 것이다.

상앙은 이러한 법을 시행하기 전에 먼저 높이 30척의 나무를 함양의 남문에 걸어두고, 그 옆에 만약 누구든지 목패를 북문에다 옮기면 상금으로 금 열 돈을 준다는 방을 붙였다. 아무 영문도 모르는 백성들은 모두 이상하게 여길 뿐 선뜻 나서서 그 목패를 옮기려는 사람이 없었다. 이에 관에서는 다시 상금을 금 50돈으로 올렸다. 그러자 어떤 사람이 그 나무를 북문으로 옮겼고, 상앙은 많은 사람들이 지켜보는 가운데 그 사람에게 금 50돈을 상금으로 주었다. 이 소식은 빠르게 전국으로 퍼졌고, 백성들은 조정에서 거짓말을 하지 않는다는 것을 믿게 되었다.

또한 상앙은 법의 집행에 있어서 엄격하였으며 법 앞에서는 누구나

평등해야 한다고 주장했다. 한번은 태자가 사형 판결을 받은 공족의 한 사람을 숨겨주었다. 범인을 숨긴 자는 범인과 동죄라고 하는 신법에 의하면 태자가 사형을 면하기 어려운 상황이었다. 이에 상앙은 태자를 법에 따라 처리하려고 하였으나 차마 왕위를 계승할 태자를 죽일 수는 없었다. 결국 상앙은 효공과 상의하여 태자의 시종장(侍從長)인 공자(公子) 건(虔)에게 대신 형을 주어 코를 깎았고, 교육을 맡고 있는 공손가(公孫賈)를 문신의 형으로 다스렸다. 전통적인 규범으로는 대부(大夫) 이상의 귀족에게는 형을 가하지 않는 것이었으나, 상앙은 그러한 전통적인 규범을 깨뜨리고 법 앞에는 귀족도 서민도 없다는 점을 명확히 하였던 것이다. 이 사건을 계기로 백성들은 모두 법을 준수하여 아무도 감히 법에 어긋나는 일을 하지 못했다. 어찌됐건 진나라는 법 때문에 망했다.

강만수 기획재정부 장관의 헌법재판소 접촉 발언으로 대한민국은 또 한 번 법난이 일어났다. 종부세란 법을 만들어 집값의 안정을 꾀하는가 싶더니, 또 종부세가 위헌이라며 소송을 하고 야단이다.

강 장관의 헌법재판소 접촉 발언은 사실상 너무나 부적절한 것이었다. 어디 이뿐인가? 집단의 이기가 발동하면 거기에 따라 집회가 일어나고 때로 몰려가 법이 잘못되었다고 외치면 또 으레 법이 맞느니 안맞느니 난리다. 어떤 법이 얼마나 만들어져 있는지 국민은 잘 모른다.

그러나 법의 무지는 용서될 수 없는 것이 아닌가? 또 시민들이 머리에 띠를 매고 한 번 움직이면 또 법이 만들어 진다. 이렇게 법을 자꾸 만들면 나중에는 수족(手足)을 둘 곳이 없어진다. 법은 만드는 것이 능사가 아니라 지키는 것이 중요한 것이다. ♣

종부세와 황당한 집값 조장

온 나라가 종부세 문제로 시끌벅적하다. 종합부동산세(綜合不動産稅, 간단히 종부세)는 대한민국 국세청이 일정한 기준을 초과하는 토지 및 주택의 소유자에 대해 부과하는 세금 또는 그 제도를 말한다.

종부세는 종합부동산세법에 따라 부과되며, 고액의 부동산 보유자에 대하여 종합부동산세를 부과하여 부동산 보유에 대한 조세부담의 형평성을 제고하고 부동산의 가격 안정을 도모함으로써 지방재정의 균형발전과 국민경제의 건전한 발전에 이바지하기 위한 것이다.

이 법을 두고 너무나 거품이 많은 집값을 그대로 유지하는 정책을 실현하기 위하여 정부는 종부세가 너무 가혹한 악법이라고 소송을 제기했다. 드디어 지난 13일 헌법재판소는 종합부동산세법 위헌소송 선고에서 종부세의 취지는 합헌이지만, 세대별 합산 규정은 위헌이며, 주거목적 1주택 장기보유자 부과 규정은 헌법불합치라는 결정을 내렸다. 이에 따라 사실상 종부세가 유명무실해졌다.

국세청은 헌재 선고 이후 세대별 합산 규정에 따라 종부세를 냈던 납세자 중 이미 경정청구를 했거나 불복소송을 제기한 경우나 경정청구를 한 이들이 종부세를 환급받을 수 있도록 했다.

그럼 지난 노무현 정부는 법도 안 되는 법을 만들어 놓고 집값 잡았다고 큰소리 치고 있었다는 말인가. 이 얼마나 한심한 일인가? 종합부동산세 중 일부가 위헌이라니? 납세고지서만 나와도 기일을 엄수하여 납부하지 않으면 큰일 나는 줄 아는 대부분의 소시민들은 너무나 황당해 하고 있다.

사실상 노무현 정권 때 서울의 집값이 올라도 너무 올랐다. 그 집값을 안정시키는 강력한 법을 만들어 부동산 시장을 안정시키려고 만든 법이 종합부동산세법이다. 2003년도부터 나오기 시작한 부동산 대책이 실현성을 거두지 못하고 실패하면서 집값은 더욱 폭등했다. 노무현 정부는 강력한 법을 만들어 주택 정책을 안정시켜 놓았다고 우리에게 자랑하였다. 특단의 대책을 만들었다고 뽐내기에 시장에 나가보니 건설 회사들이 줄을 이어 도산을 하고 아파트는 미분양이 속출하여 건설경기는 모두 죽어가고 있었다.

『맹자』〈공손추〉 편에 이런 이야기가 나온다. 중국 송(宋) 나라에 한 어리석은 농부가 있었다. 모내기를 한 이후 벼가 어느 정도 자랐는지 궁금해서 논에 가보니 다른 사람의 벼보다 덜 자란 것 같았다. 농부는 궁리 끝에 벼의 싹을 잡아 빼 보니 약간 더 자란 것 같았다. 집에 돌아와 식구들에게 하루 종일 벼의 싹을 빼느라 무척 피곤하다고 이야기하자 식구들이 기겁하였다. 집안사람들이 놀라 논으로 뛰어 가봤더니 벼가 전부 말라 죽어 있었다.

이 이야기에서 비롯된 고사 성어가 조장(助長)이다. 우리 사회에는 조장하는 것들이 많다. 예를 들어 보자면 거품으로 가득 찬 집값 때문에 경제가 위기를 맞자 여기에 공적 자금을 투입하는 행위는 경제정책이기도 하지만 잘못될 경우에는 조장이 될 수도 있는 경우이다. 이 세상에는 벼의 싹을 뽑아 올리려는 어리석은 일들이 흔하지 않게 발생하고 있다.

그러나 서울의 집값, 그 속을 들여다보면 서울의 집값은 지금도 많이 올라있는 상황이다. 옛날에 1~2억 주고 샀던 집이 7~8억을 호가하고 2~3억을 주고 구입한 주택이 10억, 20억이 넘고 있다. 평생동안 직장을 다니면서 버는 돈보다 집이 더 많은 돈을 벌어주었다.

지금 서울에 주택을 가지고 있으면서 그동안 돈을 벌지 않는 사람은 거의 없다. 그러다가 최근 집값 때문에 유발된 미국의 경제위기가 전 세계의 경제를 강타하면서 우리나라도 경기가 침체되어 집값이 하락하자 이명박 대통령은 공적 자금을 투입해서 쓰러져 가는 건설회사들과 은행에 거액의 공적 자금을 투자하겠다고 팔을 걷고 나섰다. 또 종부세를 완화하고 각종규제를 풀어서 부동산 경기를 조장하려는 정책을 펴고 있다.

아직도 집값은 여전히 높게 형성되어 있다. 서울의 집값은 비정상적일 정도로 여전히 비싼 편이다. 그런데도 서울의 일부 집값이 떨어지고 있다고 난리이다. 그러나 3년 전의 집값만큼도 떨어지지 않았는데 종부세를 완화하고 온갖 규제를 풀어서 집값을 높은 가격에 안정시키려고 성급하게 설치고 있다.

그러나 아직도 여전히 서울의 집값에는 거품이 너무 많이 끼어 있다. 집값의 거품은 더욱더 빠져야 한다는 것이 국민의 대부분의 여론이다. 종부세법 완화는 가난한 서민에게는 먼 나라 이야기이고, 부자들만 혜택을 보는 서민들의 배 아픈 법이다. 집값이 추락하여 경제혼란이 오는 한이 있더라도 집값의 거품이 폭 꺼졌으면 좋겠다.

이명박 정부의 성급한 종부세 완화 대책이 또 조장의 고사처럼 벼이삭을 뽑아 올리는 일을 하고 있는 것은 아닌지 두렵다. ♣

대한민국 정치인들은
과연 선한가?

사람은 누구나 착한 마음을 가지고 있다.

맹자는 성선설을 주장하면서 "사람에게는 모두 남에게 차마 하지 못하는 착한 마음이 있다. 옛날 선왕은 남에게 차마 하지 못하는 착한 마음이 있어 그것으로 남에게 차마 못하는 선한 정치를 행하셨다. 남에게 차마 하지 못하는 마음으로 남에게 차마 할 수 없는 어진 정사를 행한다면 천하를 다스리는 것은 손바닥 위에 놓고 움직이는 것과 같이 쉬울 것이다"라고 하셨다.

사람에게 차마 하지 못하는 마음을 가지고 국민에게 차마 해서는 안 되는 정치를 하지 않으면 세상은 쉽게 다스려질 것이다. 그런데도 우리의 정치는 왜 이렇게 갈팡질팡하는 것인가. 그렇다면, 사람에게 차마 하지 못하는 마음으로 정치를 하는 것은 아닌가.

맹자가 사람마다 모두 착한 마음이 있다고 말하는 까닭은 이러하다. "이제 사람들이 어린 아이가 우물에 빠지려고 하는 것을 졸지에 보게 되면 다들 겁이 나고 측은한 마음이 생기는데 그것은 그 어린아이의 부모와 친교를 맺으려고 하기 때문이 아니고 동네 사람과 벗들로부터 칭찬을 받으려는 것도 아니다. 그 아이의 소리가 역해서 그런 것도 아니다"라고 하였다. 사람이면 누구나 이 상황에 불쌍히 여기는 마음이 있는 것이다.

여기서 말하는 '사람에게 차마 못 하는 마음'은 곧 남을 측은해 하는 마음인 인(仁)과 잘못된 것을 부끄러워할 줄 아는 마음인 의(義), 남에게 사양할 줄 아는 마음인 예(禮), 옳고 그름을 분간하는 마음인 지(智)를 일컫는 것이다.

『맹자』〈공손추〉 편에 "측은해 하는 마음이 없으면 사람이 아니며, 부끄러워하는 마음이 없으면 사람이 아니며, 사양하는 마음이 없으면 사람이 아니며, 시비를 가르는 마음이 없으면 사람이 아니다. 측은해 하는 마음은 인(仁)의 단서요, 부끄러워하는 마음은 의(義)의 단서요, 사양하는 마음은 예(禮)의 단서요, 시비를 가르는 마음은 지(智)의 단서이다. 사람이 이 사단 가지고 있음은 사지가 있는 것과 같다"고 말씀하셨다.

이 네 가지의 단서를 가지고 있으면서 선한 일을 하지 못한다 스스로 말하는 것은 스스로를 해치는 사람이고, 자기의 임금이 선한 일을 못한다 말하는 것은 자기 임금을 해치는 사람이다.

자기에게 이 네 가지 단서가 있는 사람이면 모두 그것을 확충시킬 줄 아는 사람이다. 이 네 가지 단서는 불이 처음 타오르고 샘이 처음 솟아오르는 것과 같아서 진실로 그것을 넓게 확대시킬 수 있기만 하면 사해를 편안하게 하기에도 충분하고 진실로 그것을 확대해서 실행하지 않는다면 부모를 섬기기에도 부족하다.

국민에게 차마 해서는 안 되는 정치를 거리낌 없이 해온 것은 아닌지 한번 성찰해 보기를 바란다.

불쌍한 사람을 보고도 도와주려는 따뜻한 마음이 없으면 사람이 아니며, 불의를 행하고도 수치스럽게 여기지 않는 것은 사람이 아니며, 노약자를 보고도 양보하려는 마음이 없는 사람은 사람이 아니며,

잘못을 보고도 옳고 그름을 분간하지 못하는 사람은 사람이 아니다.

진실로 사람 되기도 쉽지 않다. 정치인 여러분에게 묻는다. "당신들은 사람입니까? 당신은 누구를 따뜻하게 해본 적이 있습니까?"

진실로 따뜻한 마음을 가질 수 있어야 정치를 할 수 있는 것이다.

♣

북한 생각

북한은 정당한 주장을 하고 있는가? 우리의 국회의원들은 북한을 올바로 알고 북한을 대하고 있는가? 김대중 전 대통령은 무엇 때문에 그렇게 북한에게 당하고도 북한에게 그렇게 굴욕적으로 매달리며 좋은 관계를 맺어야 한다고 생각하는가? 이명박 대통령은 왜 북한과의 관계를 지켜보며 매달리려 하지 않는가? 북한에 대한 옳은 생각은 무엇일까? 최근 우익 단체들은 삐라를 뿌려대고 좌익단체들은 삐라 뿌리는 일을 '매국노'라고까지 하며 헐뜯어 댄다. 우리는 북한을 언제까지 옹호할 수만은 없다. 이제는 김정일을 위시한 북한의 군부를 생각하기보다는 북한의 굶주리는 주민을 걱정해야 할 때이다. 매서운 북풍이 북한을 휘몰아치면 저 헐벗고 굶주리는 북한의 백성들은 어디로 가야 할까?

『맹자』〈등문공〉편에 이런 이야기가 있다.

"탕 임금이 박 땅에 있을 때 갈 나라가 이웃에 있었다. 갈백은 방종하여 제사를 지내지 아니했다. 탕 임금이 사람을 시켜서 물어보았다. '어찌하여 제사를 지내지 않습니까?' 그러자, '제사에 쓸 짐승이 없기 때문입니다.'라고 했다. 탕 임금이 사람을 시켜 소와 양을 보내주었다. 갈백은 이것을 잡아먹고 제사는 지내지 않았다. 탕 임금이 사람을 시켜서 물어보았다. '어찌하여 또 제사를 지내지 않습니까?' '제사에 쓸 곡식이 없기 때문입니다.' 탕 임금은 박의 백성들로 하여금 갈백을 위하여 농사를 지어 주게 하고, 노약자들에게는 먹을 것을 운반해다 주게 하였다. 갈백은 자기 백성을 거느리고 나와서 술·밥·수수·쌀 등을 가진 사람들을 위협하여 그것을 빼앗고 주지 않는 자는 죽였다. 한 어린이가 수수와 고기를 날라 갔는데, 그 아이를 죽이고 그가 가진 것을 빼앗았다. 『서경』에 이르기를, '갈백은 음식을 날라 간 사람의 원수가 되었다'고 했으니, 그것은 이를 두고 한 말이다. 갈백이 어린 이까지 죽였기 때문에, 탕 임금은 갈백을 치게 되었다. 온 세상 사람들은 모두가 말하기를, '천하의 부를 차지하려는 것이 아니고, 백성의 원수를 갚아 준 것이다'고 하였다."

우리는 북한에게 왜 백성들이 굶주리느냐고 물었다. 그들은 흉년이 들어 양식이 없기 때문이라고 했다. 우리는 북한에다가 수많은 양식을 보내주었다. 그러나 그 양식은 백성들에게 제대로 전달되지 않았고 백성들은 여전히 굶주리고 있다.

우리는 북한에게 왜 백성들이 굶주리느냐고 물었다. 농사가 잘 안 되어서 그렇다고 했다. 우리는 씨앗에다가 소 떼를 몰아주었고, 비료를 보내주었고, 의복을 보내 주었고, 생필품을 보내 주었다. 그러나 그들은 소를 잡아먹고 위대한 어버이 수령의 생일잔치를 성대하게 하였고, 농사를 독려하기는커녕 어버이 수령에게 꽃다발을 들고 길거리에 동원되어 충성을 강요당하고 있다. 백성들을 위협하여 독재 정부의 꼭두각시놀음과 전쟁준비로 재물은 탕진되고 있다. 북한의 백성은 여전히 굶주리고 있다.

우리는 북한에게 왜 백성들이 굶주리느냐고 물었다. 그들은 돈벌이가 안 되어서 그렇다고 했다. 우리는 북한에 돈을 보내주었다. 북한에 공장을 짓고 남한의 관광객을 실어다가 관광수입을 벌어들이도록 해

주었다. 그러나 그들은 핵으로 위협하고, 미사일을 만들어 우리를 향해 발사했다. 우리는 그들에게 개성과 금강산 여행을 하면서 수많은 부를 추구하도록 도와주었다. 그러나 그들은 우리의 형제를 총으로 쏘아 죽였다. 그리고도 한 마디 사과도 없었다.

우리는 북한의 개성 공단에 공장을 짓고 생업에 힘써 굶주리는 백성을 도우려 했다. 그러나 그들은 우리 정부를 협박하고 우리 민족에게 오히려 강포를 놓고 있다. 그들은 불온한 이론을 네 세우며 우리를 비꼬아 대고 있다.

백성들이 살 집을 헐어 인민의 전당을 만들어 백성들은 쉴 곳이 없어졌고, 밭을 몰수하여 인민의 동산을 만들어 백성들은 의식(衣食)을 잃었다. 밭과 들이 개척되지 않고 재물이 모여지지 않는 것은 무엇이 그렇게 하는 것인가?

폭군 걸주를 피해 문왕의 품으로 돌아오듯, 북한의 백성은 북을 피해 중국과 남쪽으로 모여든다. 맹자는 어떠한 군주이든지 간에 임금으로서 덕을 지니지 못하고 포악무도하게 구는 경우에는 민심이 그로부터 이탈하여 그 지위를 잃게 된다고 했다.

북한의 김정일이 정도를 지향하지 않고 인(仁)에 뜻을 두지 않는데 그런 군부를 부유하게 만들기를 바라는 것은 저 걸주를 부유하게 만들어 주는 것이다. ♣

구속되는 시골 늙은이

노무현 전 대통령의 형인 노건평 씨가 세종증권 매각에 개입하여 로비 대가로 거액을 받은 혐의로 구속 수감되었다. 인터넷을 통해서 본 노건평 씨는 1968년에 세무공무원 시험에 합격하여 1978년까지 약 30년간을 세무공무원으로 근무한 사람이다.

마산의 한 세무서에서 세무공무원 생활을 하던 노 씨는 '부동산 투기 억제세가 부과되지 않도록 해 달라'는 청탁과 함께 당시로는 큰돈인 40만 원을 받은 사실이 적발돼 1978년 4월 국세청으로부터 파면 조치를 받았고 검찰에 구속된 적이 있는 전과자다.

노 씨는 2003년 2월 한 주간지에 특정인을 차기 국세청장감으로 지목하고 노무현에게 건의했다고 밝혀 '봉하대군'이라는 별명을 얻었지만 청탁 대가를 받았는지 여부와 관련된 검찰 조사를 받지는 않았다. 또 2004년에는 남상국 전 대우건설 사장으로부터 연임 인사 청탁과 함께 3천만 원을 받았다가 돌려준 혐의로 검찰 조사를 받고 불구속 기소돼 징역 1년에 집행유예 2년, 추징금 6백만 원이 선고됐던 범죄자이다. 노 씨는 집행유예 판결을 받은 다음날 재판장에게 항의성 전화를 건 사실까지 알려져 논란이 일어났던 인물이다.

이런 인물을 두고 그 동생인 노무현 전 대통령은 자기 형을 순박하고 아무것도 모르는 시골 늙은이로 비유하면서 형을 두둔했다. 이런 형을 경계하지 못하고 감시하지 못했다는 것은 도무지 이해가 가지 않는다. 혹시 형에게 약점 잡힌 것이라도 있는 게 아닌가, 형의 뇌물을 같이 먹은 적은 혹시 있는 것 아닌가 하는 생각마저 든다. 노 전 대통령을 보면서 생각나는 군자를 떠올린다.

진중자(陣仲子)는 제(齊)나라 사람이다. 그의 형 진대(陳戴)가 합 땅에서 받는 봉록이 만종이나 되었는데, 진중자는 이를 불의(不義)라고 생각하고 형의 집도 불의로운 집이라 하여 처자를 데리고 초(楚)나라 오릉에 살면서 스스로 '오릉중자(於陵仲子)'라고 불렀다.

빈궁했지만 구차하게 구하지 않았으며, 의롭지 못한 음식은 먹지 않았다. 사흘 동안 굶다가 간신히 기어가서 우물가의 오얏 열매 속에 들어 있는 벌레까지 먹었는데, 세 번 삼키고 나서야 앞을 볼 수 있었다. 그 자신은 직접 신발을 짜고 부인은 직접 옷을 짜서 입을 것, 먹을 것과 바꾸었다.

초나라 왕은 그가 어질다는 소문을 듣고 재상으로 삼고자 하여 사신을 보내 황금 2천 냥을 가지고 오릉으로 가서 진중자를 초빙하도록 하였다. 이에 진중자는 집으로 들어가서 부인에게 말하였다. "초나라 왕이 나를 재상으로 삼고자 하는데, 오늘 재상이 되면 내일엔 성대한 수레를 타고 앞에 수많은 진수성찬을 늘어놓고 먹을 텐데 괜찮다고 생각하오?" 그러자 부인은 이렇게 말하였다.

"당신 왼쪽엔 가야금 있고 오른쪽엔 책이 있으니 즐거움은 그 가운데에 있습니다. 성대한 수레를 탄다 하더라도 편안한 것은 두 무릎을 들여놓을 만한 공간에 불과하고, 앞에 수많은 진수성찬을 늘어놓고 먹는다 하더라도 맛있는 것은 고기 한 점에 불과합니다. 지금 무릎을 들여놓을 만한 공간의 편안함과 고기 한 점의 맛 때문에 초나라의 근심을 떠안게 된다면, 어지러운 세상에는 해로움이 많은지라 당신이 목숨을 보전하지 못할까 염려됩니다." 그리하여 진중자는 나가서 사신에게 사양의 뜻을 전하였다. 그리고는 마침내 함께 도망가서 다른 사람을 위해 밭에 물 대주는 일을 하며 살았다.

　어느 때 그는 형의 집에 들려 누군가가 형에게 뇌물로 거위를 보내온 것을 보게 되었다. 청렴한 그로서는 선물을 받는 형이나 선물을 보낸 사람이나 모두 한탄스러워 했는데, 무심코 어머니가 내주는 거위 요리를 받아먹고는 그 거위 요리가 형이 선물로 받은 거위임을 알고는 모두 토해 버렸다. 맹자는 이러한 진중자를 두고 "중자 같은 사람은 지렁이가 된 뒤에야 비로소 그 지조를 충족시킬 수 있을 것이다"라고 한다.

　지금 우리 대한민국에는 진중자 같은 군자는 없는 것인가? 이렇게 지독하게 지조를 지키라고 하지는 않는다. 하지만 적어도 올바른 도리가 무엇인지는 알기를 바란다. 고려시대 진화는 진중자의 이 이야기를 읽고 다음과 같이 시를 지었다.

구적하번식만전
口適何煩食萬錢　입에 맞는다고 어찌 남의 많은 돈을 함부로
　　　　　　　　먹겠는가

신안가이사중전
身安可以謝重氈　몸이 편안한 두꺼운 담요도 사양할 수 있다네

일언좌각백금사
一言坐却百金使　한마디 말로 그 자리서 백금을 안고 온 사신을
　　　　　　　　물리치니

수신선생처경현
須信先生妻更賢　모름지기 진실로 선생의 아내가 더욱 현명하
　　　　　　　　였네

　우리 선현들은 청렴을 정치의 최고 덕목으로 일컫고 있다. ♣

154

우국애민憂國愛民의 비가悲歌

대한민국 국회의원들의 경제위기 해법은 피 터지게 싸우는 것이다. 말로만 여야를 떠나서 일치단결하여 경제 난국을 타개하자고 한다. 여당은 여당대로 야당은 야당대로 똘똘 뭉쳐 예산안이고 뭐고 무조건 반대, 무조건 강행만이 있다. 화합은 없고 평행선상에서 벌어지는 일방통행의 독주만이 있을 뿐이다. 민생은 말이 아닌데도 서로를 헐뜯고 당리당략에만 올인한다.

뉴스는 세계의 월가가 몰락하고 저명한 금융회사들이 공중 분해되고 월스트리트의 간판들이 내려지고 있다고 전해오고, 국제적인 경제위기의 한파가 한국에까지 매섭게 몰아붙이고 있다.

도로변에 나붙은 '공장 싸게 팝니다'라는 현수막이 세차게 불어대는 북풍 찬바람에 을씨년스럽게 흔들리고 있고, 밭에는 배추가 농부들에게 외면당한 채 그대로 얼어가고 있다. 주가는 폭락하고, 은행들은 자금 압박에 시달리고 있다.

한국은 지금 어두운 경제지표를 제시하며 고민에 빠져 있다. 달러는 치솟고 중소기업의 휴업과 폐업은 늘어만 간다고 한다. 도시의 거리는 불황의 여파로 적막한 분위기가 감돈다. 실물경제 위기가 심화하면서 수출이 줄고 내수 침체도 가속화돼 중소기업의 상황은 최악으로 치닫고 있다. 이런데도 경제위기의 해법은 없는가 보다. 정부도 뾰족한 수가 없나 보다. 별 대책이 없이 경기가 좋아질 때까지 기다리라는 말밖에 할 방법이 없는 모양이다.

지난 IMF 경제위기 때도 대통령을 비롯한 정부요인이나 국회의원들은 국난 극복을 위해 돈 한 푼 내놓지 않았고, 집을 팔아 나라를 구하겠다는 사람은 더더군다나 한 명 없었는데 말로만 우국애민(憂國愛民)의 기수처럼 떠들어대는 꼴을 보았다.

국민들은 나라를 걱정하여 금붙이를 모으는 데도 그들은 오히려 재산을 모으고 있었다. 언제 우리가 저 정치인들에게 무엇을 기대한 적이 있었는가? 또 서민들이 나서서 해결하는 수밖에 없을 것 같다. 미래가 보이지 않는 우리의 암울한 경제 난국을 바라보며 희망의 메시지를 전할 만한 것을 찾아본다.

1913년 동양인으로서는 처음으로 노벨문학상을 탔던 라빈드라나드 타고르는 그의 조국 인도와 비슷한 시기에 식민 치하에서 신음하던 한국인에 대한 애정과 관심은 남달랐다.

타고르는 한국을 위하여 희망의 메시지를 〈동방의 등불〉이란 시로 노래했다. 〈동방의 등불〉은 그가 1929년 일본을 방문했을 때 이태로(李太魯)라는 당시 동아일보 도쿄 지국장이 한국 방문을 요청하자 그에 응하지 못함을 안타깝게 생각하며 한국인에게 보낸 격려의 송시다.

　　〈동방의 등불〉

　　　　　　　　-라빈드라나드 타고르-

일찍이 아시아의 황금시기에
빛나던 등불의 하나인 코리아
그 등불 다시 한 번 켜지는 날에
너는 동방의 밝은 빛이 되리라

마음에 두려움이 없고
머리는 높이 쳐들린 곳
지식은 자유롭고
좁다란 담벽으로 세계가 조각조각 갈라지지 않은 곳
진실의 깊은 속에서 말씀이 솟아나는 곳
끊임없는 노력이 완성을 향해 팔을 벌리는 곳
지성의 맑은 흐름이 굳어진 습관의 모래벌판에 길 잃지 않은 곳
무한히 퍼져 나가는 생각과 행동으로 우리들의 마음이 인도되는 곳
그러한 자유의 천당(천국)으로
나의 마음의 조국 코리아여 깨어나소서

타고르가 주던 희망의 메시지를 위안 삼아 다시금 새겨 본다. 그 희망의 등불 다시 한번 켜지는 날에 우리는 다시 세계의 밝은 빛이 될지니, 희망을 품고 이 난국을 견뎌야 하지 않겠나. 이 시점에 어찌 됐건 경제 대책이 하나 나온 것 같다.

이 대통령은 4대 강 정비 사업에 14조 원을 풀어서 즉각 경제 살리기에 들어가라고 주문하고 나섰다. 이를 두고 지방자치단체는 '대환영'이라고 하고 시민단체는 '사기극'이라고 하고 있다.

여당과 야당도 극명하게 갈리고 있다. 국민을 절망시키는 이 대립이 우리의 희망을 조각조각 갈라지게 한다. 나의 조국 코리아여, 제발 깨어나소서.

오늘 비분강개하는 선비의 마음으로 우국애민의 비가(悲歌)를 부르노라. ♣

국회의사당에 탕평비를 세우자

대한민국 국회가 전 세계의 주목을 끌고 있다. 대한민국의 민주주의의 특징은 격렬하게 싸우는 것이란다. 지난주는 내내 대한민국 국회가 전 세계적으로 망신당하는 날이었다. 우리나라 국회의사당 터가 좋지 않은 것인가?

우리 풍수지리설에 황천 살이라는 것이 있다. 이것은 물의 직류를 직접 받는 곳으로 어느 누가 들어가도 반드시 좋지 않다는 곳이다. 어떤 풍수를 보는 사람은 우리나라 국회의사당이 한강물의 직류를 직접 받는 곳인 여의도에 자리 잡고 있어서 늘 싸우고 시끄럽다고 한다.

참 황당한 말이라고 여겼다. 그러나 지금 국회를 가만히 보니 맞는 말인 것도 같다. 연일 피 터지게 난투극을 벌이고 있다. 경제 불황으로 온 세상이 야단법석인데도 국회의원들은 서로 협력해 이 난국을 타개할 생각은 전혀 없다. 오직 편 가름만 있을 뿐, 서로 원수 보듯이 철저하게 갈라졌다.

상대편의 말은 콩으로 메주를 쑨다고 해도 절대로 믿지 못한다. 불신의 골이 너무 깊었다. 더 이상 타협은 존재하지 않는다. 그러니 한 판 붙을 수밖에 상식이 안 통하면 한 판 붙어야 한다. 나는 이들을 '단군 이래 가장 악랄한 정치 패거리들'로 규정한다. 국회에서 폭력은 영원히 추방돼야 한다.

망치와 해머, 쇠톱, 전기톱 등으로 상임위를 부수는 것은 역사상 유래가 없는 일이었다. 폭력을 행사했거나 쇠망치와 쇠톱을 반입했거나 동조했던 사람은 신분 여하에 관계없이 엄단해야 한다.

공자는 정(政)은 정(正)이라고 했다. 정치란 마음을 바르게 하는 것이다. 자기를 수양하여 남을 다스려야 하는 수기치인(修己治人)의 도이다. 이것이 정치의 기본 논리이다. 먼저 인간이 된 다음에 정치를 하라는 말이다. 남의 명패를 내려쳐 산산조각을 내고 성질을 내며 버릇없이 노려보는 저 철없는 여성 국회의원에게 무엇을 기대할 것인가? 그렇다고 앉아서 망하기를 기다릴 수도 없고, 누가 저렇게 정감이 없고 정서적으로 문제가 많은 사람을 국회로 보냈는가?

한미 FTA 비준안 상정일인 18일 오후 대한민국 국회는 온통 난장판이었다. 품위도 체면도 국민도 안중에 없었다.

춘추좌전에 선공 15년 조에 나오는 말이다. "산과 숲이 독충(毒蟲)을 끌어안고 내와 못이 온갖 더러운 것들을 받아들이듯 나라를 다스리는 임금 역시 포용하지 못하는 것이 없어야 한다."고 하였다. 이 말이야말로 우리 정치의 지론(至論)이라고 할 것이다. 가장 먼저 이명박 대통령이 이 말을 받아들여야 한다. 여당의 단독 국회처리도 문제는 있다. 저 반대하는 무리들을 수용하면서 더불어 살아가야 한다.

그러나 민주주의는 다수결의 원칙이 있다. 소수의견에 대한 존중도 있지만 큰 틀은 다수결의 원칙을 따라야 한다. 인원이 적어서 안 된다고 무지막지하게 떼를 쓴다고 될 일이 아니다. 국회의원들은 이성을 잃었다.

대한민국 국회가 도를 넘었다. 나라의 기강은 땅에 떨어졌고, 원칙과 예가 사라진 것은 오래이다. 다만 통하는 것은 억지뿐이다. 저렇게 기물을 파괴하고 마음 놓고 싸워도 국회의원들은 왜 법적 구속을 받지 않는가? 국회의원들이여, 제발 자정하라.

후한(後漢)의 역사를 다룬 『후한서』의 〈당고열전(黨錮列傳)〉 서문에 나오는 말로 "뜻이 같은 무리와는 당을 만들고 뜻이 다른 자는 공격한다."는 구절이 있다. 우리의 정치와 너무 맞아 들어가는 말이다. 그것을 '당동벌이(黨同伐異)'라고 한다.

『논어』〈자한편(子罕篇)〉에, "바르게 해 주는 말을 따르지 않을 수 있겠는가. 그 잘못을 고치는 것이 중요하다. 완곡하게 해 주는 말을 기뻐하지 않을 수 있겠는가. 그 실마리를 찾아보는 것이 중요하다. 만약 기뻐하기만 하고 그 실마리를 찾아보려 하지 않으며, 따르기만 하고 잘못을 고치려 하지 않는다면, 나도 그런 이는 어떻게 할 수가 없다."라고 하였다.

국회의원들이 남의 말을 들을 리가 있겠는가? 아, 이 국회의원들을 어쩔 것인가. 국민들이 단단히 뿔났다. 이당 저당의 당리당략을 초월하는 강력하고 새로운 탕평책이 나와야 한다.

탕평이라는 말은 서경(書經) 홍범조(洪範條)의 '편이 없고 당이 없으면 왕도가 탕탕하고, 편이 없고 당이 없으면 왕도가 평평하다(無偏無黨王道蕩蕩 無黨無偏王道平平)'라는 글에서 유래하였다.

조선 후기 정조는 영조로부터 부탁받은 고질적인 당파싸움을 근절시키기 위해 자기의 침실을 탕탕평평실(蕩蕩平平室)이라고 하였다.

우리나라 국회 앞에도 탕평비를 세우자. 그런데 누가 이 당 저 당을 찾아다니며 이 뿌리 깊은 정쟁을 중지하게 할꼬. ♣

무자년 마지막 밤에

세월이 가기는 가는구나! 오늘이 무슨 날이던가? 무자년(2008)의 마지막 밤. 세계의 역사 연표는 한 해를 더 기록하게 되고, 대한민국은 건국의 햇수를 한 해 더 늘렸다. 이명박 대통령도 일 년을 청와대서 보냈고, 국민들도 각각 나이를 한 살씩 더 먹는다. 이 일 년의 마지막 밤에 왜 감회가 없겠는가.

옛 사람들이 섣달 그믐날 밤에 잠을 자지 않고 밤을 지새운 것은 진실로 까닭이 있다. 더군다나 타관객지에서 이 밤을 보내는 이들이야 그 심정이 어떻겠는가. 마음은 고향으로 달려가 옛 어른들을 뵙고 옛 동무들을 만나 정다웠던 그 옛날을 이야기 하고 싶겠지. 이 성숭생숭한 날에 그 옛날 계곡(谿谷) 장유(張維, 1587~1638) 선생이 제야의 감회[除夕有感]를 읊은 시를 소개한다.

금년은 오늘이 마지막 날이요	今年今日盡
새해는 내일부터 시작이라네	明年明日是
일 년 삼백 예순 날	三百有六旬
빠르기가 급하게 흐르는 물과 같네	迅速如湍水
옛날 어렸을 적을 생각하노라면	念昔稚少日
설날만 돌아오면 어찌 그리 기쁘던지	歲時心獨喜
세월이 아까운 줄 깨닫지 못한 채	不解惜光陰

동네방네 다니면서 뛰어놀았지	遊戲窮閭里
마음도 세월 따라 변해가는 법	心情隨歲變
만감이 어지럽게 교차하며 일어난다	萬感紛已起
청년의 뜻 하나도 이루지 못했으니	壯志百無成
젊음은 정말 믿을 수 없어라	盛年不可恃
옛 사람들 삼여의 여가를 중시했으니	故人重三餘
이 틈만 이용해도 공부가 족했을 텐데	籍此足文史
앉아서 근심걱정 황망하기 그지없어	憂病坐鹵莽
책상만 대하면 부끄러움 앞선다오	有靦對案几
봄 여름 지난 뒤엔 가을 겨울 찾아오듯	元貞有常運
젊었다가 늙는 것은 필연적인 이치인 걸	壯衰有常理
날마다 새롭게 덕업을 닦는다면	德業苟日新
나이 먹는다고 걱정할 게 뭐 있으랴	豈復傷髮齒
아직은 잘 해 볼 기회 있으니	來者尙可追
이제부턴 아무쪼록 다시 시작해야지	自此須更始
시를 지어 반성하고 자책하면서	題詩以自訟
뜬눈으로 밤을 꼬박 지새운다네	不寐達晨晷

　어쩌면 이 제석(除夕)에 느끼는 감회가 이렇게 잔잔한 감동으로 와 닿는가? 기축(己丑)년 소띠의 새해가 서서히 밝아오고 있다. 지난 무자년 그 시끄럽던 미국산 소 이야기가 채 가시지도 않고 있는데 세월은 잠시도 틈을 주지 않는다. 참 다사다난했던 한 해의 슬픈 이야기들이 쓰레기 버려지듯 저 바다 너머로 사라져 간다.

　베이징올림픽 금메달의 그 함성만 남기고 2008년의 모든 이야기들은 가라. 삭풍은 매섭게 불어오고 눈발은 찬데 낯선 산간에 낙엽 갈리는 소리 가슴을 찢는다. 경제는 더욱더 어려워져 국민들의 삶은 고달픈데 어디서 추위에 떨며 굶주리는 사람은 없는지? 노숙자들의 시름이 걱정이 된다. 제발 얼어 죽는 사람은 없어야 할 터인데.

오늘도 국회는 끓는 솥처럼 민주주의 없는 민주주의를 외친다. "하필이면 왜 이(利)입니까, 인의(仁義)인의가 있을 뿐"이라고 외쳤던 맹자의 사상을 엿보며 이 정부와 이 국회를 꾸짖는다.

당리를 위한 독기 어린 아전인수(我田引水)! 민주주의인가 공산주의인가? 우왕좌왕 어설픈 사회주의를 가지고 민주주의라고 하면 정말 곤란하다. 그리고 남의 이야기를 전혀 듣지 않는 독불장군들. 경제는 앞을 내다볼 수 없고 나라의 미래는 오리무중(五里霧中)이다.

이 정권 초기의 인수위원회가 국민들을 놀라게 하던 황당무계한 일들. 전교조, 전국노동조합, 시민단체, 종교단체, 뉴라이트, 해병전우회, 등 각종 좌우익단체들의 유유상종, 초록동색. 광우병 괴담을 유포하는 언론들의 유언비어들!

교수신문에서 뽑은 올해의 고사성어는 중국 북송시대 유학자 주돈이가 통서(通書)에서 남의 충고를 귀담아 듣지 않는 세태를 비판하면서 "요즘 사람들은 잘못이 있어도 다른 사람들이 바로잡아 주는 것을 기뻐하지 않는다. 이는 마치 병을 감싸 안아 숨기면서 의원을 기피해 자신의 몸을 망치면서도 깨닫지 못하는 것과 같다"고 말한 데서 비롯된 '호질기의(護疾忌醫)'다.

이 단어로 한 해를 마무리하고자 한다. 독자 여러분! 좋은 것만 기억하며 송구영신 하소서. 새해 복 많이 받으십시오. ♣

기축년 새해에는 인화人和만 말하라

맹자에 '천시(天時)는 지리(地利)만 못하고 지리는 인화(人和)만 못하다(天時不如地利요, 地利不如人和니라)'라는 유명한 구절이 있다.

"옛날 견고한 천연 요새로 난공불락의 성인 3리(三里)나 되는 내성과 7리(七里)나 되는 외곽을 완전포위해서 이를 공격해도 이기지 못했다. 이렇게 공격을 할 수 있었다면 반드시 전쟁 날을 정한 것이나 계절이나 기후 같은 천시를 얻은 것이 있었건만 이기지 못하는 것은, 천시가 저 성곽의 견고한 지리만 못하기 때문이다. 천연 요새를 갖추고 성이 높지 않은 것이 아니며, 연못이 깊지 않은 것이 아니며, 무기와 갑옷이 견고하고 날카롭지 않은 것이 아니며, 군량이 많지 않은 것이 아니고 여러 가지로 유리한 지리적 조건을 갖추고 있는데도 그 성곽을 포기하고 전쟁에 패배하는 것은 인화단결이 안 되는 것이니 지리가 인화만 못한 것이다."

그러므로 옛말에 이르기를 '백성을 한정하되 국경의 경계로써 하지 않으며, 국가를 견고히 하되 산과 강의 험한 요새로써 하지 않으며, 천하를 두렵게 하되 무기의 날카로움으로써 하지 않는다'라고 했다. 도를 얻은 자는 도와주는 이가 많고, 도를 잃는 자는 도와주는 이가 적다. 도와주는 이가 적음의 지극함에는 친척이 배반하고, 도와주는 이가 많음의 지극함에는 천하가 순종하는 것이다. 천하가 순종하는 바로써 친척이 배반하는 바를 공격하는 것이니, 그러므로 군자는 싸우지 않음이 있을지언정 싸우면 반드시 승리하는 것이다.

지금 이스라엘의 하마스 침공을 바라보고 있는 전 세계의 눈초리가 심상치 않다. 중동의 전쟁을 보고 어린이와 노약자들이 죽어 가는데도 침공해도 좋다는 논리가 있는 것을 보면서 약소 국가의 아픔이 어떤 것이고 우리가 어떻게 대배해야 할 것인지 그 인화단결의 교훈을 『맹자』에서 찾아본다.

전 세계가 경제적으로나 정치적으로나 극도의 혼란 속으로 빠져들어가고 있는 가운데 기축년 새해가 떠오른 지도 벌써 7일이 지나가고 있다. 대한민국의 종로에서는 보신각 종소리가 지난 무자년의 액운을 실어내고 새해가 시작됨을 성스럽게 일깨웠다. 수많은 인사들이 새해의 소망으로 국가의 안녕과 개인의 행복을 그 어느 때보다도 간절하게 기도했다.

그러나 이 시점에서도 싸움만 하고 있는 대한민국 국회는 전 세계로부터 가장 후진 민주주의의 표본으로 조롱을 받으며 뉴스감이 되고 있다. 여러 가지로 어려운 상황에 처한 국난 극복을 위해 국민들이 일치단결하여 총 매진해도 시원찮은 판국에 이것도 반대, 저것도 반대, 무조건 반대만 하는 반민주적 성격의 단체들, 이들의 정치투쟁은 불쌍하고도 야비해 보인다.

자기의 입맛에 안 맞으면 무조건 반대하는 저 가짜 투사들의 주장이 각 정당의 하수인들에 불과한 사실은 익히 아는 바이다. 언론은 한 술 더 떠서 공리공론으로 분열을 초래하고 국시를 왜곡하며 사사로이 어느 한 측만을 선전하고 있다.

까마귀 떼가 높이 날아오르자 텔레비전은 그 부패한 언론의 고깃덩어리를 빼앗길까 두려워하고 있다. 올해는 조국을 위해 한 삽의 흙을

뜨는 기분으로 더욱 공정하고 객관적인 뉴스를 들려주길 기대해 본다.

새해 벽두부터 팔을 걷어붙이고 산업 현장에서 땀을 흘리고 있는 진정한 애국투사들을 보라. 온갖 부정적인 시각으로 아름다운 국토를 건설하는 고된 일을 하기는 싫고, 빈둥빈둥 놀면서 쓸데없는 시비나 걸고 정부를 욕하면서 자화자찬에 빠져 지내는 저 공허한 무리들을 보라.

대통령을 한 사람만 뽑는 이유는 무엇 때문인가? 국민투표를 하여 국회의원을 뽑는 이유는 무엇 때문인가? 다수결의 원칙이 존재하는 것은 무엇 때문인가?

이 땅의 한 명뿐인 대통령, 불우하고 인기 없는 이명박 대통령은 위기를 기회로 삼자라는 새해의 메시지를 온 국민에게 전달했다. 얼어붙은 경제를 회생시키기 위해 교육, 금융, 일자리 창출, 4대강 살리기와 경인운하 사업 등 갖은 애를 다 쓰는 정부의 노고가 좋은 결실을 맺을 수 있기를 간절히 기원한다.

이 글을 읽으면서도 필자가 어느 편인가를 따지기 바쁘고 눈에 불을 켠 채 '시대를 못 읽는 것이 어찌 저와 같은가'라고 비판하는 이들이 있을 것이다. 참 한심하지 않은가, 이 기축년 새해에.

지난 무자년의 이야기는
베이징 올림픽 그 함성만 남기고
이 땅의 나머지 모든 이야기는 가라

지난 일을 잊어보려
초백주(椒柏酒:정월 초하루에 마시는 축하 술)를 한 입에 털어 넣고

장안의 지사들은 누정에 취해 누웠노라

우스워라 이익을 다투는 저 정치 무뢰배들
올해도 고달프게 또 시를 읊어야 하리

기축년 새해 아침에
종로 골목에 울려 퍼지는 보신각 종소리여
동해가 마을마다 해맞이 하는 저 풍악소리여

제발
天時와 地利를 말하지 말고
人和를 말하게 하라
하필 왈 利잇고
仁과 義를 이야기하게 하라

♣

미네르바는 천박한 반민주인사?

다음 아고라! 이곳은 인터넷 상의 온갖 악성 유언비어가 무책임하게 생성되는 곳이다. 이번 경제위기 때에도 어김없이 다음 아고라는 국익과는 무관하게 정부의 경제정책을 악랄하게 비판했다.

국익에 심각한 손실을 발생시킨 허위사실 유포의 진원지를 찾아 검찰이 수사에 착수하여 미네르바 박모(31) 씨를 체포했다. 태산명동(泰山鳴動)에 서일필(鼠一匹)이라고 했던가? 그러나 그는 비상경제시국에 나라를 혼란으로 몰고 갈 정도로 유명한 경제전문가도 아니었고, 무엇으로 보나 경제에 대해 국민에게 강의할만한 위치의 인물이 못 되었다. 그러면 그는 어떻게 이런 경제지식을 익혔을까, 누구에게 사주라도 받은 것일까, 아니면 또 다른 미네르바가 있는 것인가?

하여튼 검찰은 박 씨가 토론방 아고라에 지난해 7월 30일 올린 '외환예산 환전업무가 8월 1일부로 전면 중단된다'는 글과 지난달 29일 '정부가 7대 금융 기관 등에 달러 매수를 금지하는 긴급 명령 1호를 발동했다'는 내용의 글이 명백한 허위사실이라고 지적했다. 검찰은 순순히 자백한 인터넷 상의 무뢰배 미네르바 박 씨를 잡아 구속수감하였다. 그런데 검찰의 이 같은 행동에 대해 온 나라가 떠들썩하다. 인터넷 상의 표현의 자유가 위축된다는 측과 자기의 표현에 대하여 윤리적, 법적 책임을 반드시 져야 한다는 측이 서로 대립하고 있다. 소위 인터넷 법은 위헌 소지가 있다고도 하고, 이것이 무슨 구속감이냐 구속이 적당하였는가를 두고 또 법란이 일어나고 있다. 쓸데없이 또 시끄럽게 생겼다.

『논어』〈양화〉편에 '할계언용우도(割鷄焉用牛刀)리오'라는 구절이 있다. 닭을 잡는 데 어찌 소 잡는 칼을 쓰겠는가라는 뜻이다. 공자의 이 말은 무엇인가 잘못 적용되고 있다는 뉘앙스를 풍기는 말이다.

검찰이 칼을 너무 크게 휘두른 것이 아닐까? 언론은 또 풍선을 풀어 대고 있다. 그러나 검찰도 체면이 있다. 미네르바는 왜 이런 허위사실을 유포했을까? 그는 서민이 고통 받을 것을 걱정했기 때문이라는 색깔 있는 말을 하였다. 그가 무슨 정치인도 아니고 왜 이런 말을 하였을까? 그리고 지금 좌파 경제학자들이 일어나고 삐딱한 정치인들도 꼬투리를 잡고 범죄인을 투사로 만들려고 하고 있다. 또 촛불시위처럼 대한민국의 법치를 통째로 뒤엎으려 하고 있다. 온 서구사회에서 멸망한 공산사회의 구태를 재현하자는 것이 아닌 이상 이 어설픈 사회주의를 민주주의라고 하면 곤란하다.

〈전국책(戰國策) 진책(秦策)〉에 나오는 말이 있다. 전국 시대 노(魯)나라 무성(武成)에 증삼(曾參)이라는 사람이 있었다. 그는 공자의 제자로서 인품(人品)이 바르고, 효성이 지극하였다. 증삼살인(曾參殺人)은 진무왕(秦武王)과 좌승상(左丞相) 감무(甘茂)가 대화를 하면서 감무가 자신을 믿어 줄 것을 말하면서 비유한 이야기다. 증자가 노(魯)나라의 비(費)라는 읍에 있을 때의 일이다. 이곳의 사람 가운데 증자와 이름과 성이 같은 자가 있었는데, 그가 사람을 죽였다. 어떤 사람이 달려와 증삼의 어머니에게 말을 하였다. "증삼이 사람을 죽였답니다(曾參殺人)" 증삼의 어머니는 대답하였다. "저의 아들이 사람을 죽일 리가 없습니다" 증삼의 어머니는 태연하게 베 짜는 일을 계속하였다.

얼마 후, 또 다른 사람이 와서 "증삼이 사람을 죽였다(曾參殺人)"라고 하였지만, 어머니는 그 말을 믿지 않고 계속 베를 짜고 있었다. 다시 얼마 후, 또 다른 사람이 달려와 증삼의 어머니에게 소리를 질렀다. "증삼이 사람을 죽였어요" 증삼의 어머니는 크게 놀라며, 그의 말을 사실로 받아들이더니, 두려운 나머지 베 짜는 북을 내던지고 담장을 넘어 도망하였다. 현명한 증자를 믿는 어머니의 신뢰에도 불구하고 세 사람이 그를 의심하며 말하니, 자애로운 그 어머니조차도 아들을 믿을 수 없는 지경이 되었다는 것이다. 터무니없는 헛소문도 계속 반복되면 사실로 받아들이게 된다는 고사성어 증삼살인(曾參殺人)을 말한 것이다.

지금은 이 명백한 인터넷 범죄가 곳곳에서 떼를 쓰고 무리를 지어 일어나 잘못 되었다면 우리 순수한 국민들은 또 혼란에 빠진다. 지난 촛불시위를 보았지 않는가? 이 문제의 뒤에는 국민들이 직접선거로 뽑은 대통령에 대한 불온한 항거가 있으며 이 결과에 불복종하는 천박한 반민주의식이 자리 잡고 있다. 이 불신의 풍조, 이 불신을 조장하는 무리들이 암세포처럼 퍼져서 곳곳에서 시비를 걸고 있다. 미네르바도 이 어리석은 무리의 하나일 것이 분명하다.

지금은 시대가 변했다. 아직도 시대가 변한 줄 모르고 각주구검의 어리석음을 재현하고 있는 돈키호테처럼 어설픈 사회주의를 추구하는 저 불쌍하고 구차한 이데올로기의 노예들에게 제발 정신 차리라는 말을 하고 싶다.

검찰은 흔들리지 말고 이 혼란을 주도하는 사람들을 예의주시하고 인터넷 범죄의 중요성을 감안하여 범죄자들을 일벌백계해야 한다.

♣

북한의 선전포고, 그러나…

　대한민국은 지금 우리 민족의 최대 명절인 설을 보내기 위한 준비로 바쁘다. 경제는 말이 아니고 국론은 위험할 정도로 갈라져 있다. 이런 와중에 새해 벽두부터 북한이 남한을 무자비하게 비판하면서 남한 국민을 협박하는 선전포고를 해왔다.

　섬뜩한 인민군복 차림의 북한 인민군 총참모부 대변인은 지난 17일 남한 정부가 대결을 선택했다면서 "우리의 혁명적 무장력은 그것을 짓부수기 위한 전면대결 태세에 진입하게 될 것"이라며 광분하고 있다. 그는 "서해에서 우리 측 영해에 대한 침범 행위가 계속되는 한 우리 혁명적 무장력은 이미 세상에 선포한 서해 해상 군사분계선을 그대로 고수하게 될 것임을 명백히 밝힌다"며 "조국이 통일되는 그날까지 조선 서해에는 불법무법의 '북방한계선'이 아니라 오직 우리가 설정한 해상군사분계선만이 존재하게 될 것"이라고 주장했다.

　이명박 대통령의 실명을 거론하면서 "제 스스로 택한 동족대결의 길이 우리의 총대 앞에 얼마나 비싼 대가를 치르게 되는가를 뼈저리게 통감하게 될 것"이라며 "민족을 등진 극악한 대결광신자들에게는 앞날이 없다"고 덧붙였다.

　북한이 공영 방송을 통해 세계만방에 선포한 대남 선전포고문은 분노에 차 있으며 그 무례함이 극에 달해 있다. 이러한 북한의 공영방송에 비해 우리의 공영방송들은 자유를 배 터지게 구가하고 있다. 북한이 우리의 국가안보를 심각하게 위협하고 있는데도 공영방송들은 이에 대한 대책을 논하기는커녕, 자기네들의 밥그릇 싸움에만 혈안이 되어 그것만을 계속 방송해대고 있다. 이 위기 상황에도 여야의 국회의원들은 국가안보는 어디에도 없고 자기 당의 이익을 챙기는 정쟁에만 몰두하고 있다.

그 결과 이 중대한 사안에 대해 모두 말을 못 하고 있다. 그 이유를 살펴보자. 여당은 이명박 대통령의 다소 거칠어 보이는 대북 정책이 북한을 자극하는 빌미를 제공했다는 비난을 하기 때문이고, 야당은 잃어버린 10년으로 평가되는 전 김대중 정부의 햇볕정책과 노무현 정부의 대북관이 잘못되어도 한참 잘못되었다는 비난을 우려하기 때문이다.

그럼 이 불안함을 안고 살아가야 하는 국민은 어떻게 해야 하는가? 국민은 알권리가 있다 언론은 바른 대로 말하라. 인터넷의 불온한 논객 미네르바의 반국가적인 표현을 두고 경제 대통령으로 신격화하는 지식층과 언론은 있어도 북한의 이러한 협박에 대해서 사태를 직시하고 올바른 문제를 제기하는 지식층과 언론은 없는 이유를.

이러한 북한의 경거망동에 대해서는 입을 다물고 오히려 지난 잃어버린 10년의 김대중, 노무현 정부의 실수를 미화하려고 애쓰고 오히려 북한을 찬양하고 고무하는 한정된 지식인층과 언론인들만이 텔레비전에 자주 나오는 이유를.

이 땅에 국군 통수권을 가진 대통령은 한 명뿐이다. 국민들의 압도적인 지지로 당선된 이명박 대통령의 일거수일투족을 잔인할 정도로 비판하여 그토록 국민과의 신뢰를 끊어놓으려고 애쓰는 이유를 말해보라.

국가를 위한 정론은 없고 오직 이 정부 흠집 내기와 정부와의 권력싸움에 혈안이 되어 있는 시민단체와 지식인과 언론은 있어도 현실을 직시하고 올바른 대안을 제시하는 언론과 지식인은 없는 이유를 말해보라.

서해에는 오늘도 일촉즉발의 위기감이 감돌고 있는데 국민화합은 커녕, 정부의 불신을 조장하고 국민들을 이간질하기에만 골몰하고 있는 이러한 지식층과 언론인들과 함께 국가를 경영한다는 것은 얼마나 위험한 일인가? 국민들은 대단히 혼란스러워 하고 있다.

이 땅의 올바른 언론인들이여 나의 말에 슬퍼하거나 노하지 말라. 누구를 편든다고 하지 말라. 나는 단지 국민들은 시대에 알맞은 공정하고 객관적인 국민의 방송을 원한다는 것을 말한 것이니.

대한민국 방송을 접하다 보면 이 땅에는 오직 친북반미의 좌파, 빨갱이라고 비난 받는 세력과 반북 친미의 수구꼴통이라고 비난받는 세력 이 두 세력만 존재하는 것 같다. 이 1%도 안 되는 무리들이 피터지게 싸우고 있다. 이들은 서로를 비난하며 자기편이 아니면 서로를 죽어도 인정하지 않는다. 서로가 무식하다고 야단이다.

저들의 학문 이면에는 남 앞에 잘난 척하고 똑똑한 척하려는 지식 자랑이 깔려 있다. 얄팍한 지식이 하나 들어가면 이것을 자랑하지 못해 안절부절 안달하며 이러쿵저러쿵 찧고 까부는 저 더러울 정도로 천박한 소인배의 처세로 어디에 붙을까 고민하며 색깔을 견준다.

우스워라! 이 땅의 참 선비들은 어리석은 것처럼 살아가고 있는데 말이다. 성인이 이것을 걱정하여 학문을 하는 자세에 그토록 중용을 강조하셨건만 이들은 중용의 미덕을 잃어 버렸다. 인간의 마음은 수양하지 않으면 하루에도 사특함이 수도 없이 일어난다.

그래서 성인들은 아무도 보지 않는 곳에 혼자 있을 때에도 조심하고 삼가기를 얼마나 강조하였던가? 신독(愼獨)! 그 말만 들어도 고개를 들기 어렵다.

학문은 중립을 잃어버리면 이미 학문이 아니다. 이 땅에 中을 잃어버린 자들이여 당신들은 이미 모든 지식을 잃어 버렸다. 오직 보이는 것은 편견만이 있을 뿐. ♣

지혜로운 바보의 미학

기축년 소띠의 해에는 지난해의 그 소란하고 각박한 정치 상황을 떠나서 소처럼 넉넉하고 풍성하고 여유로운 소의 좋은 이미지만 떠올리며 살아가길 바란다. 소처럼 묵묵히 일하고, 세상의 소란스러운 일들은 '소 귓 소리 듣듯' 그냥 넘어가고, 한 치의 양보도 없이 너무나 이기에 민첩하고 각박하게 살아가는 우리의 정치 상황에 귀 막고 소 걸음처럼 터벅터벅 여유를 가지고 살아가길 바란다.

때로는 세상의 변화에 너무나 민감하게 반응하며 거리로 뛰쳐나오는 일부 시민단체들, 틈만 나면 세상을 비판하고 잘못을 탓하는 일부 사람들에게 때로는 소귀에 경 읽기처럼 무덤덤하게 살아가는 지혜도 필요하다. 무조건 빨리빨리 급박하게 살아가는 한국인의 삶은 속도를 늦추고 여유를 가지고 살아갈 필요가 있다.

때로는 라디오도 없고 텔레비전도 없는 휴대폰도 터지지 않는 곳에 머물면서 시도 때도 없이 끓는 솥처럼 다투어대고 지지고 볶고 하는 대한민국의 극도로 어지러운 정치를 떠나서 속세에 쌓인 더러운 먼지를 씻어낼 필요가 있다. 저 우직해 보이면서 순박하기 이를 데 없는 황소의 터벅터벅 걸어가는 느린 걸음으로 모든 지식을 버려 버리고 소처럼 어리석고 순박하게 살아볼 필요가 있다.

조선시대 한학 사대가의 한 사람인 계곡 장유 선생은 새해를 맞이하며 지혜를 감추고 바보처럼 살아갈 것을 각오하며 읊은 시가 있다.

〈바보를 파는 아이〉

길거리에 아이들이 외치고 다니면서
팔고 싶은 물건이 하나 있다고
무엇을 팔려느냐 물어보니까
끈덕지게 붙어 다니는 바보를 팔겠다고
늙은이가 말하기를 내가 사련다
값도 당장에 너에게 치러 주지
인생살이 지혜는 필요치 않아
지혜란 원래 근심만 안기는 걸
온갖 걱정 만들어 내 평화로움 깨뜨리고
별의별 재주 부려 책략을 꾸며내지
예로부터 꾀주머니 소문난 이들
처세는 어찌 그리 궁박했던가
환하게 빛나는 기름 등불 보게나
자신을 태워서 없애지 않나
짐승도 그럴 듯한 문채 있으면
끝내 덫에 걸려 죽고야 말지
그러니 지혜란 없는 게 낫고
바보가 된다면 더욱 좋은 일이로세
너에게서 바보를 사 오는 대신
나의 교활한 꾀 건네주리라
눈 밝지 않아도 볼 것은 다 보이고
귀 밝지 않아도 들을 것은 다 듣나니
아 새해는 크게 복되겠다

점쳐 보지 않아도 벌써 알겠네

이 시가 주는 교훈은 식자우환(識字憂患)! 지혜가 오히려 걱정과 근심의 근원이다. 아는 척 세상과 싸우며 속세의 먼지투성이 속에서 살아가기가 얼마나 피곤한 일인지를 잘 지적해내고 있다.

국제 정세는 어렵고 국방은 위험하다. 경제는 어렵고 정치는 어지럽다. 이렇게 해서야 나라 꼬락서니가 되겠나? 진실로 나라를 걱정하고 국민을 사랑하는 많은 국민들이 뉴스를 접하고서 내뱉는 말이다.

민심은 갈라질 수 있을 만큼 모두 다 갈라져 있고, 정부는 이러지도 못하고 저러지도 못하는 진퇴양난에 빠져서 허덕이고, 여론은 소용돌이 치고 있다. 갈 길 잃은 물줄기가 앞이 막혀 빙빙 돌고 있는 것 같다. 이럴 때에 모든 국민이 흔쾌히 수긍하는 쪽으로 물길을 트면 막혔던 물고가 시원스럽게 빠져나가 듯 새해에는 꽉 막힌 대한민국의 물고가 시원스럽게 트였으면 좋겠다.

세모에 벌어진 용산 철거민 사태는 철거민의 눈물도 닦아주지 못하고 경찰의 눈물도 닦아주지 못하는 저 교활한 정치인들의 당리당략을 보면서 각박한 삶을 살아가는 시민단체, 정치인, 경제인 등 모든 분야에 종사하는 대한민국 국민들은 너무 난폭하고 너무 각박하며 너무 급하고 빠르다.

한 발 물러서면 모든 것이 이해되고 너그럽고 유연하게 대처할 수도 있는데 말이다. 기축년 소띠 새해에는 소에게서 배우는 느림의 미학을 가지고 너무나 빠른 변화의 속도에 우리 모두 바보가 되어보자.

혼란한 세상을 사는 지혜

기축년 새해가 밝아오면서 온갖 잡귀들이 등귀한다. 군포 여대생 사건을 보면서 미쳐버린 악마의 잔인한 살인 행각에 울분이 치솟고 이가 갈리며 머리가 쭈뼛 선다. 이 살인마에게 당한 가족들의 입장이 되어보면 천인공노할 극악무도한 살인마를 온 국민들이 바라보는 가운데 길거리에서 찢어 죽여도 성이 풀리지 않을 마당에 범죄인의 인권보호를 운운하며 얼굴을 가려주고 인간적인 척하는 저 인권위원회의 피의자 보호라는 머저리 같은 소리에 어이가 없다.

짐승보다 못한 인간을 짐승보다 못하게 다루는 것이 죄인가? 자기의 가족을 살해한 범인의 얼굴을 몰라야 한단 말인가? 이런 인간은 얼굴을 만천하에 밝혀 이런 범죄를 저질러도 저렇게 밖에 할 수 없다면 오히려 범죄를 조장할 우려가 있지 않은가? 대한민국의 인권위원회는 어느 편에서 인권을 옹호하는가? 왜 이런 국민들의 알권리는 외면하는가? 이 무슨 해괴한 꼭두각시놀음을 하고 있는 것인가?

우리 착한 국민들의 인권도 지켜주지 못하면서 범죄인의 인권을 지키는 처사야말로 몸무게를 재는 저울로 길이를 재는 바보들의 장난이 아니고 무엇이냐? 국가인권위원회가 지금껏 해온 일을 보면 인권과 국익에 도움이 되는 일을 한 것이 별로 없었다. 국가인권위원회는 없애도 국민들은 아무 불편을 느끼지 않는다. 이 혼란에도 몰지각한 일부 시민단체와 저질 정치 나부랭이들은 길거리에 나서 비열하고 더럽고 치졸한 정치 행각을 벌이고 있다.

우리 국민이 무슨 죄가 있어서 이 고통을 당하며 피눈물을 흘려야 하는가. 참 말세로다. 정부에게 바란다. 국민들이 편안하고 안정된 삶을 위하여 강력하고 엄정한 법 기강을 세우고 질서를 유지하기를 바란다. 왜 이리 힘이 없고 나약한가? 마치 비 오는 날 소풍 나온 지렁이 같다.

국민들은 강력하고 힘 있는 통치를 바란다. 이 정부와 여당은 밥상을 앞에 놓고 이 눈치 저 눈치를 살피는 밥 얻어먹는 비렁뱅이들 같다. 자리에 연연하지 말고 조국의 바람직한 발전을 위해 몸을 바칠 각오로 나라의 기강과 질서를 바로잡는 강력한 정치를 펼쳐라.

민주의 겉치레에 신경 쓰지 말고, 일부 좌편의 언론과 시민단체에 휘둘리지 말고, 박력 있는 정치를 좀 해라! 무엇이 두려운가? 이 답답하고 암울한 대한민국을 바라보면서 기축년 새해에 덕담으로 마음에 새길 새해의 경구들을 찾아본다.

남명 조식(曹植)의 〈교지(矯志: 뜻을 바로 세우다)〉라는 시에,

가는 길이 멀어야 천리마의 능력을 알 수 있고　道遠知驥
세상이 어지러워야 현인의 인격을 알 수 있다네　世僞知賢

라고 하였다.

순상(筍爽)의 〈여계(女誡)〉에,

일곱 살배기 사내아이를　　　　　　　七歲之男
할머니가 안아 주지 말고　　　　　　王母不抱
일곱 살배기 계집아이를　　　　　　七歲之女
할아버지가 잡아 주지 말지니　　　　王父不持

친부모가 아니면	親非父母
수레를 함께 타지 말고	不與同車
친형제가 아니면	親非兄弟
한자리에 앉지 말아서	不與同筵
예가 아니면 움직이지 말고	非禮不動
의가 아니면 행하지 말라	非義不行

라고 하였고, 정효(程曉)의 〈여전(女典)〉에,

어여쁜 얼굴에 아름다운 모습	麗色妖容
재주도 있고 말도 잘하면	高才美辭
이것은 난초 같은 얼굴에 가시 같은 마음이며	此乃蘭形棘心
겉만 옥빛일 뿐 바탕은 흙인 것이니라	玉曜瓦質

라고 하였다.

요신(姚信)의 〈계자(誡子)〉에,

옛사람이 선을 실천한 것은	古人行善者
명성을 얻기 위하여 힘쓴 것도 아니며	非名之務
남의 이목 때문에 행한 것도 아니라오	非人之爲
험난함을 당하여도 끄떡없이	險易不虧
처음부터 끝까지 한결같아야 하느니	終始如一

라고 하였고, 무후(武侯)의 〈계자(誡子)〉에,

| 배우지 않으면 재주를 넓힐 수 없고 | 非學無以廣才 |

뜻을 세우지 않으면 학문을 이룰 수 없다　　非志無以成學

라고 하였다.

남조(南朝) 송(宋) 안연지(顔延之)의 〈정고(庭誥)〉에,

성격이 청렴한 자는 간략한 것을 추구하고　　性廉者欲簡
번잡한 것을 즐기는 자는 기운이 혼탁하다네　嗜繁者氣昏

라고 하였고, 위(魏)나라 변란(卞蘭)의 〈좌우명(座右銘)〉에,

높은 곳만 추구하면 도리어 떨어지고　　求高反墜
후한 것만 힘쓰면 다시 가난해지는 법　　務厚更貧
사사로운 정을 없애고 욕심을 막는 것을　閑情塞欲
노자가 보배로 여겼던 바라　　老氏所珍
주묘의 명을　　周廟之銘
공자가 준행하였느니　　仲尼是遵
어두운 곳이라고 말하지 말고　　無謂幽冥
혼자 있을 때도 대중과 함께 있는 것처럼 하라　處獨若群
복이라고 우선하지 말고　　不爲福先
화란을 가까이하지 말지어다　　不與禍隣

라고 하였다.

　우리 선인들의 삶의 지혜를 살펴보라. 지금 세상은 너무나 혼란하고 극악무도하여 몸 둘 곳이 없다. 기축년 새해 벽두에 세배하러 온 자손들에게 이런 덕담으로 경계하며 뜻을 바로 세우길 힘쓰라고 해보면 어떨까? 독자 여러분, 새해 복 많이 받으세요. ♣

피겨요정의 희망 메시지

김연아의 4대륙 피겨대회 우승은 대한민국의 예술적 품격을 한 단계 올려놓는 쾌거였다. 전 세계가 대한소녀 피겨의 여왕 김연아를 외치고, 환상적인 음악과 무용이 조화되는 그의 아름다운 빙상 위 경연 앞에 넋을 빼앗겼다. 전 세계의 신문들은 대한민국의 김연아를 대서특필하고, 전 세계의 텔레비전은 피겨의 여왕 김연아의 아름다운 율동을 전달하기에 바빴다.

김연아가 한국 특유의 미모를 뽐내며 빙판 위로 들어서는 순간 그 자신감에 찬 당당한 모습이 너무나 기운차고 아름다웠다. 그의 동작 하나하나에는 대한민국의 혼이 담겨있었으며 아름다운 선율에 감기어 신들린 듯 표현해내는 무용에는 대한민국의 소녀가 아니면 표현해내지 못할 아름다움이 함의되어 있었다. 그의 표정 하나하나에는 은근과 끈기의 전통이 계승되어 있었다.

그의 빙상 위의 음악과 무용이 끝났을 때 남아도는 상서로운 여운은 빙상 위를 떠나지 않았고 피겨스케이트 날이 빙판에 원을 그리며 써내려간 자국은 잠자던 영혼을 감동시키는 한 편의 아름다운 시였다. 그 화려한 율동미에 모든 관객들은 자신도 모르게 일어나 한결같이 기립박수를 보내며 감동의 순간을 만끽했다.

나는 이 순간을 텔레비전으로 보면서 가슴 벅찬 감동으로 눈물을 흘렸다. 김연아 선수에게 정말이지 고맙고 감사했다. 장하다 김연아,

이 혼란에 빠져있는 대한민국에 희망의 서기를 뻗치게 하는구나.

　그가 전해준 이 희망의 메시지가 대한민국의 국운을 상승시키는 기운이 될 것이라는 예감이 온몸에 전율로 다가왔다. 그 아름답고 어려운 동작들을 하나하나 숨죽여 보면서 스피드 속의 미적 표현이 어떻게 저렇게 아름다울 수가 있는가를, 천상에서나 들을 수 있는 음악의 리듬을 타고 봄바람처럼 온화하고 부드럽게 빙판 위에 써내려 가는 한 소녀의 애틋한 몸짓을 보면서 우아미와 숭고미가 저절로 느껴져 왔다.

　신기한 음악의 선율을 타고 감각에 호소해 오는 그 율동의 무용은 순간 에밀레종에 새겨진 비천하는 선녀의 모습과 교차됐다. 천상에서 소풍 나온 선녀가 날아오르는 형상은 그대로가 삼국 통일을 이룬 신라의 국운을 상승시키는 기운이었듯이 김연아 선수의 빙판 위의 아름다운 몸짓은 비상하듯 생동하는 스피드와 아름다운 무용의 교융은 그대로가 자기가 태어난 대한민국의 국운을 기도하는 형상의 또 다른 상징이었다. 용솟음치듯 치솟아 번개같이 세 번 돌아 살포시 떨어지는 자태는 위험 속에서 안정을 찾아가는 신과 인간의 교감이며 우리 조국이 비상할 징조를 형상하는 것이며 희망의 상서로운 조짐이었다.

　대한민국은 지난 10년 이래로 도저히 치유되기 어려운 세균에 감염된 듯 한 발자국도 나아가지 못한 채 이상한 망조가 곳곳에서 일어나고 있다. 길거리에 데모하는 무리의 불순한 행동들이 바람직하고 순수한 열정이 아님은 김연아가 얼음 위에 써내려가는 순수한 애국 서정시에서 비교되어 나타난다.

　이 암울한 대한민국에는 온갖 귀신울음이 천지를 진동하고 간악한 악마의 무리가 거리를 횡행하고 온갖 억울함과 원망과 탄식이 하늘을 뒤덮고, 온갖 음흉한 흉계가 무리를 지어 시민을 가장한 사악한 시민 단체들 속에 줄줄이 일어나고 독버섯처럼 여기저기서 기생하고 있다.

대한민국이 다 썩어가고 있는 이때에 신선한 희망의 메시지를 안고 국운을 상승시키는 상서로운 기운을 품고 온 봄처녀처럼 고운 자태로 전 세계를 울린 천의무봉(天衣無縫), 금상옥질(金相玉質)의 아름다운 자태는 모든 사악한 잡신을 물리치고 새로운 기운을 치솟게 했다.

단군 이래 한 번도 울리지 못했던 빙상 위의 악무(樂舞: 춤과 무용)가 처음으로 세상의 이목을 집중시키는 놀라운 재주와 신기한 예술은 대한민국의 위대한 역사였다.

사서오경의 하나인 『예기(禮記)』〈악기(樂記)〉에 "땅의 기운은 위로 오르고 하늘의 기운은 아래로 내려오니 이들이 서로 만나 마찰을 일으키고 천둥 번개가 일어나며 바람과 비가 생겨난다. 이것을 사계절로서 통섭하고 해와 달로써 따사롭게 하여 만물의 화육이 이루어진다. 팔음이 서로 감동하는 것은 음양(陰陽), 이기(理氣)의 감동을 본뜬 것이고, 종과 북은 천둥과 번개를 본받은 것이다. 무용은 비와 바람을 본뜬 것이며, 시작과 끝의 연주 방식은 사계절을 본뜬 것이고, 사람의 마음을 알맞게 온화하도록 하는 것은 해와 달을 본뜬 것이다. 음악은 천지자연의 조화로움을 본뜬 것임을 알 수 있다."

악장(樂章)은 신과 인간의 교감이며 시와 노래와 춤의 세 가지로 구성된다. 이 세 가지는 모두 마음의 덕에 근본 한다. 악장은 기본적으로 이상적인 성인의 정치를 표방하고 있다. 이것은 만물을 화육시키고 태평성세의 정치에 필요한 효용을 지니고 있었다. 우리의 민족 악무에 대한 유구한 역사가 몇 대를 거쳐서 가장 뛰어난 김연아에게 온 것일까?

김연아 선수가 몰고 온 국운 상승의 기운은 올 봄의 진달래를 더욱 붉게 물들이고 온 국토에 자라나는 만물이 더욱 잘 화육되어 아름답게 열매를 맺게 할 것이요, 온 들판을 풍년으로 물들게 하여 태평성대를 춤추게 할 것이다. ♣

너희와 모든 이를 위하여

2009년 2월 16일 서울 강남성모병원에서 한국 가톨릭계의 거성, 김수환 추기경이 향년 87세로 선종(善終)했다.

선종이란 가톨릭교에서 임종할 때에 성사를 받아 큰 죄가 없는 상태에서 운명하는 것을 일컫는다. 그는 대한민국 근현대의 격동기를 살다간 참 종교인이었으며 암울했던 우리 사회에 삶의 방향을 제시한 등대였다.

그의 영향은 우리 근현대사 굽이굽이에 남아 민주의 빛을 발하고 있다. 그가 걸어온 길은 분명 외롭고 힘든 고통의 길이었다. 그만큼 각계각층에서 그의 선종을 애도하는 물결이 줄을 잇고 있는 것은 지극히 당연하다.

가톨릭교도가 아닌 필자는 한 위대한 성직자에게 애도를 표하며 인터넷을 통해 김 추기경의 발자취를 찾기에 바쁘다. 언론들은 그를 민주화의 정신적 지주, 민족의 나침반 등으로 표현한다.

1987년 6월 항쟁 당시 시위대가 경찰의 진압에 몰리자 뿔뿔이 흩어져 명동성당에 재집결했다. 당시 치안본부장과 안기부 차장은 이튿날 밤 김 추기경을 찾아와 "시위대를 모두 내보내지 않으면 공권력을 투입해 강제 해산하겠다"고 위협했으나 김 추기경은 "공권력을 투입하려면 나를 밟고 지나가라"며 항거했다.

김 추기경의 위대한 소신은 이러한 표현들이 지나친 것이 아니라는 것을 입증해 주고 있다. 아! 새가 멀리 날 수 있는 것은 돌아와 쉴 수 있는 둥지가 있기 때문이고, 남편이 멀리 나아가 마음 놓고 돌아다니며 일을 할 수 있는 것은 현명한 아내가 집에서 기다리고 있기 때문이듯이 한국의 젊은이들이 마음껏 민주화를 외치며 자유를 구가할 수 있었던 것은 그들의 존엄성을 지켜주고 그들을 사랑으로 품어줄 수 있던 명동성당과 고 김수환 추기경이 있었기 때문이다.

그 이전까지 불의에 항거하기 위한 집회와 농성의 장소는 성균관이었다. 그런데 언제부턴가 민주화 집회와 농성 장소가 명동성당으로 바뀌었다. 거기에는 인자하게 미소 짓는 마리아와 함께 고 김수환 추기경이 있었다.

그는 "나는 1970~80년대 격동기를 헤쳐 나오는 동안 진보니, 좌경이니 하는 생각을 해본 적이 없다. 가난한 사람들, 고통 받는 사람들, 그래서 약자라고 불리는 사람들 편에서 그들의 존엄성을 지켜주려 했을 뿐이다"라고 했다.

그는 가톨릭의 교리를 실천하는 양심적인 종교인으로서 큰 틀을 유지하며 종교인의 신분을 결코 넘지 않았다. 오늘날 걸핏하면 뛰쳐나와 많은 종교인들로부터 비난을 받는 가톨릭의 일부 급진주의자들이나, 천주교 정의사제구현 단체들의 투쟁 성격과는 본질적으로 다른 것이었다.

그들은 고 김수환 추기경을 보수로 몰아 부치고, 시대를 판단하지 못하는 늙은이로 혹평했다. 그들은 종교인의 성스러운 범주를 무너뜨리며 교리를 어기고 정치마당에서 오직 좌경과 진보만을 생각한다.

그들은 그들의 편이 아니면 사랑도 용서도 화해도 평화도 소용없다. 그들은 이 어른의 행동을 본받아야 한다. 그의 민주화 정신을 오도하는 것을 경계한다. 아 이 혼란의 시대에 고 김수환 추기경의 선종은 실로 안타깝고 슬픈 일이다.

그는 모든 국민들에게 "고맙습니다"라는 말을 남겼다. 마지막까지도 겸손을 잃지 않은 채 사랑과 용서의 메시지를 남기고 천상에 올랐다. 그는 하늘로 돌아가면서도 자신의 안구를 기증하여 희생과 사랑을 몸소 실천했다.

항상 온유한 성품을 유지하고 성스러운 자태로 종교인의 점잖음과 미소를 잃지 않았던 참 성직자였으며, 사형수를 비롯해 거리의 빈민들을 만나 손을 내밀었던 어둠 속 빛이었으며, 고통과 분쟁이 있는 곳에 늘 사랑과 평화와 용서와 화해를 주문하던 그 점잖은 어른의 목소리를 이제 더 이상 들을 수 없다는 것이 큰 슬픔으로 다가온다.

이제 무거운 짐을 벗고 천상에 올라 편히 잠드소서. 그리고 이 땅에 사랑과 용서와 화해와 평화가 넘치도록 이 나라를 불쌍히 여기소서.

대구에서 태어난 그는 동성상업학교 졸업반 시절 황국신민으로서 소감을 쓰라는 시험문제가 나오자 "황국신민이 아니어서 소감이 없다"고 썼다가 교장에게 불려가 뺨을 맞기도 했던 민족의 지도자이자 종교지도자였다.

그의 종교관과 국가관은 온건하였다. 좌경, 진보만을 추구하는 후배 가톨릭교도들로부터 비난받았던 김 추기경의 통일관은 자유민주주의에 바탕을 둔 통일이었다.

최근 김정일의 생일을 맞아 일부 우국단체들이 북으로 전단을 보낸 행위를 두고 처벌을 운운한다. 연일 남한을 비방하고 미사일을 발사한다고 위협하는 저 김정일을 찬양하는 것은 죄가 되지 않고, 북한 동포를 위해 북한 돈을 구해서 전단과 함께 북으로 보낸 것을 두고 처벌이 불가피하다고 하며 처벌할 구실을 찾고 있는 통일부의 얼빠진 행동을 보며 한숨을 짓는다. 우리 근현대사를 지도해온 김 추기경의 자유민주주의 통일관을 다시금 생각한다.

그 인자한 모습은 다시 볼 수 없지만 우리 국민들 마음속에 영원히 살아있음을 우리는 믿으며 세 갈래 눈물로 애가(哀歌)를 부릅니다. 스테파노! 감사합니다. 당신이 남긴 "너희와 모든 이를 위하여"(Pro vobis et Pro multis)라는 구도의 목표를 가슴깊이 새기겠습니다. ♣

덧없는 인생을 사는 지혜

떠나가는 이와의 이별이 안타깝거든 페이터의 산문을 읽어라. 소중한 이의 죽음이 너무 슬프거든 그때도 페이터의 산문을 읽어보라. 요즘 들어 부쩍 내 소중했던 스승님들의 정년퇴임 자리에 자주 나간다.

그 선생님들이 들려주는 이야기 가운데 제일 흔한 말씀이 "늘 긴장 속에서 살아오느라 좌우를 돌아보지 못하고, 바쁘다 보니 별로 해 놓은 것도 없이 많은 사람들에게 무관심했던 것 같다. 이제 무거운 짐을 벗으니 홀가분하다"는 소회다. 역사에 길이 남을 업적을 수없이 남기고도 겸손해 하시는 말씀을 들을 때마다 코끝이 시큰해져 온다.

세상에 소중한 스승이 없는 사람이 어디에 있을까만은 아무런 변고 없이 무사히 정년에 이른 것은 분명 축하드릴 일이더라도, 정정하시던 선생님께서 벌써 현직에서 떠날 연세가 되셨는가에 대한 이유 없는 슬픔이 있다.

세월 앞에 온전한 것은 아무것도 없다. 이럴 때마다 불현듯 스쳐가는 것이 고등학교 국어 교과서에 읽었던 페이터의 산문이다.

"그대는 세상이라는 이 거대한 도시에서 한 시민으로 살아왔다. 이 도시에서 지내온 날을 고민스럽게 헤아리지 말고, 그 지나간 날이 짧았다고 통탄하지 말라. 그대를 이 도시에서 쫓아내는 것은 불공평한 재판관이나 폭군이 아니고, 그대를 이곳으로 데려 온 자연이다. 그러니 배우가, 그를 고용한 연출자가 지시하는 대로 무대를 떠나듯이, 그렇게 떠나라. 아직 5막을 다 끝내지 않았다고 말하려느냐? 그러나 인생에 있어서는 3막으로도 연극 전체가 끝날 수가 있다. 그것은 극작가가 할 일이지 결코 그대의 소관은 아닌 것이다. 미련 없이 기꺼이 떠나라. 그대를 무대에서 내보내는 것이 어떤 선의에서 그러는 것인지도 모를 일이니까."

내가 존경하는 스승들이 그랬듯이 나도 그렇게 자연의 순리에 당당하리라고 다짐해 본다.

또 내가 가슴 아파하던 혈연들의 안타까운 죽음 앞에서도, 고 김수환 추기경의 선종에 임하여, 그에 대한 평가가 서로 엇갈리는 것을 보면서도 나는 영국의 심미적 예술 비평가 월터 페이터의 산문을 떠올린다.

"참다운 철학으로 지혜를 갈고 닦은 사람은, 다음과 같은 호메로스의 시구 하나만으로도 이 세상의 비애와 두려움에서 자유로울 수 있다.

'인간은 나뭇잎과 같은 것.

가을바람에 날려 땅 위에 흩어지면,

봄에는 새로운 잎으로 숲을 덮는다.'

그대의 아이들, 그대에게 찬사를 보내는 지지자들, 그대를 저주하는 사람들, 그대를 헐뜯고 비웃는 사람들, 사후에 위대한 이름을 남긴 자, 그들은 모두가 나뭇잎이다.

그들은 모두 호메로스의 말대로 봄철에 돋아난 새싹들, 이윽고 가을바람에 날려 이리저리 흩어지고 마는 것이다. 그러고 나면 숲은 새로운 잎으로 또 한 세대를 장식하는 것이다. 다만 그들 모두에게 공통된 것은 그들의 수명이 짧다는 것뿐이다.

그럼에도 불구하고 그대는 마치 그들이 영원한 목숨을 가진 것처럼, 미워하고 사랑하려고 하는가? 얼마 후면 그대도 눈을 감을 것이고 그대를 무덤에 실어 나른 자들도 역시 오래지 않아 다른 사람의 짐이 되어 무덤에 가는 것이 아닌가."

때때로 지금 존재하는 것과 새로 생겨나는 것이 얼마나 빨리 그대 곁을 스쳐 사라지는지를 생각하라. 그들의 실체는 끊임없이 흐르는 강물과 같아서 그 흐름은 부단히 변하고 영원히 지속되는 것이란 하나도 없다.

지금 이 순간도 그대 바로 옆에는 과거와 미래라는 무한한 심연이 입을 벌리고 있어 모든 것이 그 속으로 사라져 버린다. 그렇다면 이런 덧없는 것들로 인해서 우쭐대고, 애통해하고, 초조해 한다는 것이 얼마나 어리석은 일인가?

"조물주는 손으로 밀랍과 같은 물질을 주물러서 말을 만들었다가, 다음에는 그것을 녹여서 나무를 만들고, 다시 사람을 만들고, 그 다음에는 또 다른 것을 만들어낸다. 그리고 각각의 형상들은 차례로 잠깐씩만 존재한다. 자연은 지금 그대 눈앞에 보이는 모든 것을 곧 변화시키고 그것을 재료로 하여 다른 것을 만들어낸다. 죽는다는 것은 자연의 질서 밖으로 떨어져 나가는 것이 아니고, 그 안에 머물면서 변화를 계속하고, 자연과 그대를 구성하고 있는 기본 원소로 다시 분해되는 것이다. 자연은 아무 불평 없이 변화한다. 참나무로 만들어진 상자는 목수에 의해 짜일 때 아무런 불평을 하지 않듯이 부서질 때도 아무런 불평을 하지 않는다."

인생에 있어 만남과 이별이란 것이 얼마나 소중한 일인가? 우리네 덧없는 인생 속에서 욕심이란 것이 또한 얼마나 헛되며 또한 얼마나 마음을 몹쓸 곳으로 인도하는가?

인간사에서 제발 하지 말아야 할 것은 불평과 남을 비방하는 일이다. 남을 좋게 말할 수 있을 때야 비로소 자기도 좋게 평가받을 수 있다. ♣

싸우는 들판에도 봄은 오는가?

기미독립선언문 중에 새봄의 약동하는 기운을 타고 국운이 일어남을 강조하는 구절이 있다.

新春(신춘)이 世界(세계)에 來(래)하야 萬物(만물)의 回蘇(회소)를 催促(최촉)하는 도다. 凍氷寒雪(동빙한설)에 呼吸(호흡)을 閉蟄(폐칩)한 것이 彼一時(피일시)의 勢(세)ㅣ라 하면 和風暖陽(화풍난양)에 氣脈(기맥)을 振舒(진서)함은 此一時(차일시)의 勢(세)ㅣ니, 天地(천지)의 福運(복운)에 際(제)하고 世界(세계)의 變潮(변조)를 乘(승)한 吾人(오인)은 아모 躊躇(주저)할 것 업스며, 아모 忌憚(기탄)할 것 업도다. 我(아)의 固有(고유)한 自由權(자유권)을 護全(호전)하야 生旺(생왕)의 樂(낙)을 飽享(포향)할 것이며, 我(아) 自足(자족)한 獨創力(독창력)을 發揮(발휘)하야 春滿(춘만)한 大界(대계)에 民族的(민족적) 精華(정화)를 結紐(결뉴)할지로다.

3.1절이면 해마다 낭독되는 기미독립선언문은 국한문이라 들을 때마다 소통이 되지 않는다. 우리 국민들 중에 그 내용을 알아듣는 이가 얼마이겠는가? 더군다나 자라나는 청소년들에게는 쇠귀에 경 읽기다. 이 기회에 잘 번역하여 소통할 수 있기를 기대해 본다.

"새봄의 기운이 온 세상을 덮으니 만물의 소생을 재촉하누나. 엄동설한에 얼어붙은 대지와 차가운 눈 때문에 호흡하며 활동하는 것을 중지하고 칩거하여 겨울잠을 자는 것이 저 겨울 한때의 형세였다면, 봄의 온화한 바람, 따뜻한 햇살에 기운과 맥박이 약동하기 시작하여 새 생명을 펼치는 희망을 품는 것은 봄철의 형세이니, 온 천지에 봄의 새 기운이 되돌아오는 이때에, 온 세상이 봄을 맞아 약동하는 새 봄의 기운을 타고 있는 우리는 아무 머뭇거릴 것도 없고 아무 거리낄 것도 없도다. 우리나라가 본시 타고난 고유의 자유권을 온전히 보호하고 지켜 풍성한 삶의 즐거움을 마음껏 누릴 것이며, 우리 국민들이 넉넉히 지닌 우리의 독창력을 발휘하여 봄기운이 가득한 국토산하에 겨레의 빼어난 정기를 꽃피우기 위해 단결할지로다."

지난 3.1절은 유난히도 태극기가 아름다워 보였다. 나라가 지극히 어려워질 때면 태극 깃발 아래 힘을 합쳐 국난을 극복한 것이 어디 한두 번 있었던 일인가?

월나라 새도 남쪽 나라 나뭇가지가 그리워 울고 호마(胡馬)도 북풍을 그리워 우니는데 하물며 사람이 어찌 그 근본을 잊으리오. 예로부터 우리 선조들은 나라가 위태로우면 목숨을 아끼지 않았으니, 일제강점기 잃어버린 나라를 되찾는 것은 국민의 당연한 도리가 아닌가?

얼마나 많은 사람들이 나와 만세를 불렀으며, 얼마나 많은 사람들이 희생을 당했는가? 오늘날 그 기백은 어디에 있는가? 대한민국 삼월의 전령사는 유관순 여사이다. 대한민국의 봄의 서곡은 기미독립선언문이며, 삼월이 오면 우리의 국토 산하는 태극기의 물결에 휩싸이고, 만세 소리에 다시 깨어난다.

올해로 90주년을 맞는 3.1절도 그렇게 봄의 시작을 알려오건만, 그 독립투사들의 나라를 되찾기 위해 흘린 피는 온 강산을 붉게 물들이는데도 지금 대한민국은 암울하기만 하다. 경제는 말이 아니고, 북한의 김정일은 오늘도 미사일을 발사하겠다고 하고 정치는 한 발 앞을 나아가지 못하고 있다.

국회를 보라! 언론인들을 보라! 거리에서 데모하는 사람들을 보라! 방송 미디어법안을 둘러싸고 벌어지는 정치인과 언론인들의 시커먼 이기심을 지켜보라! 무엇하나 제대로 보이는 것이 있는가? 그러면서도 부끄러운 줄 모르고 당연한 척 국민들 앞에 요란을 떨고 있다. 이런 인간들을 맹자는 이렇게 비유했다.

"제(齊)나라 사람 중에 아내와 첩 하나를 두고 사는 자가 있었다. 그런데 남편은 밖으로 나가면 반드시 술과 고기를 배불리 먹은 뒤에 돌아오곤 하였다. 그의 아내가 누구와 함께 음식을 먹었는가 물어보면 남편이 대답하는 사람은 모두 부귀한 사람들이었다. 하루는 그 아내가 첩에게 말하기를, '이 양반이 외출하면 반드시 술과 고기를 배불리 먹은 뒤에 돌아오는데, 내가 누구와 함께 음식을 먹었는가 물어보면, 모두 부귀한 사람들이다. 그런데 일찍이 한 번도 현달한 자가 찾아오는 꼴을 못 보았으니, 내 이번에는 이 양반이 가는 곳을 알아보겠다.' 하고는, 아침 일찍 일어나 남편이 가는 곳을 미행하여 뒤따라갔지만, 온 장안을 두루 배회하기만 하고 함께 서서 얘기를 나누는 사람이 없었다. 그러다가 마침내 동쪽 성곽의 공동묘지에서 제사 지내는 자에게 가서 남은 음식을 얻어먹고, 부족하면 다시 돌아보고 다른 곳으로 가는 것이었다. 이것이 바로 그가 술과 고기를 배불리 얻어먹는

196

방법이었다. 이에 그 아내는 집으로 돌아와서 첩에게 오늘 있었던 일을 들려주고 말하기를, '남편이란 우러러 보면서 평생 살아야 하는 사람인데, 오늘 보니 하는 짓이 그 모양이다.' 하고는, 첩과 함께 남편을 원망하며 뜰 가운데에서 울고 있었다. 그런데 남편은 그런 줄도 모르고 의기양양하게 밖에서 돌아와서는 아내와 첩에게 여전히 잘난 체를 하는 것이었다. 군자의 입장에서 볼 때, 오늘날 부귀와 영달을 꾀하는 자들의 하는 소행(所行)치고 자기 아내와 첩이 알고 나면 부끄러워 서로 부여잡고 울지 않을 경우는 별로 없을 것이다."라고 하였다.

미디어 법을 둘러싸고 싸우는 국회와 연일 데모를 하는 언론인들은 반성하라! 시대를 좌파우파 시대로 역행시키는 시민단체들도 반성하라! 당신들이 맹자에 나오는 부끄러움을 모르는 인물과 별로 달라 보이지 않는다. 지금이 임진왜란인가, 일제 강점기인가? ♣

지구에서 가장 이상한 민주국가

법치국가에서 법이 군중에게 힘없이 흔들리기 시작했다. 이럴 때 어떻게 해야 하는가.

『맹자』〈이루(離婁)〉편에 나오는 한 구절이다. 맹자 왈 "위에서는 도리를 헤아려 법도를 제정하지 않고 아래에서는 법도를 지키지 않으니, 조정에서는 도리를 믿지 않고 관리들은 법도를 믿지 않는다. 그리하여 위정자는 대의(大義)를 무시하고 아랫사람들은 법을 어기는 지경에 이르게 되는데, 이렇게 되고서도 나라가 보존된다면 그것은 요행이다. 그래서 옛말에 '성곽이 완전하지 않고 병사가 많지 않은 것이 나라의 재앙이 아니며, 전지가 개간되지 않고 재화가 모이지 않는 것이 나라의 재해가 아니다. 윗사람이 예의가 없고 아랫사람이 배움이 없으면 나라를 해치는 백성이 일어나 하루아침에 나라를 잃는다.'라고 한 것이다.

『시경』에 '하늘이 이제 주(周) 왕실을 뒤엎으려 하고 있다. 신하들은 그렇게 태만히 있지 말라.' 하였는데, 태만히 있다는 것은 요즘말로 답답하게 군다는 말과 같다.

임금을 섬기는 데에 의(義)가 없고 나아가고 물러가는 데에 예(禮)가 없으며, 말만 하면 선왕(先王)의 도(道)를 비방하는 자가 바로 답답하게 구는 자이다. 그래서 옛말에 '임금에게 하기 어려운 일을 요구하는 것을 임금을 공경한다 하고, 선(善)을 개진하여 임금의 사심(邪心)

을 막는 것을 임금을 존경한다 하며, 우리 임금은 할 수 없다고 포기하는 것을 임금을 해친다고 한다' 했던 것이다."라고 하였다. 맹자의 이 말은 오늘날을 살아가는 우리들에게도 견주어지는 바가 많다.

대한민국은 지금 신영철 대법관의 촛불시위 관련자 재판에 대한 외압 의혹이 제기되고 있어 법조계를 바라보는 국민들의 시각이 어지럽다. 법의 집행이나 판결에 대한 법원 내부의 문제는 겉으로 드러나는 것이 아니어야 할 성격인 것 같은데 법조계도 기강이 흐트러지기는 마찬가지인 모양이다.

또 이 정부를 불신하고 민중의 여론을 엿보며 촛불시위의 재판에 불만이 있는 판사가 있기는 있는 모양이다. 법은 그 나라의 기강이자 다스림의 도구이다.

경찰이 시위대에게 폭행을 당해도 세상을 단속할 수 없고, 언론이 불신을 조장하고 국민들을 이간시키고 있는데도 이를 다스릴 수 없다면 국가가 존재하는 것이 요행이 아니던가.

국민들은 기억한다. 촛불시위가 얼마나 불신을 조장했고 얼마나 국민들을 갈라놓았으며 얼마나 민주주의를 후퇴시켰는지.

그리고 모 텔레비전 방송이 어떻게 광우병에 대한 유언비어를 배포하고 어떻게 공권력인 경찰을 짓밟았고, 정부를 비방하고 국민들을 희롱했는지를 그리고 촛불시위대가 어떤 성격의 시위이고, 심지어 일부 시민단체와 종교인들까지 가세한 유사 이래 최대의 민란으로 얼마나 많은 사람들을 부화뇌동시켰으며, 왜 청와대를 향해 돌진하였는지를. 이러고서도 나라가 지탱되는 것은 요행이 아닐 수 없다.

지금이야말로 모든 사람이 다 옳다고 할 때 그것은 틀렸다고 말할 수 있는 용기가 진실로 필요한 때이다.

대한민국의 몇몇 언론은 여론을 독점하고 있으며 방송미디어를 독점하고 있다. 그런 가운데 언론이 좌파 우파로 갈라져 있는 사실을 모르는 국민은 거의 없고 대한민국 언론이 공정하고 객관적이지 못하다는 것도 다 아는 사실이다.

또 법조계도 좌파 우파의 대립은 불가피한 현실이 되어 버렸다. 지금 좌우대립이 격화되면서 모든 분야에서 국민들은 더 이상 갈라질 수 없을 정도로 갈라졌다.

지난 해방시기 좌파 우파의 대립이 격했던 과거시대가 요청한 것은 군부였다는 것을 명심하자. 또 한 번 국민들은 피를 부르는 아픔을 거쳐야 하는가? 지금 대한민국 언론은 1%도 안 되는 극좌파 극우파의 대립구도로 몰아가고 있다.

정부는 어떻게 대응할 것인가. 많은 국민은 바라보고 있다. 지난 촛불시위의 부당성을 그리고 언론이 어떻게 해 왔는가를, 왜 강하게 대처하지 못하는가? 법원 내부의 문제를 제기한 판사는 그 중을 잃어버리고 좌측으로 편향되어 있음을 알겠고 공정하고 객관성 있게 판정할 능력을 잃어버린 것을 알겠다.

이런 판사는 촛불시위를 주도할 시민운동가가 적성에 더 맞을 사람이지 법조계에 있어서는 안 될 사람이다. 이것은 촛불시위의 연장선이다.

신영철 대법관이 만약 촛불시위의 판결 배당문제를 놓고 압력을 행사해서 판사들이 재판에 압력을 받았거나 판결에 영향이 있었다면 당연히 사퇴를 해야 한다. 만약에 외압을 받고서 중용을 잃어버리고, 공정성과 객관성이 확보되지 못한 엉터리 판결을 한 판사들이 있다면 이 역시 국민들은 사퇴를 원하며 분노한다.

요즈음같이 어려운 시대에 온 국민이 일치단결하여도 국난을 극복하기 어려운데 또 무슨 촛불 재판이 도마에 오르는가? 판사가 그렇게 약한가? 판사도 대중의 여론에 흔들리는가? 판사도 과연 이메일 한통에 압박을 받을 정도로 사회적 약자인가?

　이러고서도 나라가 존재하는 것을 보면 희한한 일이다. 『논어』〈헌문(憲問)〉편에 공자가 말하길 "나라에 도가 있으면 말과 행실을 높게 하고, 나라에 도가 없으면 행실을 높게 하되 말은 겸손하게 해야 한다"고 했다.

　지금 나라에는 도가 없다. 이럴 때엔 한마디 말도 조심하는 것이 맞다. 물 위의 기름처럼 떠도는 정부여, 제발 서민의 고충을 이해하고 단호한 대책을 세워 이 나라의 기강을 잡으라. ♣

비리 공무원들의 한탕 아리랑

지방 공무원의 비리가 연일 터지고 있다. 대통령은 어디에 있는가? '수신제가치국평천하(修身齊家治國平天下)'라고 했다. 나라가 이 모양이 꼴로 성한 곳 하나 없이 총체적으로 다 썩어가고 있고, 청렴한 공직자는 한 명 찾아보기가 어렵다. 국무총리와 정부는 어디에 있는가? 무엇을 먼저 해야 하고, 무엇을 나중에 해야 하는가를 아는 것이 정치의 근본이라고 했다. 공무원이 도둑들로 구성되어 있다면 어떻게 다스려야 할까?

서울시 양천구청 사회복지과 8급 공무원이 장애인에게 지급되는 돈 26억을 횡령한 사건과 같은 구청 여성복지과 직원이 저소득층에게 지원되는 장학금 1억 7천여만 원을 횡령한 사건을 보면서 울화가 치민다. 또 용산구청 사회복지과 공무원이 1억, 해남군 사회복지사 7급 공무원이 10억, 부산 2개 구청에서 기초생활수급권자 지급될 돈 2억 원 등 지방자치를 하는 것인지 도둑질을 하는 것인지 이런 공무원들의 부정한 소식에 머리가 곤두설 정도로 충격을 받았다. 도대체 어디까지 썩었는가? 도둑들에게 공무를 맡겨 놓은 셈이니 이러고서도 어찌 나라가 지탱하며 국민들의 원성이 없겠는가? 버러지만도 못한 공무원들을 일거에 척결하지 못하고, 그들에게 속아 살아온 국민들에게 속 시원할 정도로 처벌을 내리지 않고 있는 정부가 미워 죽겠다.

장애인과 저소득층의 자녀들에게 국민의 이름으로 그들의 권익을 지켜주지 못한 것이 한스럽고, 그들에게 봉사하고 도움을 주지 못했던 죄스러움에 코끝이 더욱 시큼해져 온다. 도대체 감독기관은 무엇하고 있었는가? 정부는 다른 일보다도 먼저 공무원의 부패와 전쟁을 선포해야 한다. 이 정도면 거의 세계에서 몇 안 되는 부패 왕국이다. 중국은 공무원이 부패를 저지르면 공개 사형시킨다. 우리나라도 이에 준하는 강력한 처벌이 있어야 한다.

대한민국에 썩지 않은 곳이 어디에 있는가? 『맹자』〈양혜왕〉하편에 제나라 선왕이 왕도(王道)에 따른 정치가 무엇인지 맹자에게 묻자 맹자는 "옛날 문왕(文王)이 다스리던 기(岐)나라에서는 경작자에게 9분의 1을 세금으로 부과하였고, 벼슬 한 사람에게는 그 녹(祿)을 대대로 주었으며, 관문(關門)과 시장에서는 사정을 살피기는 하였으나 세금을 징수하지는 않았으며, 사람을 처벌하는 데는 당사자의 처자에게까지는 그 벌이 미치지 않았습니다. 늙고 아내 없는 사람을 '홀아비〔鰥〕'라 하고, 늙고 남편이 없는 사람을 '과부〔寡〕'라 하고, 늙고 자식이 없는 사람을 '외로운 사람〔獨〕'이라 하고, 어리고 아비가 없는 사람을 '고아〔孤〕'라 하는데, 이 네 가지 사람들은 세상에서 가장 궁핍한 백성들로서 호소할 데가 없는 사람입니다. 문왕은 정치를 시작하면서 인정(仁政)을 베푸는 데는 반드시 제일 먼저 이들을 돌보았던 것입니다"라고 대답하였다. 맹자는 정치란 제일 먼저 이들 지극히 불쌍하고 곤경에 처해 있는 환과고독(鰥寡孤獨)들을 돌보는 것으로부터 시작해야 한다고 강조하고 있다. 이 땅의 정치인들이이 일을 어찌해야 하는가? 일반 국민들도 저 불쌍한 사람들을 도우려 나서고 어린 학생들도 장애인들을 위해 봉사를 하려고 나서건만, 정작 저들을 돌봐야 할 공무원들만은 한 푼의 돈이 절실하게 필요한 그들에게 지급될 돈을 가로채 호화생활을 하고 있으니 아, 이 일을 어찌하면 좋은가?

이 일은 도저히 그냥 넘어가면 안 된다. 이 일이야말로 모든 국민이 나서야 할 문제이다. 광화문 촛불시위에는 시민단체나 종교인들까지도 참여하여 미국산 쇠고기를 먹으면 머리에 구멍이 난다고 외치면서, 이런 일에는 왜 침묵하는가? 대한민국의 정치인들이여 당신들이 제일 먼저 생각하고 제일 관심을 기울여야 할 사람들이 이 사람들이 아닌가? 그런데 이 일에는 왜 강 건너 불구경하는 것처럼 하는가? 언론인들은 자기의 밥그릇이 위협받는 일에는 그렇게 적극적으로 대응하면서 이런 일에는 왜 이리 소극적인가? 이런 공무원들의 부패를 집중 조명하고 감시해야 하는 것이 언론의 사명이 아닌가?

일자리 나누기도 참 좋은 일이지만 그보다 먼저 공무원들을 철저히 감시하고 철저히 감독하라. 그리고 신상필벌을 엄격하게 적용하라. 왜 촛불재판과 관련된 신영철 대법관 문제로 시비곡직을 가리는 일에는 최선을 다하면서, 이 총체적으로 썩어가는 공무원의 부패에 대해서는 소홀한가?

『장자(莊子)』〈산목(山木)〉편에 "후원 나무 위에 매미가 앉아 신나게 울고 있는데, 그 매미는 우는데 도취하여 사마귀가 뒤에서 자기를 노리고 있음을 모르고, 사마귀는 매미에 열중하여 참새가 그 곁에서 자기를 노리고 있음을 모르고, 참새는 또 사마귀에 열이 올라 사냥꾼이 탄환을 들고 저를 잡으려는 것을 모르고 있었습니다"라고 했으니 한탕의 부정을 저지르려는 공무원들이여, 이 말을 명심하라. 세상에 비밀은 없다. 지방자치제 하에 저질러지는 부정부패가 도를 넘고 있다. 이에 대한 처벌은 너무나 미온적이다. 우리 모두 공무원들을 철저히 감시해 밝고 좋은 사회를 만드는 데 기여하자. ♣

조선시대 여성들은
어떻게 살았을까

조선시대 부부들은 어떻게 살았을까? 서로 사랑하며 살다가 남편이 일찍 죽으면 어떻게 했을까? 조선시대 한 여성이 남편을 사별하면서 쓴 애절한 편지 한 통이 전 세계를 감동시키고 있다.

이 편지는 1586년 고성 이씨 이응태의 부인 일선(선산) 문 씨가 서른한 살의 젊은 나이에 숨을 거둔 남편에게 쓴 것이다. 조선시대 원이 엄마의 애절한 사랑의 편지를 현대어로 다시 한 번 읽어 보자.

1586년 병술년 유월 초하루. 원이 아버지께.

그대 항상 나에게 '우리 둘이 머리가 하얗도록 살다가 함께 죽자'고 하시더니 어찌하여 나를 두고 그대 먼저 가십니까.

나하고 자식들은 누구를 의지하며 어떻게 살라고 다 던져두고 그대 먼저 가시나이까.

그대가 나를 향해 마음을 어찌 가지고 나는 또 그대 향한 마음 어찌 가지나요.

매양 그대에게 내가 하던 말, 한데에 누워 생각해 보세요.

남들도 우리처럼 서로 어여뻐하며 사랑할까요.

남들도 우리 같을까요? 하며 그대에게 속삭였더니

어찌 그런 일들은 생각지도 않고 나를 버리고 먼저 가시나요?

당신을 떠나보내고는 아무래도 나는 살 수 없으니

어서 당신께 가고 싶어요. 나도 데려가 주세요.

당신을 그리워하는 마음이 이승에서는 당신을 찾을 수가 없고,

아무리 잊으려 해도 서러운 마음만 그지없습니다.

이 내 허전한 마음 어디에 두고

자식들을 데리고 당신을 그리워하며 살아야 하나.

이내 허전한 마음 보시고 내 꿈에 가만히 와서 말해주세요.

나의 꿈속에서 이 편지 보셨다는 당신 말을 자세히 듣고 싶어서

이렇게 써서 넣습니다. 자세히 보시고서 나에게 말해 주세요.

그대 내가 밴 아이 나거든 보시고 알려줄 일 알리고 그리 가시지

내가 밴 자식 낳으면 누구를 아빠라고 할까요?

아무리한들, 이 내 속마음 같겠습니까?

이렇게 슬픈 일이 하늘 아래 또 있겠습니까?

당신은 한갓되이 그곳에 가 계실 뿐이지만

아무리 한들 내 속같이 서럽겠습니까?

그지 그지없이 할 말은 너무 많지만 다 못 쓰고 대강만 적습니다.

이 애타는 마음 자세히 보시고 내 꿈에 와서

당신 모습 가만히 보여주시고 또 말해 주세요.

나는 오직 당신을 볼 수 있다고 믿고 있으니

살며시 와서 보여주세요.

너무도 그지없이 그지없어서 이만 적습니다.

너무나 애절하고 너무나 아름답지 않은가? 같은 날 같은 시에 태어
나진 않았지만 같은 날 같은 시에 함께 죽자는 사랑의 맹세는 진했다.

'남들도 우리처럼 서로 어여뻐하며 사랑할까요? 남들도 우리 같을까요?'라고 속삭이던 그 사랑의 공간은 프랑스의 귀족보다도 더 아름다웠다. 31살 젊은 나이에 마지막 가는 남편의 관 속에 이 애절한 사연을 적어 넣어주며 꿈속에서 만나기를 애원하는 이 여인의 사랑은 너무나 우아하였다. 그래서일까? 4백 년 사랑에 무덤 속에서 미라가 된 남편은 이 애절한 편지를 가슴에 품고 있었다.

오늘날 걸핏하면 이혼하는 세상에 사랑도 우리 조상들의 옛 사랑을 배워야 한다. 이분을 위하여 정려를 세우자.

우리의 현대 여성을 연구하던 연구자들이여, 당신들이 주장하는 남녀평등으로 따지는 사랑 법은 틀렸다.

조선시대의 여성을 너무나 비하시켰다. 남편을 위하여 거안제미(擧案齊眉)하던 조선의 여성을 남존여비(男尊女卑)의 폐습으로만 여기고 서양의 사랑 방식만 쫓자고 외치는 이들이여 우리 조선 여인의 예법을 무시했던 것을 사과하라. 그리고 우리 다시 이런 사랑 있는 조선으로 돌아가자. ♣

김연아의 겨울동화

하늘로부터 빙판 위에 흐르는 아름다운 선율 그 신선한 리듬을 따라 한 마리 붉은 봉황이 미끄러지듯 달려 나와 춤을 춘다. 마치 아무도 보지 않는 눈 덮인 어느 깊은 산 속의 겨울 연못에 혼자 사뿐히 내려앉아 춤을 추는 한 마리의 학처럼 엉덩이를 흔들더니 또 날개를 활짝 펼치고는 환희에 젖는다. 너무나 즐거운 듯 두 다리를 쭉 편 채 날아오르다가 즐거움에 넘쳐 무엇인가를 기억해내고는 그것을 그리려 상념에 잠기는 듯 빙판 위를 빙빙 돈다.

마치 얼음나라 공주가 여왕 즉위를 앞두고 즐거워하는 겨울 동화같이 가슴을 뒤로 젖혔다가 앞으로 숙였다가 두 손을 모아 기도하는 듯 다시 펼치며 얼음 위를 통통 뛰고 돌며 아무도 보지 않은 곳에서 혼자 즐거움에 넘친 우아하고 아름다운 하늘의 춤사위. 무슨 좋은 소식 있기에 저렇게 황홀하게 춤을 추고 있는 것일까? 그 상서로운 붉은 봉황의 하늘의 몸짓은 약 4분 남짓하였다. 황홀한 춤사위를 막 끝내는 순간, 3월 29일 오전 10시 30분 미국 로스앤젤레스 스테이플스센터에 모인 관중들은 일제히 기립하여 우레와 같은 박수로 보답했다. 우리 국민들은 그 박수 소리에 비로소 환상에서 깨어날 수 있었다.

우리는 한 마리의 붉은 봉황이 천상에서 내려와 환상의 날개를 펴고 춤을 추는 것을 분명히 보았다. 2009년 국제빙상경기연맹(ISU) 세계피겨선수권대회에서 207.71이란 경기사상 유래 없는 세계 기록을 세우며 1위를 하는 김연아의 경기 모습을 텔레비전을 통해 관전하며 즐거움에 벅찬 나머지 감정을 숨길 수 없었다. 사람이 무언가 기쁨으로 가슴이 꽉 차면 어떻게든 표현하려 하게 된다. 이 어설픈 소시민의 묘사가 천박해 보였다면 용서하라.

대한의 열녀 김연아. 그녀는 승리의 기쁨을 표현하며 태극기로 몸을 감쌌으며, 시상식에서는 애국가를 들으며 제일 높이 올라가는 우리의 국기를 보며 세 갈래 눈물을 흘렸다. 어쩌면 그렇게도 애국적이며 어쩌면 그렇게도 아름다운가? 우리 국민들은 "김연아는 우는 모습까지도 너무나 아름다웠다"고 야단이다.

긴 겨울 내내 지루한 싸움만을 계속해 오는 우리 정치인들이여, 북한은 미사일을 쏘아 올린다고 연일 야단인데도 북한을 찬양하며 햇볕정책을 고수하는 어느 정당이여. 세계만방에 대한민국 국회의 추태를 보인 것이 부끄럽지 않은가? 우리의 김연아는 이렇게 전 세계인을 감동시켜 놓고 조국을 위하여 저렇게 예쁘게 눈물을 흘리며 대한민국을 사랑하는데 말이다. 온 국민들은 눈물을 글썽이며 대한민국 국민임이 행복하고 자랑스러워 죽을 지경인데도, 정치인이란 사람들이 정쟁에 빠져 앞을 보지 못하고, 국민을 속이고 남의 돈을 받고 불법을 저질렀으면서도 부끄러운 줄을 모른다. 정말로 저 국회의원들은 양심도 없는가? 스포츠 정신에서 정의를 배워라.

봉황이 나타나면 나라에 좋은 일이 있을 상서로운 조짐이라고 했던가. 조선 건국 시기의 악장에 상서로운 기운을 드리워 국가의 기운을 떠올리려고 봉황을 출현시킨 악장이 많았듯이 우리는 김연아의 피겨 스케이팅에서 이 봉황의 몸짓을 보았다.

대한민국은 지금 막 꽃샘추위마저 물러나고 봄이 시작되었다. 벌써 남쪽의 꽃소식과 함께 축제 소식이 줄을 잇고 있다. 이 봄에 날아든 상서로운 김연아의 소식은 우리의 대지를 뜨겁게 달구었다. 온갖 꽃들이 모두 피어나 산천은 연지 곤지를 바르고 하늘은 땅 속에 묻힌 씨앗들을 하나도 잊어버리지 않고 모두 싹을 트게 하였다.

『노자(老子)』 73장 〈임위(任爲)〉 편에 '천망회회 소이불루(天網恢恢 疎而不漏)'라고 했다. 하늘의 그물은 넓고 넓어서 엉성해 보이지만 빠뜨리지는 않는다는 뜻이다. 이 말을 되새기면서 올 봄의 상서로운 기운을 가지고 국가의 미래를 이야기하자. 하늘은 삼라만상을 주재하면서 미세한 풀한 포기도 빠뜨리지 않는 것을 보아라. 저 봄의 대지에 작은 씨앗 하나 그 많은 나뭇가지들의 꽃 눈 하나라도 빠뜨리지 않는 사실이 경이롭지 않은가?

이 하늘의 그물은 엉성해 보이지만 사람의 마음속에 있는 선악도 하나도 놓치지 않고 모두 알고 있다. 그래서 공자가 말씀하셨다. "착한 일을 하는 자는 하늘이 반드시 복으로써 갚아주고, 악한 일을 하는 자는 하늘이 반드시 화로써 갚아 준다"라고. 하늘의 도는 다투지 않고 이기며, 말하지 않아도 응하며, 부르지 않아도 스스로 와서, 천천히 은미하게 그 뜻을 전달한다. 그러므로 악의 기운이 강할 때는 하늘에 배반해도 벌을 받지 않을 것 같지만 그러나, 결국은 하늘의 벌을 받게 되는 것이다.

하늘의 그물은 넓고 광대하여 그 그물의 눈이 성글지만 선악의 응보는 반드시 내리고 절대로 실패하는 일이 없다. 이 상서로운 봄의 대지가 우리에게 주는 교훈을 읽자. 김연아의 낭보를 더하여 우리 이렇게 봄을 이야기하자. ♣

북한이 사는 방법

참 이상한 나라 북한. 인민들은 굶주림에 허덕이는데도 태평양 바다 속으로 인공위성을 발사해 놓고 거들먹거리는 나라. 나는 이런 북한에 대해 잘 알고 있지 못하다.

그러나 국민 대다수가 이것은 안다. 북한은 군사적인 목적을 위하여 로켓을 쏘아 올렸다는 것을. 북한은 절대로 핵을 포기하지 않는다는 것을. 북한은 남한을 우호적이거나 대등한 파트너로 여기지 않는다는 것을. 북한은 남한이 원하는 남북통일은 절대로 하지 않는다는 사실을 잘 알고 있다.

김정일의 공작은 노벨평화상도 만들어 낸다. 그에게 수많은 돈을 지불하고 친한 척 한 번 하고 서로 안으면 된다. 내 말을 못 믿겠으면 이명박 대통령도 김대중 정부가 했던 대로 한 번 해봐라. 노벨평화상 감이다.

이처럼 김정일은 북한 동포들에게 어버이 수령이라고 존경받는 전지전능한 사람이다. 지난 잃어버린 10년의 두 정부는 이 지독한 군사독재자에게 변화한 척 제스처를 취해주기를 요구하고 너무나 많은 돈을 지불했다.

북한 정부가 망하기만을 바라고 있는 북한의 주민들에게 우리는 큰 죄를 지었다. 마치 통일이 앞당겨져 온 것처럼 선전하며, 개성공단을 설치하고 금강산 관광을 실시하였다. 그래서 일부 정당만 북한과 통로를 만들어 놓고 그것을 선거에 이용하고 있다. 지금도 이명박 정부는 북한과 관계가 좋지 않다고 비판한다. 이명박 정부는 북한과 통로가 없고 소통이 되지 않는다고 공격한다. 이명박 정부는 통일정책에 문제가 있다고 선전한다. 참, 소가 웃을 일이다.

이명박 정부는 북한에 대해 문을 열어두고 기다리고 있었다. 북한의 온갖 만행을 다 지켜보고 참으며 일부 정당의 비열한 비판을 다 받으며, 일부 사회단체들로부터 '이명박 아웃'이란 과격한 공격을 받으면서도, 지금도 북한을 바라보고만 있다.

이제 그 미련을 버려라. 반미친북 야당에 칭찬받기를 바라는가? 남북관계의 책임은 누가 보아도 북한에 있다. 금강산 관광객을 쏘아 죽이고, 미사일로 남한을 협박하고, 국제사회에서 남한을 볼모로 이용하고 있다. 걸핏하면 남한을 불바다로 만들어 버리겠다고 협박한다.

이명박 대통령은 6일 "대량 살상무기 확산방지구상(PSI)에 대한 참여를 적극 검토하고 있다"고 밝혔다. 이에 대해 북한은 남한의 선전포고로 간주한다고 하였다.

북한이 어떤 나라인데 남한의 의도처럼 변하겠는가? 우리는 북한을 잘 알면서도 너무 모른 척한다. 미사일 수출은 북한이 살아가는 방법 중에서도 큰 것이다. 이번 로켓 발사를 위해 약 5억 달러를 썼고, 작년에 북한이 미사일 수출로 10억을 벌어들였다고 한다. 북한은 그들이 주장하는 미국의 원수들을 박살낼 수 있는 미사일을 개발하자는 것이다. 이번 로켓 발사로 북한의 미사일 기술은 전 세계에 선전되었다.

올해엔 미사일 수출액이 늘어날 전망이다. 북한은 인민의 생활을 위하여 미사일 수출을 하고 있다고 국민들에게 선전한다. 이번 발사도 성공적이었다. 북한은 어쩌면 애초부터 인공위성 따위는 안중에도 없었다. 핵을 장착한 무기로 미국을 보기 좋게 한 방 먹일 수 있는 대륙간탄도미사일을 개발하고자 함이 목적이다. 그래서 북한은 성공이라고 하고 미국과 남한은 실패라고 하는 것 같다. 원래 목표는 미사일을 발사하는 것이었으나 국제 여론이 악화되자 인공위성으로 급조한 것이다. 학을 그리려다가 오리를 그린 셈.

북한은 남한 사회의 병폐가 무엇인지를 철저하게 연구해 왔다. 국민투표가 있는 곳에 어떤 약점이 있는지를 잘 알고 있다. 정권 창출을 위하여 어떠한 짓이라도 다한다는 것도 안다. 임기가 4년 혹은 5년으로 제한된 선거를 하는 나라의 약점을 너무도 잘 알고 있는 북한은 그것을 철저히 이용하고 있다.

부시는 큰소리쳤지만 이제 부시에게는 권력이 없다. 북한은 미국 대통령의 임기 말을 이용하여 강자의 위치에 선다. 북한의 이런 치밀한 외교력은 한 번도 실패한 적이 없었다. 북한은 이번 로켓 발사에 대해서도 유엔에서 만장일치로 북한을 제재하자는 의논이 나올 수 없다는 걸 잘 안다.

지도상에 잘 나타나지도 않는 작은 나라가 전 세계의 주목을 받고 전 세계를 상대로 협상을 벌이고 외교적인 우위에서 큰소리치며 배짱 외교를 하고 있다. 인공위성이냐 미사일이냐, 로켓 하나로 전 세계를 주목을 끈 김정일의 살아가는 방법은 대단해 보이기까지 하다.

북한은 동독이 무너지는 것을 교훈 삼아 절대 동독이 서독에 흡수 통일됐던 것처럼 흡수되지 않으려고 애쓴다. 북한은 후세인처럼 미국에 공격당하지 않기 위하여 정책을 개발하려 한다. 미국과 북한의 협상은 북한의 백전백승이다. 바보 나라 미국.

북한이 인공위성 '광명성 2호'를 장거리 로켓 '은하 2호'에 실어 발사함에 따라 오바마는 북한의 거미줄에 걸렸다. 오바마의 약점은 대통령 임기가 끝나면 평민으로 돌아가야 한다는 것이다.

벌써 국제 무기시장에서는 "미국까지 날아가는 북한 미사일을 사세요."라는 소리가 들린다. 북한을 찬양하는 이들이여 북한은 정말 위대한 나라인가? ♣

세상에 비밀은 없다

노무현 전 대통령님, 이러시면 안 됩니다. 그동안 과거사를 얼마나 비판했습니까? 얼마나 개혁을 부르짖어 왔습니까? 그게 진실로 대한민국의 국가를 위하고 대한민국의 국민들을 위한 민주주의가 맞았습니까? 마치 자동차가 중앙선을 넘어 역주행하듯이 많은 국민들은 당신이 집권하면서부터 너무나 혼란스러워했습니다.

국가의 정통성을 송두리째 흔들어 놓았습니다. 당신은 대한민국의 역사 앞에 큰 죄를 지었습니다. 대통령으로서 국민을 속여 왔습니다. 어떻게 책임을 지시겠습니까?

노무현 전 대통령을 둘러싸고 벌어지는 지난 정부의 정관계 부정부패가 법망에 걸려들었다. 검찰의 이런 조사를 두고 편파적인 수사니 불공정 수사니 말하는 사람들이 있다. 그러나 내가 보기엔 편파적인 수사는 없다. 검찰이 이것을 수사하지 않고 또 무엇을 수사해야 하는 것인가? 이것은 법을 어긴 자들이 교묘하고 구차하게 법을 흔들어 보려는 비열한 변명이다.

『논어』〈자장(子張)〉 편에 "소인지과야(小人之過也)에 필문(必文)이니라"라는 구절이 있다. 해석해 보면 "소인은 잘못을 저지르면 반드시 변명을 하며 꾸며댄다."라는 뜻이다. 사람은 누구에게나 과실이 있게 마련이다. 자기의 과실을 깨달으면 즉시 시인하고 잘못을 고쳐 행동하는 것이 떳떳한 것이다. 이것은 잘못을 아는 순간부터 그 허물을 고쳐 나아가서 그 잘못을 면하게 되는 것이다.

그러나 소인배들은 과실을 범하면 고칠 생각은 않고 구차하게 변명하고, 자기의 잘못이 아닌 것처럼 꾸며댄다. 이것은 자기의 좁은 생각으로는 자기의 허물을 변명하여 덮었다고 생각할지 모르지만 이것은 상대를 속여서 치사하게 면하려는 나쁜 행동이다. 이렇게 되면 그 과실에서 영원히 못 벗어나는 것이니 이 얼마나 부끄러운 행동인가?

군자는 자기 과실을 변명하지 않고 시인하며 즉각 그 잘못을 고친다. 지난 잃어버린 10년 정부 시절에는 야비한 소인배 정치인들이 너무 많았다. 한마디로 너무 비굴했다.

노무현 전 대통령이 임기를 마치고 고향으로 돌아가 편안한 여생을 보내려고 한다면서 마치 도연명이 귀거래사 읊듯이 청렴한 척 돌아갈 때, 그는 비굴한 술수를 동원하여 법망을 교묘히 피해서 국가의 돈을 들여 집을 짓는 것을 보고 놀랐다. 무슨 아방궁을 짓는 것인가? 진정한 은퇴자는 초가삼간이면 족하다. 공과 사를 구분하지 못하는 참 부끄러운 행동을 하고서도 참으로 부끄러운 줄을 모른다면 그게 어디 사람인가?

『논어』〈위정(爲政)〉 편에 보면 "자왈(子曰) 시기소이(視其所以)하며 관기소유(觀其所由)하며 찰기소안(察其所安)이면 인언수재(人焉廋哉)리오 인언수재(人焉廋哉)리오"라는 구절이 있다. 이것을 해석해보면 "그 행동하는 바를 보며, 그 행동하는 동기를 관찰하고, 그 즐거워하는 바를 살피면 사람이 어찌 감출 수 있으리오 사람이 어찌 감출 수 있으리오"라는 뜻이다. 이 말은 곧 세상에는 비밀이 없다는 말이 된다.

당신은 누구에게 검은 돈을 받았든 안 받았든 이미 양심은 순수하지 못했다. 당신은 누구를 비판할 수 있는 인격을 지니지 못했다. 당신을 비롯해 형, 마누라, 아들, 조카사위 등 모두가 참 부끄러운 짓을 했다. 그런데도 당신의 변명은 너무나 구차해 보인다. 무슨 염치로 아직도 국민께 죄송하다는 말을 하지 않는 것인가? 부정을 저지른 것이 이것 외에 진짜로 없는 것인가?

『후한서(後漢書)』〈양진전(楊震傳)〉에는 또 이런 이야기가 있다. 양진이 지방의 태수로 임명되어 임지로 가는 도중에 창읍(昌邑)이란 곳에서 묵게 되었다. 저녁 늦게 창읍의 현령인 왕밀(王密)이 찾아왔다. 왕밀은 양진이 형주자사(荊州刺史)로 있을 때, 그의 학식을 높이 사서 관리 등용 시험에 뽑아 준 사람이었다.

이런 왕밀을 양진은 반갑게 맞이하였다. 지나온 이야기를 한참 하다가 왕밀은 소매 속에서 황금 열 근을 꺼내어 내밀었다. 왕밀이 자신에게 베풀어 준 은혜에 대한 보답으로 준비한 것이었다. 양진은 깜짝 놀랐지만, 이내 온화하면서도 단호하게 거절하였다. "나는 옛 지인으로서 자네의 학식과 인물을 기억하네. 그런데 자네는 나를 잊은 것 같군." "아닙니다. 이건 뇌물이 아니라 지난날의 은혜에 보답하려는 것뿐입니다." "자네가 영전하여 나라와 백성을 위하여 진력하는 것이 나에 대한 보답이네." "지금은 밤중이고, 방 안에는 태수님과 저뿐입니다." "하늘이 알고, 땅이 알고, 자네가 알고, 내가 알지 않는가!(천지지지자지아지(天知地知子知我知)". 왕밀은 크게 부끄러워하며 물러났다.

양진은 후에 태위(太尉)에까지 올랐으며 그의 이 가르침은 '사지설(四知說)'이라 하여 지금까지도 교훈으로 전해지고 있다. 사람들이여 세상에 비밀이 있다고 말하지 말라. ♣

노무현과 악마의 금전

고려시대 임춘은 돈으로 인해 간사하게 타락해 가는 세태를 풍자하고 관료들의 부정부패에 연루되는 현실을 직시하며 돈으로 인하여 생기는 폐해에 대해 경계와 교훈을 주기 위해 〈공방전(孔方傳)〉을 지었다. 공(孔)은 구멍을 말하고 방(方)은 네모를 말한다. 따라서 엽전의 가운데에 있는 네모난 구멍이며 이것은 곧 엽전을 가리키는 것이다. 엽전의 모양을 디자인 한 사람은 고려 숙종 때 대각국사 의천이다.

엽전이 태두리가 둥근 것은 하늘을 뜻하고 네모난 구멍은 땅을 뜻하는 동시에 우물을 뜻한다. 우물물은 아무리 퍼서 써도 마르지 않는 것에서 착안한 것이다. 이와 같이 세상에 돌고 돌아 아무리 써도 다하지 아니한다는 의미를 넣었다. 물물교환의 어려움과 민생의 편의를 위해 만든 것인 만큼 처음에는 좋은 의미를 지니고 사용되었다. 그러나 점점 돈이 뇌물로 악용되기 시작하면서 여러 가지 폐단이 생기게 되었다. 공방전에 나오는 돈의 성격을 묘사한 한 부분을 살펴보자.

공방(엽전)은 성질은 욕심이 많고 비루하고 염치가 없었다. 그런 사람이 이제 재물을 맡아서 처리하게 되었다. 그는 돈의 본전과 이자의 경중을 다는 법을 좋아하여, 나라를 편안하게 하는 것은 반드시 질그릇이나 쇠그릇을 만드는 생산 방법에만 있는 것이 아니라고 생각했다. 그는 백성으로 더불어 한 푼 한 리의 이익이라도 다투고, 한편 모든 물건의 값을 낮추어 곡식을 몹시 천한 존재로 만들고 다른 재물을 중하게 만들어서, 백성들이 자기들의 본업인 농업을 버리고 사농공상(士農工商)의 맨 끝인 장사에 종사하게 하여 농사짓는 것을 방해했다. 이것을 보고 간관(諫官)들이 상소하여 이것이 잘못이라고 간했다.

하지만 임금은 이 말을 듣지 않았다. 방은 또 권세 있고 귀한 사람을 몹시 재치 있게 잘 섬겼다. 그들의 집에 자주 드나들면서 자기도 권세를 부리고 한편으로는 그들을 등에 업고 벼슬을 팔아, 승진시키고 갈아 치우는 것마저도 모두 방의 손에 매이게 되었다.

이렇게 되니, 한다 하는 공경(公卿)들까지도 모두들 절개를 굽혀 섬기게 되었다. 그는 창고에 곡식이 쌓이고 뇌물을 수없이 받아서 뇌물의 목록을 적은 문서와 증서가 산처럼 쌓여 그 수를 셀 수 없이 되었다.

그는 모든 사람을 상대하는 데 잘나거나 못난 것을 관계하지 않는다. 아무리 시정 속에 있는 사람이라도 재물만 많이 가졌다면 모두 함께 사귀어 상통한다. 때로는 거리에 돌아다니는 나쁜 소년들과도 어울려 바둑도 두고 투전도 한다. 이렇게 남과 사귀는 것을 좋아한다. 이것을 보고 당시 사람들은 말했다. "공방의 한 마디 말이 황금 백 근만 못하지 않다."라고.

이 글을 보면서 뇌물에 연루되어 구속될 처지에 있는 노무현 전 대통령을 떠올리고 또 이야기의 주인공 공방을 생각한다. 공방과 노무현은 통하는 데가 많다. 주인공을 노무현으로 해도 별반 달라지는 게 없을 정도다.

얼마 전에 한 여대생이 대학 등록금을 내지 못하여 사채를 빌려 쓰고 눈덩이처럼 불어나는 이자를 갚지 못하여 몸을 팔아야 하는 처지가 되었고 이 사실을 안 아버지가 분통이 터져 딸을 목 졸라 죽이고 자기도 자살한 뉴스를 보며 가슴이 찢어지는 듯 아팠다. 그 뒤에도 이와 비슷한 뉴스들이 몇 번씩 오르내리고 있다. 또 가장으로서 직장을 잃고 일자리를 찾아 헤매다가 결국은 일자리를 얻지 못해 가족과 생이별을 하는 방송도 보았다. 그들에게 돈은 잔인한 악마의 금전이었다.

요즈음처럼 경제가 어렵고 어수선한 가운데 많은 돈을 뇌물로 받고 구속될 처지에 있는 노무현 전 대통령을 바라보는 야당의 시각이 너무 정략적이고 야비하고 천박하다. 사회의 정의에 대한 일말의 예의 염치도 없는 부끄러움을 모르는 자들이다. 남의 집에 들어가서 물건을 훔치다가 잡히니까 이 집 주인도 조사해야 한다고 우기는 꼴이다. 나약한 여자에게서 지갑을 빼앗아 도망가다가 잡히니까 이 여자의 잘못도 찾아보라는 식이다. 어린 학생을 협박하여 돈을 빼앗다가 잡히니까 경찰에게 이 학생도 조사하라고 하는 꼴이다. 그것도 정치논리라고 들이대고 있는가? 당신들 손자나 아들들이 남에게 돈을 빼앗기고 오자 경찰이 가서 그 사람을 잡았다. 그러자 돈을 빼앗은 놈이 검찰보고 편파수사를 한다고 항변하며 당신도 범죄 사실이 있을 것이라고 조사하려고 한다면 순순히 응하겠는가? 이 황당한 주장에 반드시 응해야 된다는 것이 대한민국 야당 국회의원의 논리이다.

또 이 사건이 4.29 국회의원 보궐선거에 영향을 미치니까 선거를 중단하라고 하고 있다. 오히려 선거를 하는 국민들이 이 사실을 알고 올바로 투표하도록 이 사실을 알리는 것이 맞는 것이 아닌가? 유권자가 올바른 선택을 하도록 자료를 제공해 주는 것이 민주사회의 올바른 선거 논리가 아닌가?

나는 여당 편도 야당 편도 아니다. 우리 공정하게 생각 좀 해보자.

♣

'몰랐다' 법학 비판

대통령의 '몰랐다'는 변명은 잘 알고 있다는 말이다. 노무현 전 대통령이 법망을 피해 가기 위해 일부 돈의 사용처에 대해서 밝히지 못하겠다고 했다. 또 가족이 돈을 받은 사실을 모르는 사실이라고 했다. 이것은 한 나라의 대통령까지 지낸 사람으로서 대절(大節)을 잃은 것이고 한 졸장부보다 못한 도저히 있을 수 없는 치졸한 짓이다.

노무현 전 대통령 주변 사람들은 모두 그러한가? 야당이나 노사모가 사회의 정의를 무시하고 드러난 범죄를 감추려는 법을 무시하는 행태와 나라의 정의를 위해서는 털 하나도 뽑지 않으려는 자기편만을 위하는 이기주의적인 행태는 비판받아 마땅하다. 여기에다가 노무현 대통령 시절 감투를 썼던 모 대학교수의 사회정의를 무시한 위기주의(爲己主義)에 미쳐버린 망발이 어찌 그리 천박하고 답답해 보이는지.

뉴스를 보던 시민들의 분노가 하늘을 찌르고 있다. 그런 시각으로 무슨 이 정권을 비판하는가. 과거 전두환 대통령의 비리 청문회에서 "기억이 안 난다"거나 "모른다"라고 일관할 때 노무현 전 대통령은 어떻게 말했는가? 그것으로 청문회 스타가 되고 대통령이 되었다. 남들이 다 그래도 노무현 전 대통령 당신은 이러시면 안 된다.

그때 전두환 대통령을 위해 청문회장에서 소리쳤던 것을 지금 자신을 향해 소리쳐 보라. 이 땅의 올바른 정의사회 구현을 위해 자기 자신에게 따지고 소리쳐 보라. 그래도 부끄럽지 않거든 법망을 피하기 위해 갖은 술수를 다 써라.

조남명이 일찍이 포은 정몽주의 처신에 대하여 퇴계 선생에게 의문을 제기한 일이 있었다.

"저의 생각으로는 포은 정몽주의 죽음은 자못 가소로운 일이라고 봅니다. 포은 선생은 공민왕의 조정에서 삼십 년을 대신으로 있었으니 '도가 행해지지 아니하면 벼슬을 그만 두어야 한다'는 도리에 이미 부끄러워해야 할 일인데도 신우(고려의 우왕) 부자를 신하의 신분으로 섬기면서 신우를 왕이라고 섬기다가 훗날 신우를 쫓아내야 하게 되어 신우를 왕위에서 쫓아내는데 자신도 관여한 것은 무슨 일입니까? 여기서 신우라고 한 것은 신돈의 자식입니다. 십 년 동안 복종하고 섬기다가 하루아침에 내쫓아 죽인다면 이것이 될 말입니까? 임금이 아니라고 해서 쫓아낸 일은 여불위(呂不韋)가 씨 도둑질한 아들 여정(呂政)을 영씨의 아들이라고 임금으로 세워 놓고 마침내 진나라가 망한 뒤에도 자신은 오히려 아무 탈이 없이 또 그 녹을 먹고, 벼슬을 한 것과 같은 데 이와 같이 하여 훗날의 죽음이 있게 된 것이니 깊이 깨달을 수 없는 문제가 포은 선생에게 있는 듯합니다."라고 하자, 퇴계 선생은 말씀하시기를 "정자(程子)는 이르기를 사람은 마땅히 허물이 있는 가운데서 허물이 없는 점을 찾아야 하며 허물이 없는 가운데서 허물이 있는 것을 찾아서는 안 된다고 하였는데, 포은 선생의 정충대절(精忠大節)은 천지의 기본 틀인 경위(經緯)가 되고 우주의 대들보가 될 만하다고 할 수 있는데 세상의 의논을 좋아하는 무리들이 남을 공격하기를 좋아하고 다른 사람의 아름다운 일을 이루게 하는 일을 즐기지 아니하여 쉴 새 없이 쓸모없는 입을 놀리고 있으니 나는 이런 소리를 들을 때마다 귀를 막고 듣지 않으려고 한다"라고 했다.

여기에서 온유돈후한 퇴계 선생과 남명 선생의 강직한 실천적 기질이 확연히 차이 난다. 그러나 많은 사람들이 포은 정몽주를 만고의 충신으로 부르는 마당에 남명 조식 선생은 포은 선생의 지나간 허물을 캐어내어 비판하고자 하였다.

그의 강인한 기질과 학행일치를 주장하는 선비정신은 불의를 조금도 용서하지 않는다. 남명 선생이 아마도 노무현 대통령을 보았다면 사람 취급 하겠는가?

누구도 완벽한 사람은 없다. 우리는 남을 인정하는 데는 잔인할 정도로 인색하다. 역대 대통령들을 평가하는 데도 우리는 너무 인색한 것이 아닌지 모르겠다.

노무현 전 대통령에 대한 드러난 죄는 법의 심판을 받아야 마땅하겠지만 드러난 죄 이외의 것은 억지로 허물을 캐는 쪽으로 가서는 안 될 것이다. 그리고 우리의 대통령들을 퇴계 선생의 시각에 맞추어 다시 평가해 보라.

베트남의 호치민은 세계 10대 정치인 안에 드는 훌륭한 정치인으로 부상했고 온 국민이 국부로 떠받들고 있다. 우리나라의 박정희 대통령은 독재자로 전락했다. 국민들의 절대다수는 위대한 대통령이라고 하는 데도 일부 정치인이나 국민들은 독재자라고 판단한다.

아예 욕을 보이는 것이 심했다는 표현이 더 맞을 것이다. 여기에는 현재 뇌물로 얼룩진 노무현 정부와 그 주변인들이 더욱 쉴 새 없이 입을 놀려 박정희 대통령의 위대한 업적은 악랄한 독재자의 오명으로 뒤덮이게 되었다.

충신불사이군(忠臣不事二君)을 외치며 "백골이 진토 되어 넋이라도 있고 없고 간에 님 향한 일편단심이야 가실 줄이 이시랴"라고 했던 포은 선생의 충절도 이들을 만났다면 다시 심판해서 역사를 바로 세운다고 인민재판을 하였을지도 모를 일이다.

퇴계 선생의 말씀을 기억하라. 그리고 군자의 온유돈후한 행동을 배워라. '사람은 마땅히 허물이 있는 가운데서 허물이 없는 점을 찾아야 하며 허물이 없는 가운데서 허물이 있는 것을 찾아서는 안 된다'는 것을. ♣

대동세상의 법法과 예禮

동방의 예의지국이라 일컬었던 교양 있는 나라가 지금 예의를 말하면 고리타분하다고 한다. 군자지국이란 말도 사라지게 생겼다. 소인배들이 판을 치는 세상에 군자의 길을 운운하면 시대에 뒤떨어진 사람 취급을 한다. 대한민국은 군자가 머물 곳이 못 된다. 이렇다 보니 쟁쟁한 실력은 갖추고 있으나 절개나 지조가 없고 인간이 지켜야 할 큰 도리를 깨닫지 못한다.

대한민국은 지금 위험하리만큼 이기주의가 판을 친다. 정치인들도, 노동조합들도, 시민단체들도, 학생들도 모든 것이 다 자기가 유리한 대로 해석하고 자기편만을 의식하는 이기주의에 목숨을 걸고 빠져버린다. 심한 경우 자기만 빠지면 되지 남들에게도 강요한다. 남을 배려하며 공공의 미덕을 발휘하며 함께 살아가려는 대동의식은 사라진 지 오래다. 좌나 우로 조금이라도 치우친 사람은 공인인 교사나 언론인이 되어서는 절대 안 되는 것이다. 이것은 대동세상을 헤치는 큰일에 해당되는 일이니 경계하지 않을 수 없는 일이다. 어쨌든 편을 가르는 것은 소인배들의 이기주의이다.

『논어』, 〈안연〉 편에 이르기를 안연이 공자에게 인(仁)에 대하여 여쭈었다. 공자께서 말씀하시기를 "나를 이기고 예로 돌아가는 것이 인이 된다. 하루 동안 나를 이기고 예로 돌아가면 천하가 인으로 돌아간다. 인을 행하는 것은 자기를 말미암는 것이지, 다른 사람을 말미암는 것이 아니다" 안연이 여쭈었다. "그 실천 조목을 여쭙겠나이다."
공자께서 말씀하시기를 "예가 아니면 보지도 말고, 예가 아니면 듣지
도 말고 예가 아니면 말하지도 말고, 예가 아니면 움직이지도 말라"라
고 하셨다. 이것이 우리가 잘 알고 실천을 하지 않는 고사성어 '극기
복례(克己復禮)'의 유래처이다.

다산 정약용이 지은 『경세유표』 서문에는 이렇게 적혀 있다. "옛날
성왕(聖王)은 천하를 다스리면서 백성들은 욕심이 있다는 것을 알았
는데, 그 욕심을 줄이지 않으면 반드시 어지럽게 되는 까닭에 예로써
조절하였으며, 그 욕심을 징계하지 않으면 반드시 어지럽게 되는 까
닭에 법으로써 제어하였다. 조절함은 방탕하게 됨을 막는 것이요, 제
어함은 그 지나치고 과단하게 됨을 방지하는 것이었다. 그러나 조절,
제어하는 것은 모두 천칙(天則)의 본연에 따른 것이고 사람이 사사로이
할 수 없는 것이다. 진실로 사람으로서 할 수 있는 것이라면 곧 음일(淫
佚)해질까 두려운 것이니, 어찌 예와 법을 창작할 수 있겠는가?"

또 다른 서문에서는 "여기에 논한 것은 법이다. 법이면서 명칭을
예라 한 것은 무엇인가? 선왕(先王)은 예로써 나라를 다스렸고, 백성
을 지도하였다. 그런데 예가 쇠해지자 법이라는 명칭이 생겼다. 법은
나라를 다스리는 것이 아니며, 백성을 지도하는 것도 아니다. 천리에
비추어서 합당하고 인정해 시행해도 화합한 것을 예라 하며, 위엄으
로 겁나게 하고 협박으로 시름하게 하여 이 백성들이 벌벌 떨며 감히
범하지 못하도록 하는 것을 법이라 이른다. 선왕은 예로써 법을 삼았
고, 후왕(後王)은 법으로써 법을 삼았으니, 이것이 같지 않음이다. 주
공(周公)이 주나라를 경영할 때에 낙읍(洛邑)에 있으면서 법 여섯 편
(篇)을 제정하고 주법이라고 하지 않고 주례(周禮)라 이름하였다. 그

것이 예가 아니었으면 주공이 어찌 예라 일컬었겠는가.”라고 하였다.

　제어하고 절제하는 미덕이 예이며, 절대로 그래야만 하는 엄격한 법률이 곧 예이다. 공자는 『예기』〈예운(禮運)〉편에 대동사상을 다음과 같이 정의하고 있다.

　“대도(大道)가 행해지던 시대에는 천하를 자기의 소유물로 생각하지 않고 공공(公共)의 것으로 여겨왔다. 그리하여 임금 된 자는 이것을 자손에게 넘겨주지 않고, 현명한 사람이나 능력 있는 사람을 선출하여 전수(傳授)했다. 신뢰와 화목을 강습하고 실천하게 하였다. 그러므로 사람들은 각자의 부모만을 섬기지 않았고 각자 자기 자식만을 자식으로 여기지 않아 노인에게는 그의 생애를 편안히 마치게 하였고 장년에게는 충분히 자기의 능력을 발휘하게 했으며, 어린아이는 건전하게 성장할 수 있게 하였고 고아와 과부 불구자에게는 부양을 받을 수 있게 했다. 성년 남자에게는 사농공상의 직분을 주었으며 여자에게는 각각 시집갈 곳이 있게 하였다. 재화(財貨)라는 것이 헛되이 버려지는 것을 싫어했지만 반드시 자기만 사사로이 독점하려 하지 않았으며 힘이라는 것은 반드시 자기의 몸에서 나오지 않을 수 없는 것이지만 그 힘을 반드시 자기 자신만을 위해서 쓰지 않았다. 모두가 이러한 마음가짐이었기 때문에 간특함이 있을 수 없었고 절도나 난적(亂賊)도 없었으니 사람마다 아무도 대문을 잠그지 않고도 편안히 살 수 있었다. 이러한 세상을 공도(公道)가 함께한다고 하여 대동이라고 말한다.” 현재 대한민국의 민주주의와 대동세상 중에 어느 것이 더 나은가?

　범죄로 얼룩진 노무현 전 대통령과 물 위의 기름처럼 떠도는 부자들의 이명박 대통령을 위시한 정부 요인들이 이 대동세상의 논리를 꼭 읽었으면 좋겠다. ♣

교육열과 부모의 마음

어느 집인들 자식들이 소중하지 않으리오. 그러나 우리 대한민국의
아이들은 정말로 불쌍해 보인다. 부모님들의 과대한 사랑과 우려 속
에서 하루하루를 공부로만 살아간다. 학교 수업을 마치자마자 곧장
학원을 두세 군데를 거치고 저녁이 되어서야 집으로 돌아온다. 우리
는 이런 아이들을 우리 주위에서 흔하게 볼 수 있다. 어찌 이것뿐이
랴. 좀 심한 경우는 부모를 떠나 대도시로 나아가서 공부를 하거나,
아니면 기러기 아빠를 홀로 두고 먼 외국으로 가서 공부하기도 한다.
이 아이들은 언제 공부에서 해방될까?

이런 조기유학의 열풍은 통일신라시대에도 이미 있었다. 최치원을
비롯한 일련의 대당 유학생들이 그들이다. 그들은 12, 13세 때 벌써
배를 타고 당나라로 유학을 떠났다. 그들의 유학 생활은 얼마나 고통
스러웠을까?

그러나 한편으로는 이런 공부의 열풍에서 벗어나 아이들을 자유롭
게 키우려는 사람들도 있다. 소위 대안 학교라는 곳에 보내어 들로
산으로 다니면서 풀이름이나 외우고, 노래나 부르면서 비교적 자유
롭게 공부한다. 이것도 또한 부모님의 지나친 관심과 애정 속에서 벌
어질 수 있는 일이다. 아이들은 스스로 공부하고 자기 뜻대로 살 권리
가 있다. 그러나 이 아이들이나 부모님을 탓할 마음은 없다. 왜냐하면
춤바람보다는 치맛바람이 나으니까. 자식을 사랑하는 부모의 마음을

무엇으로 막는단 말인가?

진나라 은일 시인 도연명(陶淵明)이 자식을 꾸짖는 시를 한 번 보자.

〈責子(자식을 나무라다)〉

白髮被兩彬　흰머리 양쪽으로 귀밑머리 덮이고

肌膚不復實　피부는 쭈글쭈글 다 늙어 가건만

雖有五男兒　비록 아들이 다섯이나 있으나

總不好紙筆　모두가 종이와 붓을 좋아하지 아니한다

阿舒已二八　맏아들 아서는 벌써 열여섯 살인데

懶惰故無匹　게으르기는 본래부터 비길 데 없다

阿宣行志學　둘째 아선은 열다섯 살이 되는데

而不愛文術　이 녀석도 문장공부는 좋아하지 않는구나

雍端年十三　아옹과 아단은 나이가 열세 살이나 되어도

不識六與七　여섯에서, 일곱까지도 헤아리지 못 한다

通子垂九齡　통이란 막내 녀석 아홉 살이 되는데

但覓梨與栗　오로지 배하고 밤만을 찾고 있다

天運苟如此　천운이 진실로 이와 같다면야

且進杯中物　술잔 속에 있는 술에게나 가봐야지 뭐

이 속에 자식에 대한 지극한 사랑이 어찌 없겠는가? 그의 자식 사랑
과 꾸짖음에는 인간다움이 들어 있다. 지금 대한민국에 도연명 같은
자식이 있으면 엄마는 너 죽고 나 죽자고 길길이 뛸 것이고 아마도
아버지는 부자지간 인연을 끊자고 할 것이다. 그러나 지금 대한민국
아이들 중에 구구단 못 외우는 아이는 없다. 그렇다고 도연명의 이

천진난만한 아이보다는 훌륭하리란 법도 없다. 부모들이여, 이 자식들을 어쩌겠는가?

한편 강진 유배지에서 아들의 공부를 걱정하는 다산 정약용의 편지는 가슴을 쓰라리게 한다. 가족은 삶의 가장 안온한 울타리다. 으리으리하고 화려한 집도 내 손때가 묻지 않고는 남의 집일 뿐이다. 물건 하나하나에 가족의 기억이 묻어 있는 집, 함께 보낸 시간들의 추억이 먼지처럼 떠다니는 곳, 그곳만이 내 집이다. 내 집에서 내 가족과 함께 있을 때 비로소 나는 다리를 쭉 뻗고 꿈도 꾸지 않고 잠을 잔다.

지금 그 먼 나라에서 공부하고 있는 학생들이여, 자식과 아내를 떠나보낸 기러기 아빠들이여, 그 아픔이 5월에는 어떠할꼬. 가끔 절해고도(絶海孤島)로 귀양 갔던 귀양객의 심정을 헤아려보곤 한다. 다산 정약용이 유배지에서 아들 학연에게 쓴 편지를 어느 시인은 이렇게 번역했다.

이 깊고 긴 겨울밤들을 예감했을까, 봄날 텃밭에다 무를 심었다. 여름 한철 노오란 무꽃이 피어 가끔 벌, 나비들이 찾아와 동무 해주더니 이제 그 중 큰 놈 몇 개를 뽑아 너와 지붕 추녀 끝으로 고드름이 열리는 새벽까지 밤을 재워 무채를 썰면 절망을 썰면, 보은산 컹컹 울부짖는 승냥이 울음소리가 두렵지 않고 유배보다 더 독한 어둠이 두렵지 않구나.

어쩌다 폭설이 지는 밤이면 등잔불을 돋우어 공부할 책을 엮는다. 나의 아들 학연아, 나이가 들수록 그리움이며 한이라는 것도 속절없어, 첫해에는 산이라도 날려 보낼 것 같은 그리움이, 강물이라도 싹둑싹둑 베어버릴 것 같은 한이, 폭설에 갇혀 서울로 가는 길이란 길은 모두 하얗게 지워지는 밤, 정자에 앉아 시 몇 줄을 읽으면 세상의 법도 왕가의 법도 흘러가는 법, 힘줄 고운 한들이 삭아서 흘러가고 그리움도 남해바다로 흘러가 섬을 만드누나.

자식에 대한 그리움이 가슴을 찢는다. 유배지에서 부모 노릇도 제대로 못 하는 못난 아버지의 자의식이 뚝뚝 묻어난다. 너무나 인간적인 아버지의 안타까운 심정이 가슴에 어름 무더기를 쌓는다.

자식을 교육을 위해 물불을 가리지 않는 부모의 심정은 서로 통한다. 자식에 대한 교육의 열정은 세상의 부모가 모두 똑같다. ♣

왜 그들은 미국에서 살까

우리 국민의 대부분은 강하고 안정된 나라를 원한다. 지금 우리나라에서는 여러 가지로 국력을 저하시키고 국민의 편을 가르는 몰지각한 일들이 다양하게 벌어지고 있다. 국익에 전혀 도움이 안 되는 시민단체와 노동단체들의 투쟁 양상을 보면 한심할 때가 한두 번이 아니다.

정부는 촛불시위에 놀라고 나서 이 눈치 저 눈치 보느라 정신이 없다. 무언가 2% 정도 모자라는 인상을 준다. 좀 더 확고하고 강력하며 박력 있는 정치는 이 정부 안에서는 기대하기 힘들 것 같다.

최근에 와서는 북한이 약화된 우리 정부의 힘을 비웃기나 하듯이 또 한방 먹이고 있다. 북한의 중앙특구개발지도총국은 15일 개성공단에서 일방적으로 남측에 특혜를 줬던 계약 무효를 선포했다. 그들은 "개성공업지구에서 우리가 그동안 6.15공동선언의 정신에 따라 남측에 특혜적으로 적용했던 토지 임대값과 토지 사용료, 노임, 각종 세금 등 관련 법규들과 계약들의 무효를 선포한다"고 말했다.

그들은 특히 "개성공업지구의 남측 기업들과 관계자들은 우리가 통지한 이상의 사항을 무조건 받아들여야 하며 이를 집행할 의사가 없다면 개성공업지구에서 나가도 무방할 것"이라고 막말을 하고 있다. 여기에 대해 우리 정부의 대처하는 꼴이란 참으로 비참해 보인다. 그렇게 대북관계에 자신이 없으면 정치를 그만해야 하는 것 아닌가.

이명박 대통령이 대통령후보 시절 국민 앞에 하던 대북관계에 대한

232

약속이 겨우 이것이었나. 이렇게 비굴하고 굴욕적인 대북관계를 자초해 놓고 미국에서 클린턴을 만나 대북관계와 햇볕정책을 운운하는 김대중 전 대통령은 입을 좀 다물었으면 좋겠다. 그 지위에 있지 않으면 말을 하지 말아야 한다.

김대중 전 대통령의 행보는 지금 이명박 정부의 대북관과 상치되는 일이며 우리 국민과 국가의 정책에 반하는 행위이다. 국민들을 비참하게 만드는 행위이다. 햇볕정책의 실패가 창피하지도 않은가. 이명박 정부의 대북관을 비판하는 야당과 정치권은 반성하라. 지금 우리 정부가 북한에게 무엇을 잘못하고 있는가? 누가 옳은지는 국민이 심판한다.

역사는 비밀을 용서하지 않는다. 햇볕정책은 국민을 기만하는 사기극이었다. 더 큰 문제를 초래하기 전에 햇볕정책에 대한 미련은 버려야 한다. 그리고 책임을 져라. 그렇게 북한을 찬양하고 인정하고 따르고 싶으면 차라리 북한으로 가라. 왜 미국에서 얼쩡거리고 있는가. 햇볕정책은 남북통일과 아무런 관계가 없다.

북한의 무례함은 거의 극에 달했다. 지난번에는 금강산 관광객을 피살하고도 "시체를 가져갈 수 있게 해준 것만도 수령님께 고마워하라"고 하더니, 이번에는 현대아산 직원을 장기 억류 중이다. 그러고도 "현대아산 직원의 모자를 쓰고 들어와 우리를 반대하는 불순한 적대행위를 일삼다가 현행범으로 체포돼 조사를 받고 있는 자의 문제를 갖고 소란을 피우며 실무접촉의 전제조건으로 꺼내 들었다"며 "이것은 개성 실무접촉을 또 하나의 북남 대결장으로 만들어 공업지구사업 자체를 파탄시키려는 남측 당국의 고의적이고 계획적인 도발행위로밖에 달리 볼 수 없다"고 망발을 펴부었다. 우리는 왜 이렇게 굴욕적인 모욕을 당하고만 있어야 하는가.

우리는 지난 잃어버린 10년의 정부 하에서 김대중 전 대통령의 친북반미의 성향을 보아왔다. 그렇게 햇볕정책을 주장하면서 미국을 비판하고 북한을 옹호하더니 왜 김대중 대통령의 아들들은 평양이나 소련에 가 있지 않고 미국에서 호화생활하며 비리에 연루되었는가. 애꿎은 우리 국민들만 북한 개성공단으로 몰아넣고 자기의 아들들은 미국에서 호화 생활하게 하고 있는가. 이것은 한마디로 대국민 사기다. 빨리 한국으로 불러 들여라.

노무현 전 대통령 시절에도 친북반미의 구호가 나왔다. 당시 노무현 정부는 햇볕정책을 계승하고 개성공단이 어쩌고저쩌고 하면서 마치 남북통일이 금방 되는 것처럼 설치더니, 지금은 이명박 대통령이 대북관계를 잘못해서 나라가 엉망이라고 비판하고 있다.

지금 우리나라가 북한에게 무엇을 잘못하고 있는가. 저 오만불손하고 무례하게 망발을 퍼붓는 북한 정권을 어떻게 이해하란 말인가. 이것이야말로 남북통일을 요원하게 만들고 있는 것은 아닌가? 김대중 전 대통령과 함께 노무현 정권하에 대북정책에 관여한 사람들은 즉각 남북관계에 대한 이야기를 중단하라. 당신들은 국민들을 속이고 있다.

촛불시위를 하며 미국산 쇠고기 먹으면 머리에 구멍 난다고 핏대를 올리며, 반미를 외쳐 대던 자들이여, 당신들이 존경하는 대통령의 자제들은 모두 미국에서 저렇게 호화 생활을 하고 있다. 좀 아이러니하지 않은가.

그렇게 친북반미를 주장하고 선동하던 노무현 대통령의 아들과 딸은 왜 모두 미국에서 호화생활을 하면서 지내는가? 왜 대한민국에서 살지 않고 북한에서도 살지 않고 중국과 소련에서도 살지 못하고 그렇게 싫어하던 미국에 가서 살게 할까. 참 이상하다. 빨리 대한민국으로 불러들여라. 우리나라 대통령의 아들들이 미국에서 생활하는 자체는 대한민국에 대한 불신이다. ♣

고 노무현 전 대통령님
영전에 고합니다

　대통령님 영전에 슬프게 곡합니다. 이것이 정녕 운명입니까. 하늘을 부여잡고 애원하고 가슴을 때리면서 통곡하노니, 정녕 꿈으로 되돌릴 수는 없는 것입니까. 이 땅의 민주주의와 민주투사들의 인권은 누가 보호하라고 그렇게 졸지에 가셨습니까.

　그토록 원하던 남북통일도 보지 못하고 이렇게 참담하게 가셨습니까. 국민들의 한숨은 어찌하고, 저렇게 멍들고 찢어진 참담한 몰골만 남기고 그 먼 길을 나섰습니까. 우리는 아직은 이별이라 못하겠습니다. 부디 좋은 모습으로 다시 태어나 이 땅을 수호하소서. 그 모습은 사라졌지만 우리 국민들 마음속에 영원히 살아있음을 우리는 믿으며 열 갈래 눈물로 애가(哀歌)를 부릅니다.

　오호통재라! 그 사모함은 가슴에 젖어있고, 그 노래는 귀에 쟁쟁한데 아 슬퍼라. 거룩한 모습은 눈에 있는데. 그 정은 입가에 머물고, 오호! 그 향기는 코끝에 남아있는데, 그리움은 발끝에 남아 있는데, 가슴을 칩니다. 천수를 누리지 못함이 안타깝긴 합니다만, 살아서 욕보느니 죽어서 평생 의인이 되는 것이 사나이의 길이라고. 삼국사기에서 사나이가 조국을 위해 일하다가 죽어야지 마누라 팔을 베고 죽는 것은 장부의 수치라고 했다고. 우리 역사에 기개 있는 선비치고 관직에 나아가 귀양 가거나 죽지 않은 사람이 몇이나 있느냐고. 목숨

236

을 초개같이 여기지 않고 어떻게 정의로울 수가 있느냐고. 대통령은 최고의 지위이며 하늘이 내는 것으로 죽음으로써 자기의 실수를 책임지는 것은 장부의 절개라고. 이러한 말로 아무리 위로하고 대통령님의 죽음을 인정하려 해도 북받치는 슬픔은 감당할 수 없습니다.

정치란 것이 다 권모술수요, 감추고 위장하고 선전해야 하는 길인 것을. 세상에 부정한 돈 한 푼 안 받은 정치인이 어디 있으며 그러면서 청렴한 척 안 하는 정치인이 또 어디 있으랴. 부귀영화를 싫어하고 권력을 부리고 싶지 않은 사람이 또 어디 있는가.

굴원의 어부사에 이르기를. "세상 사람들이 모두 혼탁하면 왜 그 진흙을 휘젓고 흙탕물을 튀기지 않으며, 뭇사람들이 모두 취해있으면 왜 그 술지게미를 먹고 박주에 취해 함께하지 않으며, 무슨 까닭으로 깊은 생각과 고상한 행동으로 그 힘든 길을 택하셨습니까? 새로 머리를 감은 자는 반드시 冠(관)을 퉁겨서 쓰고 새로 목욕을 한 자는 반드시 옷을 털어 입는다 하였소이다. 어찌 깨끗하고 깨끗한 몸에 얼룩덜룩한 더러운 것을 받겠소? 차라리 湘江(상강)에 뛰어들어 강 물고기의 뱃속에서 葬事(장사)를 지낼지언정 어찌 희디흰 純白(순백)으로 世俗(세속)의 먼지를 뒤집어쓴단 말이오?"라고 하였습니다.

대통령님의 영전에 이 말이 불현듯 떠오릅니다. 아, 슬프다. 각하께서는 하늘같이 높은 덕이 있었건만 보답받지 못하였으며, 하늘에 사무치는 한이 있으나 풀지 못하였으니, 온 국민과 그 주변들과 영부인과 상주들은 마음이 아파 피눈물로 우는 것은 이유가 있는 것입니다.

높은 대통령 자리를 진흙처럼 보고, 권력과 부귀영화도 마다한 채 흔연(欣然)히 그대로 일생을 마칠 양으로 세상에 귀거래사를 외치면서 그 궁향벽촌 고향으로 돌아갔으니, 그 어떤 권력으로도 어쩔 수 없는 절개가 있었습니다. 실로 그 행실이 한 세상에 높이 뛰어났다고 말할 수 있습니다.

그러나 세상의 평가는 야박할 정도로 차갑고 날카로워 약간의 정리와 뇌물을 받은 것을 들키고 말았으니 사람의 인정과 법의 괴리가 이런 모양입니다. 뇌물로 얼룩진 행적, 그 부끄러움을 참지 못하고 목숨을 던져 대절을 지켰으니 각하는 한 시대의 의인이 맞습니다. 각하께서 고향으로 돌아가 효도하시니, 봉하마을 향당(鄉黨)이 모두 따르고 칭찬하였습니다.

마을 사람들 상여소리 들으며 저세상 가는 길은 어쩌면 아름답고, 마을 사람들 어화 달구야 묘를 다지는 소리 들으며 눈을 감을 수 있는 것은 그나마 행복한 죽음이라고 그 누가 말했던가요? 어찌 생각이나 했겠습니까. 하루아침에 갑자기 세상을 버리시니 지금 봉하마을엔 조문객이 구름처럼 몰려들고 있습니다.

만 길이나 높이 뻗쳤던 민주의 빛나는 불꽃이 갑자기 만장의 바람을 타고 사라졌으며, 일생 동안 나라를 경륜하고 세상을 구제하던 시책을 거두어 관 속으로 들어갔으니 이 나라 백성들이 복이 없는 것입니다.

대학 교실에서 술잔을 드리노니, 눈물이 떨어져 옷깃에 차는 것을 알지 못합니다. 담배 한 대 당겨놓고 술 한 잔을 올리고 엎드려 제문을 읽으오니, 강림하시어 위에서 나의 회포와 슬픔을 살피옵소서. 고이 잠드소서. ♣

후안무치厚顔無恥한 사람들

6백만 불의 사나이 노무현 그는 이제 그 수많은 의혹을 뒤로 한 채 홀연히 저세상으로 갔다. 국민 앞에 실망시켜 죄송하다고 고개 숙여 사과를 했고, 검찰 조사도 받았다. 자기를 버려 달라고도 했다.

그러나 그는 누구를 원망하거나 자신의 결백을 주장하거나 하지 않았다. 그는 유언을 남기고 국민에게 용서를 빌며 바위에서 뛰어 내렸다. 그 서거의 동기가 국민에게 용서받기 위함이었지 자기의 행동을 합리화하려는 것은 아니었다. 그 유언을 분석해 보자. 그는 유언의 서두에 이렇게 기록했다.

너무 많은 사람들에게 신세를 졌다.
나로 말미암아 여러 사람이 받은 고통이 너무 크다.
앞으로 받을 고통도 헤아릴 수가 없다.
여생도 남에게 짐이 될 수밖에 없다.

노무현 전 대통령은 자기가 받은 뇌물 때문에 죄의식을 느꼈다. 여기서 많은 사람들이란 국민일 수도 있고 좁혀서 자기의 측근일 수도 있다. 그는 신세를 졌다고 했다. 노무현 대통령은 무슨 신세를 졌을까? 그리고 노무현 대통령은 자기 때문에 많은 사람이 고통을 받고 있다고 했다. 그의 이 유언에는 미안한 뜻이 묻어나고 자신의 죄 때문에 아무것도 해줄 수 없는 자신의 처지를 솔직한 심정으로 고백하고 있다.

그러나 그는 자신의 진실을 믿어달라고도 하지 않았다. 노무현 전 대통령의 유언에는 진실이 묻어있고 체념이 들어 있다. 국민들은 이 유언에 연민의 정을 느낀다. 노사모나 야당 정치인들은 그의 죽음을 정부와 검찰과 조중동 때문이라고 주장한다. 이 얼마나 구차하고 천박해 보이는 짓인가.

노무현 대통령을 진심으로 애도한 사람들은 그들이 아니라 그의 죽음에 순수한 연민을 느낀 순수한 국민이다. 무슨 자격으로 그들은 남의 조문을 거부하고 천인공노할 상주 행세를 했을까, 그들이 5백만 국민들이 슬퍼한 진짜 이유를 알 수 있을까?

건강이 좋지 않아서 아무것도 할 수가 없다.
책을 읽을 수도 글을 쓸 수도 없다.

고 노무현 대통령은 뇌물 6백만 불 때문에 번민과 고통 속에서 괴로워하고 있었다. 그는 그 뇌물에 대한 변명과 인정을 두고 심각한 갈등을 일으킨 것 같다. 아무것도 할 수 없는 것은 죽음과 같다는 결론에 이를 수도 있는 것이다.

이 번민의 고백에 국민들도 답답해했다. 그 비통한 죽음을 선택한 노무현 대통령에게 국민들은 즉각적으로 용서를 택하고 그를 이 번민에서 벗어나게 해 주고 싶었다. 노무현 대통령이 이렇게 괴로워할 때 그 사람들은 어디에 있었는가. 국민의 속 깊은 예의를 그들은 알 수 있을까.

너무 슬퍼하지 마라.

삶과 죽음이 모두 자연의 한 조각이 아니겠는가?

미안해하지 마라.

누구도 원망하지 마라.

운명이다.

그는 자신을 버리기로 결정한 것 같다. 그는 자신의 죽음에 대해 슬퍼할 성격은 못된다고 판단한 것 같다. "삶과 죽음이 모두 자연의 한 조각이 아니겠는가"라고 자신의 죽음을 위로하는 체념에는 세상을 원망하거나 누구를 탓하거나 한 흔적은 없었다. 그는 국민 앞에 자기의 순박한 양심을 내 보이고 싶었을 뿐 어떠한 주장이나 변명도 하지 않았다. 그는 운명을 결정짓고 그의 죽음을 간결하고 구차스럽게 하지 않으려고 애썼다. 그것은 운명이 맞았던 것 같다. 국민들은 그의 양심을 높이 샀다. 뇌물을 받은 죄보다는 뉘우치는 양심이 더욱 순수하고 고결했다. 국민들은 그의 비참한 죽음을 안타깝게 여기고 슬픔을 나타내었다.

화장해라.

그리고 집 가까운 곳에

아주 작은 비석 하나만 남겨라.

오래된 생각이다.

그는 자기의 삶이나 정치의 행적에 대해 다시 평가받으려고 하지 않았다. 그래서 그는 유족들에게 화장을 하라고 유언을 했다. 그리고 아주 작은 비석 하나만 남기라고 주문했다. 그는 이것이 심사숙고한 결론이라고 했다. 국민들은 그의 겸손하고 깊은 그의 참회를 받아들였다. 그는 이 유서를 쓰고는 목숨을 초개같이 여기고 국민들의 가슴에 뛰어내렸다. 이에 국민들은 오열을 삼키며 그의 죽음에 어떠한 화답이라도 해야 했다.

대한민국 국민이라면 누구라도 이 죽음 앞에 화답을 해야 했다. 국민들은 그의 죄를 용서하고 그 죽음을 안타까워했으며 진심으로 위로해 주었다. 국민들은 대한민국에서 최고로 행복한 죽음을 맞이하게 했다. 대한민국 정부와 국민들이 보내준 후의에 유족들과 그 측근들은 감사를 표하는 것이 예의에 맞다.

김대중 대통령이 이 죽음을 두고 자신이라도 그렇게 했을 것이라는 말은 참 우스운 말이다. 갑자기 파리처럼 바쁜 야당 정치권들이여! 이 슬픈 죽음은 너희들에게 바치는 순수한 양심이 아니다. 이 슬픈 죽음에 민심을 움직이는 것을 보고 정치적으로 이용할 욕심을 갖는 것은 후안무치(厚顔無恥)한 일이 아닌가?

『논어』〈태백(泰伯)〉편에서 증자가 말했다. "새가 장차 죽으려 함에 그 울음이 슬프고, 사람이 장차 죽으려 함에 그 말이 선(善)하다."란 말이 있다. 노무현 대통령의 유언은 누구도 원망하지 않았고 누구의 탓으로 돌리지도 않았으며 자신의 결백을 주장하지도 않았다. 그의 유언은 순수하고 선했다. 영령이시여 저들을 떨치고 고이 가소서.

♣

교수들의 시국선언

『논어』〈위정〉편에 공자께서 말씀하시기를 "군자는 두루 공정하되 패거리를 지어 다투지 않으며, 소인은 패거리를 지어 서로 다투되 두루 공정하게 하려 하지 않는다."(子曰 君子는 周而不比하고 小人은 比而不周한다)는 말이 있다. 군자는 함부로 패거리를 짓지 않는다. 선비는 함부로 나서지 않으며 경우에 어긋나는 말은 함부로 하지 않는다.

혹자들은 나에게 왜 시국선언을 하지 않느냐고 한다. 나는 저 일부 교수들처럼 하는 시국선언은 소인배들의 천박한 패거리로 인정하며 경멸한다. 예를 들면 법대 교수가 당뇨병 치료법에 대하여 이야기하거나, 공대 교수가 위암에 대한 수술법을 말한다면 웃지 않을 사람이 누가 있는가. '장자'에 나오는 말처럼 "하루살이가 내일을 이야기하고 매미가 겨울을 이야기한다면 믿을 자가 누가 있겠는가. 마찬가지로 한문학과 교수에게 시국선언을 하라면 나는 지금의 정치에 대해서 잘 모른다고 말할 뿐 교수의 이름을 함부로 남용하는 행위는 하지 않겠다. 다만 나의 전공으로 판단해 볼 때 비판이 가능하다면 그때는 나의 교수 이름을 걸겠다.

지금의 정치가 자기의 입맛에 맞지 않다는 이유로 민주주의 정치가 후퇴했다고 말한다면, 그것은 민주주의를 말하는 것이 아니고 이기주의를 말하는 것이다. 지금 일부 교수들이 시국선언을 하는 것은 민주주의인가 이기주의인가?

고 노무현 대통령 국민장 때에 김대중 전 대통령이 자기가 추모사를 하겠다고 나섰다가 거절당하자 '민주주의의 후퇴'라고 했다. 노무현 대통령은 법의 문책을 받을 당시 뇌물로 받은 돈이 자신의 자녀들이 미국에서 호화생활을 하도록 주택을 사는 데 사용되었다는 말을 듣고 양심의 가책을 못 이겨 죽음을 선택했다. 이 죽음을 두고 김대중 대통령은 자기가 그렇게 당한다고 해도 그 길을 택했을 것이라고 망발을 했다. 죽음을 애도하는 마당에서 함부로 말했다.

이것이 방송에 보도됐다. 그 말만 놓고 보면 김대중 대통령은 참 양심이 없으며 후안무치한 사람이다. 김대중 대통령의 부패행위는 노무현 대통령보다 컸다. 미국에서 호화생활을 한 것도 노무현 대통령의 자식들보다 심했다. 그 일로 재판까지 받았다. 그런데도 아직까지 구차하게 살고 있지 않은가?

자기가 하고자 하다가 이루어지지 않자 민주주의의 후퇴라고 하는 것은 지나친 이기주의이다. 그는 분명히 예의가 없었다. 지금 시국선언을 하는 자들은 이 민주주의의 후퇴라는 용어를 그대로 함부로 쓰고 있다.

김대중 대통령 시절에 집행된 북한의 햇빛정책은 무려 3조 원 이상을 북한에다 퍼주었다. 그것은 지금 서울에다가 100층이 넘는 초 고층빌딩을 세 개나 지을 수 있는 어마어마한 돈이다. 그랬더라면 지금의 경제위기 속에서 창출될 수 있는 일자리는 수도 없이 많을 것이다. 그러나 그것이 핵 실험과 미사일로 되돌아오자 그는 지금 대북정책이 잘못되었다는 평계를 대고 있다.

북쪽이 핵을 실험하고 미사일을 쏘아대고, 국경을 침범하며 협박을 일삼고 있는 이 지극히 위태로운 시점에서도 국가야 어떻게 되든 말든 국론의 분열을 초래하는 시국선언을 하고 있다. 그런데 왜 북한을 경계한다는 시국선언은 없는가.

시국선언을 하는 자들은 민주주의가 후퇴하고 집회결사의 자유가 위축되고 있다고 한다. 언제 우리나라에 그러한 민주주의가 있었던가? 혹시 지난 잃어버린 10년의 시기를 두고 그보다 후퇴했다고 말하는 건가. 그것은 인민재판이지 민주주의가 아니었다. 국민투표에 의해 압도적인 지지로 뽑힌 대통령을 대통령으로 인정하지 않으려 하고 있다. 그것은 지난 국민투표에서 국민들이 이미 심판했다.

자기와 정치 노선이 맞지 않는다고 국민투표로 뽑힌 대통령이 들어서자마자 흔들어대고 욕하고 나가라고 한다. 이것이야말로 민주주의의 뿌리를 짓밟는 행위들이다. 민주주의의 기본도 안 된 사람들이 민주주의를 운운하고 있다.

그리고 거의 일 년 내내 시도 때도 없이 열리는 저 집회들은 다 뭔가? 지금 대한민국 국민들은 이미 집회결사의 자유를 마음껏 누리고 있다.

또 시국선언을 하는 사람들은 언론의 자유가 없다고들 말한다. 과연 그런가? 당신들이 시국선언을 마음대로 해댈 수 있고 그것이 언론에 마음껏 보도되고 있다. 이것이 바로 언론의 자유다. 이래도 언론의 자유가 없는 것인가.

"아는 것은 안다고 하고 모르는 것은 모른다고 해라. 그것이 아는 것이다"라는 『논어』의 명구를 꼭 기억하고 실천하기 바란다. 대한민국 민주주의의 가장 큰 부패는 상대방을 인정하지 않는 것이다. 국민투표에 의해 뽑힌 대통령을 인정하려 하지 않는 것이다.

대한민국의 일부 교수들은 시국선언 하느라 파리처럼 바쁘다. 학생들을 가르치고 학문 연구하기에도 바쁜데 어느 여가에 또 시국선언인가. 그것도 국민 화합이 이렇게 요구되고 있는 시기에. 자중하기를 바란다.

전국 20만 교수 중에 1천2백여 명이 시국선언을 하고 있다. 언론은 이를 호도하지 말라. 그러나 이명박 대통령은 또한 저들의 시국선언을 미워하지 말고 정중히 받아들이고 사랑하기를 바란다. ♣

그를 두 번 죽이지 말라

　노무현 전 대통령의 비참한 자살은 슬픈 일이었다. 그러나 그가 뇌물을 받았고 그 돈으로 자식들이 미국에서 호화롭게 살 수 있도록 주택을 구입한 죄는 너무나 부끄러운 것이었다. 그는 성급한 개혁으로 국가를 혼란으로 몰아넣고 국민들을 분열시킨 정치에 실패한 대통령이었다. 법은 법이다. 그는 처음에는 법 앞에 야비하고 비굴함을 드러내었다. 그는 마침내 그 모든 것들을 인정하고 국민들에게 고개를 숙여 사과했다.

　그는 견딜 수 없는 치욕스러움 때문에 자살을 선택했다. 그의 유언은 이런 사실들을 증명한다. 그의 비참한 죽음에 국민들은 진정한 애도를 표했다. 이 죽음에 국민들이 비통함에 잠깐 동요하자 정치인들은 그것을 이용하여 국민들을 선동하고 정치적으로 악용하려는 야비한 무리들이 일어나고 있다.

　일부 대학교수들의 시국선언에 수많은 진짜 교수들이 너무나 창피해하고 있다. 철모르는 학생들의 시국 선언에 너무나 많은 진짜 학생들이 화를 내고 있다. 종교계의 시국선언에 그 열 배가 넘는 참 종교인들은 너무나 부끄러워하고 있다. 평생 나라가 혼란하기만을 바라는 좌파 원로들의 추잡한 시국선언에 그 만 배가 넘는 진짜 원로들과 노인들은 눈살을 찌푸리며 오물을 바라보듯 더러워하고 있다.

　저 야비한 정치인들, 시민단체들의 선동과 시국선언은 진짜 국민들을 분노하게 만든다. 국민들은 이 시점을 잘 지켜보아야 한다. 누가 얼마나 부끄러운 짓을 하고 있는지, 어떤 정치인이 얼마나 야비한지, 무엇이 옳고 무엇이 잘못된 것인지 판단해야 한다. 그를 두 번 죽이지 말라. 야비한 정치인들에게 고한다. 꿈에서 깨어나라. 그는 반면교사 이지 그렇게 본받을 만한 대통령만은 아니다. 뇌물로 얼룩진 대통령 을 국가 영웅으로 취급하는 것은 무리가 따른다.

그러나 그는 한때 청렴한 이상을 품고 대한민국을 이끌었던 훌륭한 대통령이었다. 이제 그는 갔다. 그를 위해 애도하려는 사람들은 순수 하게 애도하라. 다만 정치적으로 이용하여 그의 행동을 본받으라고 는 권장하지는 말라.

뇌물은 절대로 받아서는 안 되는 것이라는 반면교사면 충분하다. 어떤 야당은 노무현 대통령의 정신을 계승한다고 한다. 참 웃기는 일 이다. 그 야당이 어떤 당이고 얼마나 부정을 저지르는 당인지, 누구를 또 자살하게 하려고. 그를 두 번 죽이지 말라.

원망에도 법도가 있고 미학이 있다. 그것은 '원이불비(怨而不誹)'이 다. 원망은 하되 비방은 하지 않는다는 뜻이다. 또 '원비이불란(苑誹而 不亂)'이란 말도 있다. 원망하고 비방하되 어지럽지는 않게 한다는 뜻 이다. 이것도 초나라 굴원처럼 청렴함을 지키다가 비방과 참소를 입 고 정치적으로 축출되어 강에 몸을 던졌을 때의 상황이다. 하물며 노 무현 대통령처럼 뇌물로 얼룩진 사람에 있어서랴. 그가 굴원 과의 다 른 점은 뇌물을 받은 것이다.

이런 상황에서는 누구를 원망해서는 절대 안 된다. 누구를 비방해 서는 더욱더 안 된다. 그래서 노무현 전 대통령은 누구도 원망하지 말라는 유언을 스스로 남긴 것일까? 지금 야당의 의원들이 책임을 전가하고 국회 등원을 거부하며 원망하고 비방하는 것은 법도에 어긋나는 일일 뿐 아니라 너무나 부끄럽고 창피한 짓이다.

이것은 국민을 우롱하는 짓이다. 하물며 정계를 떠나있는 김대중전 대통령의 행위야말로 말해 무엇 하는가. 그는 참 야비하고, 부끄러움을 모르는 얼굴 두꺼운 사람이다.

우리가 즐겨 읽는 소동파의 '적벽부'에는 "비록 털 하나라도 나의 소유가 아니면 취하지 말라"라는 구절이 있다. 정치인들은 이것을 읽어야 한다. 하물며 어떻게 뇌물을 받고 국민들에게 죄를 지은 사람들이 청렴을 운운할 수가 있겠는가? 목숨으로 절개를 지킨 꼿꼿한 우리 선비들을 좀 보라. 다산 정약용을 좀 읽어보라. 논어 맹자라도 좀 읽어 보라. 부정도 따라 배워야 한다는 야당의원의 입으로 감히 청렴을 운운하다니. 사마천은 '사기(史記)'에서 "월남 개가 한 번도 본 적이 없는 눈이 내리는 것을 보고 짖어대는 꼬락서니를 보면 눈밭을 누비던 북방의 사냥개는 같잖아서 고개를 돌린다"고 했다. 어디다가 감히 청렴을 운운하고 정치를 운운하는가.

노무현 대통령이 진작 목숨을 버릴 각오로 정치를 하였다면 대한민국은 변했을 것이다. 적어도 지금 이보다는 낫다. 지금의 반 정부시위가 민주주의인가? 지금의 시국선언이 진정 국가를 위하는 길인가? 거기에는 정치적인 편견을 가진 사람들은 있을지라도 순수한 국민들은 없고 정권을 쟁취하려는 패거리들은 있더라도 민주주의는 없다.

6월은 호국의 달이다. 북한은 연일 남한을 위협하고 있는데도 일부 국민들은 북한을 찬양하고 있다. 거기다가 국민 앞에 석고대죄해도 시원찮을 장본인 김대중 전 대통령이 대북정책에 쓴 소리를 하고 있다. 그렇게 남쪽을 비방하고 북한을 찬양하려거든 평양에 가서 살지 왜 여기에 있는가? 지금이 북을 찬양할 때인가? 제발 북으로 가라. 나라가 이렇게 시끄러운데도 이명박 대통령은 무엇 하고 있는가? 노무현 대통령의 죽음을 보고 느끼는 것이 없는가? 목숨을 버릴 각오를 하고 조국을 위해 몸을 던져라.

지금 비상사태라도 선언해야 하는 것이 아닌가? 민주이고 독재이고 좌파이고 우파이고 다 싫다. 너무 시끄럽다. 제발 좀 조용했으면 한다. 나라가 진실로 태풍 앞에 촛불이다. ♣

대한민국 언론은 개혁돼야

대한민국에 언론 탄압은 없다. 대한민국은 세계에서 가장 언론의 자유를 구가하는 나라이다. 구가하다 못해 온갖 권력을 휘두를 정도로 언론의 폐해가 자행되는 나라이다.

MBC 'PD수첩'에서 방영한 광우병은 천인공노할 거짓이었다. 이것을 법으로 엄정하게 다스리는 것은 언론 탄압이 아니다. 검찰이 MBC PD수첩이 방영한 광우병의 왜곡 보도에 대해 처벌을 하자 또 한 번 정치권이 요동치고 있다. 야당은 이것을 두고 왜 언론을 탄압한다고 주장하는가? 공정하고 객관적인 언론 창달은 국가의 중대한 일이다. 이 언론을 어지럽히는 행위는 중대한 범죄이다.

이를 계기로 방송국이 좀 많이 생겼으면 좋겠다. 국민들은 신선하고 정확하며 객관적인 방송을 볼 권리가 있다. MBC는 사리에 밝지 못한 언론이었다.

말단의 잘못된 것만을 지적하여 그 본질을 파괴하고 국민을 호도하려는 불순한 의도가 분명히 있었으니 이것이 어찌 공정하고 객관적인 언론이겠는가? 목에 칼이 들어와도 바르게 말하고 죽겠다는 정론직필의 선비정신은 어디로 갔는가? 언론은 어떤 사실을 정직하고 정확하게 기록하는 것이다.

언론인의 생각이 간사함으로 꽉 차있다면 어떻게 되겠는가? 생각에 간사함이 없는 '시경'의 사무사(思無邪) 정신은 곧 언론인에게는 절실한 덕목이다. MBC PD수첩은 너무나 사특한 방송이었다. 언론인은 사명감을 가지고 있어야 한다.

세상에 보기 드문 절조(節操)를 높이 지니고, 강하고 곧기가 금석(金石)과 같아야 하며, 맑으면서 깨끗하기가 빙설(氷雪)과 같아야 하며, 그 엄정하고 중한 언론은 높이 솟은 층암절벽(層岩絶壁)을 연상케 하여야 한다. 왜 비굴하고 사특하며 간교하게 국민들을 속이고 왜곡하는가?

언론은 듣는 바와 본 바가 일호도 틀림이 없어야 할 터인데, MBC PD수첩의 광우병 논란은 정권을 뒤엎으려는 선동이었으니, 언론의 자리에 있는 것은 불가하다. 처리함이 마땅하다. 저 참람하고 무례하며 경솔한 MBC PD수첩의 광우병 논란은 너무나 큰 불신을 조장하고 있다. MBC는 왜 그런 위험천만한 짓을 하였을까? 나는 알 것 같다.

그들은 공정하고 객관적인 것을 떠나 특정 정치 성향을 추구하는 위험한 범죄를 저질렀다. 그것이 공정하고 객관적인 보도를 하겠다고 방송 때마다 매일 맹세하는 끝에 나오는 행위인가?

MBC PD들의 광우병 왜곡 보도 행위는 단군 이래로 우리 역사상 가장 큰 언론 범죄이다. 여기에 정치 패거리들이 득실거리는 일부 시민단체와 야당 국회의원까지 가세하여 촛불시위를 선동했다. 이것은 누가 보아도 법적인 책임을 져야 할 일이다.

대한민국 언론은 개혁되어야 한다. 지금 방송 미디어법 개정을 두고 여야가 팽팽히 맞서고 있다. MBC PD수첩이 방영한 광우병 왜곡 보도에 대한 검찰의 처벌을 두고도 의견이 엇갈린다. 이를 두고 야당은 언론탄압이라고 몰아붙이고 있다.

고봉 기대승의 문집인 『고봉집』에는 기대승이 퇴계 이황과 사단칠

정에 대한 논쟁을 벌이는 장면이 실려 있다.

거기에 이르기를 "두 사람이 각자의 짐을 실은 한 마리의 말을 함께 몰고 가는데, 그 말에 실은 짐이 한쪽이 무겁다면 길을 가는데 매우 흔들려 왼쪽 짐은 처지고 오른쪽 짐은 올라갈 것입니다. 동쪽 사람이 자기 짐이 떨어질 것을 염려하여 밑에서 떠받쳐 올리면 도리어 서쪽으로 기울어지게 될 것이고, 서쪽 사람이 자기 짐을 처지게 했다고 노하여 다시 힘을 다하여 자기 짐을 떠받쳐 올리면 또 동쪽 짐이 처지게 될 것입니다. 계속 이와 같이 하면 끝내 그 짐이 형평을 이룰 수 없어 장차 한쪽으로 기울어져서 떨어지고 말 것입니다. 그러니 두 사람이 마음과 힘을 합하여 동시에 떠받쳐 올리거나, 혹 실은 짐이 한쪽으로 편중되었으면 적절히 옮겨 싣는 것만 못합니다. 그렇게 하면 처지고 들려 한쪽으로 기울어지는 염려가 거의 없어서 마침내 험한 재를 넘고 먼 길을 무사히 도착하여 함께 돌아갈 수 있을 것입니다. 이번에 선생과 제가 논쟁하는 바가 이와 유사하니, 삼가 바라건대 이 뜻으로 생각해 보시는 것이 어떻겠습니까. 이와 같이 하신다면 매우 다행이겠습니다."라고 하였다. 이 이야기는 걸핏하면 싸우는 우리 정치인들에게 귀감이 되는 바가 있다. 옛 선비들의 공정하고 객관성을 유지하기 위하여 토론하는 과정은 오늘날 정치인들이 본받아야 한다.

MBC PD수첩이 방영한 광우병의 왜곡 보도가 얼마나 큰 혼란을 가져왔는지 우리는 보았다. 예부터 언론인의 죄는 중히 여겼으며 처벌도 보통사람과 다르게 끓는 솥에 던져 죽였다. 그만큼 언론의 올바른 사명이 중하는 것이다. 다시는 이러한 일이 재발하지 않도록 법을 엄정히 하라. ♣

당쟁상심가 黨爭傷心歌

〈당쟁상심가(黨爭傷心歌)〉이 작품은 조선 선조 때의 무신이며 문인인 칠실(漆室) 이덕일(李德一, 1561~1622)이 지은 연작 시조이다.

이덕일은 임진왜란 시절 무과에 급제하였으며 임진왜란 당시 의병을 모집하여 전쟁에 참여하였고 정유재란 시절 이순신 장군과도 함께 작전을 수행했던 충신이다. 그는 많은 공훈을 세우고 절충장군의 자리에 올랐다. 그러나 광해군의 폭정과 당파싸움은 죽을힘을 다해 나라를 지켜낸 고굉지신(股肱之臣)인 그를 당파로 몰아세웠다.

그도 마침내 광해군 때 정파들에게 축출되어 낙향한다. 향리로 돌아와 일간두옥을 짓고 은거하면서 당파로 인해 상심하여 세상일을 탄식한 소회(所懷)를 시조로 읊었다. 이것이 〈당쟁상심가〉이다. '당쟁차탄가(黨爭嗟嘆歌)'라고도 하며 작자의 문집인 칠실유고(漆室遺稿)에 총 28수가 실려 전한다. 그 중에 지금 우리의 정세에도 어울리는 작품 몇 수만 보기로 하자.

　　힘써하는 싸움 나라 위(爲)한 싸움인가
　　옷밥에 묻혀있어 할 일없이 싸우놋다
　　아마도 그칠 것 같지 않으니 이를 다시 어이하리

서로 헐뜯기만 하는 당쟁의 피 터지는 싸움이 진실로 나라 위한 싸움인가? 국민들의 피와 땀에서 나온 좋은 옷과 기름진 음식에 파묻혀서 왜 국민들을 위해서 일은 하지 않고 싸움질만 하는가? 아무리 보아도 도저히 그칠 것 같지가 않으니 이 일을 장차 어떻게 하는가? 한 충신의 우국 정신은 당쟁을 탄식하고 있다. 조정은 온통 당파싸움으로 야단이다.

이 시조가 어쩌면 이리도 지금 우리의 정국과 똑같은가. 당리당략에 눈이 멀어 온갖 권모술수를 다 쓰면서 상대방을 헐뜯기에 바쁘다. 저 국회의원들은 그렇다 치고, 여기에 파리같이 날뛰는 온갖 정치 패거리들의 시국선언, 노사분규, 광우병 촛불시위 등 피 터지게 싸우고 있는 저들의 난동이 진정 나라를 위한 일인가.

국민의 세금으로 온갖 특권을 어마어마하게 누리면서 민생현안은 아랑곳 않고 서로 헐뜯기만 해대는 현 정국은 풀릴 기미가 보이지 않는다. 지금 대한민국 국회 앞은 개싸움처럼 시끄럽다.

　　　이는 저외다 하고 저는 이외다 하니
　　　매일의 하난 일이 싸움뿐이로다
　　　이 중의 고립무조(孤立無助)는 님이신가 하노라

이 패거리들은 이것이 옳다고 밀어붙이고 저당은 이것이 아니라고 우긴다. 매일 하는 짓거리가 옳거니 그르거니 지루한 싸움뿐이다. 이 사이에 고립되어 아무 정치도 펼치지 못하고, 아무도 도와주는 이 없는 신세가 된 사람은 다름 아닌 임금이 되고 만다.

강산이 몇 번 변하고 백성들이 주인인 민주공화국이 되었건만 지금도 대한민국 국회는 더욱더 발전된 문명의 최첨단 기자재들을 동원하여 최신판으로 당파싸움을 하고 있다. 심지어는 자살한 대통령의 죽음을 가지고 현 대통령에게 사과하라는 얼토당토 않는 야비한 짓을 하고 있다. 또한 임기가 끝난 지난 대통령이 나와서 지금의 정치를 나무라고 독설을 퍼붓고 있다. 자기의 잘못이 태산 같음에도 불구하고 부끄러운 줄도 모르고 설쳐댄다. 어떻게 얼굴이 저렇게 두꺼울 수 있는가?

이 중에 대통령은 온갖 정책을 내 놓지만 고립무원(孤立無援)의 형세다. 국민이 뽑은 대통령이 아무리 좋은 안을 내 놓아도 당파가 다른 정치 패거리들은 믿지 않는다. 그리고 대통령을 몰아 내보려고 안간힘을 다 쓴다.

싸움에 시비(是非)만하고 공도시비(公道是非) 아니난다
어이한 시사(時事) 이같이 되었난고
수화(水火)도곤 깊고 더운 환이 날로 기러 가노매라

오직 개인과 당파의 이익을 위해서 시시비비 싸움만 일삼고 나라 위한 정당한 공도시비(公道是非)는 없다. 어쩌다가 시국이 이렇게 되었는가. 이 당쟁의 폐해가 물난리보다 심하고 화재보다 더 심하여 우환이 날마다 더해 간다고 통탄하고 있다.

지금 대한민국은 어중이떠중이 다 모여 시시비비 정부를 헐뜯고 있다. 정치 패거리, 시민단체, 거기에 가장 중립을 지키고 신중해야 할 교사, 공무원, 교수 중에 일부들도 경거망동을 일삼고 있다.

지금은 군부독재도 아니고, 전쟁 중도 아니다. 북한이 권력을 세습하며 독재정치에 혈안이 되어 있고 전쟁 준비로 광분하여도 일부 야당들은 공도시비를 아니한다.

6.29를 운운하며 망발을 해대는 저 천박한 국회의원을 제발 추방하라. 저들도 대한민국 국민이 맞는가. 저들의 피해가 수재나 화재로 인한 재앙보다 더 큰 재앙이다. 비분강개하지 않을 수 있는가. 이 나라 이 겨레를 목숨으로 지켜낸 사람들만이 말할 권리가 있는 것이다.

저 시국선언을 하며 날뛰는 노인네들은 나라 위해 싸워 본 적이 없는 비렁뱅이들이다. 저들이 국가를 좀먹고 있다. 저 패거리들은 이 땅에 기생충처럼 붙어서 살면서 오히려 북한을 찬양하고 있다.

북한을 찬양하는 자들은 제발 북으로 가라. 김대중도 북으로 가라. 햇볕정책을 찬양하는 자들은 제발 북으로 가라.

대한민국을 수호하기 위해 목숨을 바친 유월의 호국 영령들이 진노하고 있다. 무슨 말이 더 필요하냐. 애국가를 부르며 묵념하라. 그리고 국가에 충성을 맹세하라. ♣

북한을 위한 외교 전쟁

북한이 미국의 독립 기념일에 맞추어 미사일을 발사하자 이러다 전쟁이 나는 것 아니냐는 소리가 들리고 있다. 원수의 나라에게 보내는 축하 메시지치고는 좀 지나쳤다.

북한이 미사일을 연일 발사해대는데도 우리는 전혀 위협을 느끼지 않는다. 정작 우리와는 무관한 일인 것처럼. 북한은 지금 남한을 상대로 전쟁 실험 중이다. 방향만 수정하면 우리 남한 전역에 미사일이 낙하될 수 있다는 것을 보여 주는 것이다. 이것으로 북한은 미국에게 협박하고 있다.

북한의 미사일은 미국을 겨냥하고 있지 않고 우리 남한을 겨냥하고 있다. 북한은 우리 국민들을 공포로 몰고 우리 정부를 위협하고 있다. 국제사회의 평화 따위는 관심도 없다. 그러고는 남한 정부에게 위협을 가하고 국제사회에 금품을 요구하는 북한식 외교방식을 구사하려 한다. 언제까지 당하고 있어야 하는가. 외교도 법도와 방식이 있다.

맹자 양혜왕 하편에 보면 제나라 선왕이 묻기를 "이웃 나라와 외교를 맺는데 무슨 도리가 있습니까?" 맹자가 대답하기를 "있습니다. 오직 어진자라야 대국으로서 소국과 국교를 맺을 수 있으니 그러므로 탕왕이 갈백을 섬기게 되었고 문왕(文王)이 곤이를 섬기게 된 것입니다. 오직 지혜로운 사람만이 능히 소국으로서 대국과 국교를 맺을 수 있으니 그러므로 태왕이 훈육을 섬기고 구천이 오나라를 섬기게 된 것입니다. 대국으로서 소국을 섬기는 것은 임금은 천리를 즐기는 사람이고, 소국으로서 대국을 섬기는 것은 천리를 두려워하는 사람입니다. 천리를 즐기는 사람은 천하를 보존할 수 있고 천리를 두려워하는 사람은 나라를 보존하게 됩니다."라고 하였다.

대국과 소국의 외교관계를 인에 바탕을 두고 천리를 강조하고 설명하고 있다. 국제사회에서 지금 북한처럼 행동하면서 나라를 보존 시키는 것은 지극히 다행한 일이다.

미사일 한 방에 쌀이 몇 가마니인가? 굶주림에 허덕이는 북한 동포들의 삶은 아랑곳하지 않고, 권력 세습과 전쟁 준비에 혈안이 되어 있는 김정일의 저 미사일 광기는 거의 전쟁의 도발이다. 도대체 어쩌자고 국제사회에 미사일을 발사하고 오만무례하게 구는가. 무슨 왕조시대도 아니고 지금 세상에 권력이 세습된다는 자체가 얼마나 시대 착오적이고 얼마나 독재적인가. 지구상에 아직 이런 후진성을 면치 못하고 있는 나라가 우리 북한이라는 것이 너무 창피하다.

이러한 상황에 대하여 천하가 북한을 미워하고 있다. 거기에다가 국제사회의 평화를 위협하는 핵폭탄을 제조하고 있고 미사일을 쏘아대며 광분하고 있다. 그렇게도 전쟁을 하고 싶은가? 이것은 전쟁을 불러오는 지극히 위험한 도발이다. 맹자는 위의 이야기에 이어서 전쟁에 대해 다음과 같이 피력하고 있다.

제나라 선왕이 말씀하시기를 내게는 한 가지 병통이 있으니 과인은 용맹을 좋아합니다. 대답하여 이르기를 "왕께선 작은 용기를 삼가 주소서. 칼자루를 어루만지고 눈을 흘기며, '저놈이 감히 나를 당할 건가' 한다면 이것은 필부의 용기로 겨우 한 사람을 적대시하는 것이니 왕께서는 용기를 크게 부리소서. 시경에 '왕이 불끈 노하사 그의 군대를 정비하여 알거로 가는 것을 막아서 주나라의 복지를 두터이 하여 천하에 대답하였다.'고 했습니다. 이것은 문왕의 용기입니다. 문왕이 한 번 노하여 온 천하의 백성들을 편안하게 하여 주었습니다. 또 서경에는 '하늘이 아래에 백성들을 내보내시어 임금을 세우고 스승을 세우심은 오직 그들이 상제를 도우는 것이니라. 그의 사방의 사람들을 사랑하고 죄가 있든 없든 간에 오직 내가 있거니 천하 사람이 어떻게 감히 그 뜻을 어기겠느냐. 한 사람이 천하에 함부로 제멋대로 행동하거늘 무왕이 이것을 못마땅하게 생각하시니 이것은 무왕의 용기니 무왕도 역시 한 번 성을 내어 천하의 백성을 편하게 했습니다. 이제 왕께서 또한 한 번 노하여 천하 백성들을 편안하게 하신다면 백성들은 다만 왕께서 용기를 좋아하지 않을까 두려워할 것입니다."라고 하였다.

국제사회가 북한을 주시하고 있다. 북한의 미사일 발사를 두고 국제사회의 움직임도 심상치 않다. 유엔의 안전보장이사회에서도 북한의 미사일 발사에 대하여 응분의 조치를 취할 것을 결의하고 나섰다.

이런 와중에도 정작 우리나라는 어떤가? 사태가 이 지경인데도 오히려 북한을 동조하는 사람들도 있다. 김대중 전 대통령은 북한에 대한 동조는 물론 남남갈등을 부추기는 망발만 계속해댄다. 조국이 지극히 위태롭다.

김 전 대통령은 이런 상황이 오는 것도 모르고 아직도 북한을 자극하면 안 된다는 햇볕정책만 주장하고 있다. 그것도 모자라 국민이 뽑은 현 대통령을 비판하면서 '억울하고 분하다'는 천박한 말까지 곁들여 민중의 봉기를 주장하고 있다.

국민 앞에 석고대죄해도 시원찮을 마당에 이 무슨 해괴한 망발인가? 결국 남남갈등만 부추기는 꼴이다. 대한민국의 정치인들이여 제발 서로 싸우고 헐뜯지 말고 국민들이 일치단결하여 화합할 길을 시급히 내놓아라. ♣

논어와 정치의 미학

공자의 제자들이 스승의 말씀을 엮어서 만든 것이 『논어』이다. 이 『논어』에는 여러 가지 정치 논리가 들어 있다.

〈논어〉 반 권만 읽어도 천하를 다스릴 수 있다. 半部論語治天下
　　　　　　　　　　-송 나대경(羅大經)의 『학림옥로(鶴林玉露)』 중에서

그중에 정치의 미학을 볼 수 있는 장이 바로 〈堯曰(요왈)〉 편이다. 여기에는 정치의 미학이라고 할 수 있는 군자의 '오미(五美)'가 들어 있다. 그 다섯 가지 내용을 보면 "공자께서 말씀하시기를 은혜를 베풀되 낭비하지 않고, 힘 드는 일을 시키면서 원망을 사지 않고, 하고자 하되 탐욕을 내지 않으며, 태연하되 교만하지 않으며, 위엄이 있어도 사납지 않아야 한다.(子曰 君子 惠而不費하며 勞而不怨하며 欲而不貪하며 泰而不驕하며 威而不猛이니라.)"라는 장이다. 우선 이 다섯 가지 미학을 조목별로 살펴보자.

첫째 남에게 무엇을 주는 것에도 미학의 법칙이 있다. 그것은 주되 넘치도록 주어 낭비되는 일이 없도록 하는 惠而不費(혜이불비)의 미학이다. 굶주린 자에게 베푸는 것은 배가 터지도록 먹이며 낭비하는 것이 아니라 알맞게 먹이는 것이다. 돈이 많다고 해서 낭비에 가까울 정도로 넘쳐나게 무조건 베푸는 것은 올바른 베풂이 아니다. 베푸는 것은 낭비와는 구분이 되어야 한다. 최근 이명박 대통령의 331억이나 되는 재산의 기부는 惠而不費(혜이불비)의 미학에 맞아 들어간다. 이 것을 두고 비판하는 야당의 주장은 이 법도에 어긋난다. 정치의 제일 미학은 바로 베푸는 미학이다.

두 번째 미학은 부림의 미학이다. 사람을 부리되 원망의 소리가 나 지 않게 하는 勞而不怨(로이불원)의 미학이다. 수고로워야 할 곳에 수 고로우면 원망이 없다. 예를 들어 공공의 학교를 짓거나, 공동의 우물 을 판다거나 홍수를 막기 위해 강을 판다거나 하는 것은 원망이 없는 것이다. 사사로이 내 집으로 가는 길을 포장하거나 내 살 집을 위하여 일을 시키면 누가 원망하지 않겠는가? 이것은 노동의 미학이다.

최근에 일어나고 있는 노사분규들은 사측의 잘못인가? 노측의 잘 못인가? 임금에게는 많은 신하들과 백성이 있다. 그들을 부리는 미학 은 부리는 때와 장소를 생각하여 충분히 보상하여 불평불만이 원망에 이르지 않게 하는 미학이다. 다스림이 있는 곳에는 반드시 이 부리는 미학이 있어야 한다. 노사의 미학도 바로 勞而不怨(로이불원)의 미학 이다.

셋째는 정치적 욕망에도 미학이 있다. 자기가 원하는 것을 바라되 탐욕에 이르지는 말아야 한다는 이것은 욕심의 미학이다. 욕심도 사 리에 맞고 적당하면 아름다운 것이다. 과욕보다 추한 것이 어디에 있 겠는가? 이명박 대통령이 과욕인가? 김대중 전 대통령이 과욕인가? 잘 판단해보라. 정치에 있어서 탐욕은 금물이다. 불법으로 이루어진 사유재산은 바로 탐욕의 본보기이다. 지금 인사 검증 중인 천성관 검찰 총장 내정자는 어떠한가? 만약 불법이 있었다면 이것은 큰 문제이다.

이명박 대통령의 4대강 개발과 대운하 정책은 과연 탐욕인가? 아니면 이를 반대하는 야당이 정치적 욕망이 탐욕인가? 아름다운 욕심, 이것은 인류에게 유익함을 주기 위한 것이다. 정치적 야망을 이루고자 하되 탐욕에 이르지 않는 것 이것이 欲而不貪(욕이불탐)의 미학이다.

넷째는 정치를 하는 것이 태연하되 교만에 이르지 않는 것, 이것이 泰而不驕(태이불교)의 미학이다. 정치가는 항상 삼가고 조심하여야 한다. 이것은 공경(敬)의 미학이다. 자기의 정치력만 믿고 대중의 여론을 묵살해 버리고 독선을 추구하는 천상천하유아독존(天上天下唯我獨尊)식의 정치는 삼가야 하는 것이다.

다섯 번째 정치가는 예의와 질서를 유지하는 위엄이 있어야 하되 사나움에 이르지는 않아야 한다. 이것이 威而不猛(위이불맹)의 미학이다. 백성들이 복종하지 않는다고 물대포를 쏘고 방망이를 함부로 휘두르고, 총을 함부로 난사하면 되겠는가? 통치를 위해 위엄은 보이더라도 사나움에 이르러서는 안 되는 것이다. 설사 악독한 죄인을 사형에 처하고 국민의 생활에 불편을 주는 범법자들을 엄벌에 처하더라도 진정 국민들을 위하는 것이면 위엄이 있는 것이고 감정을 가지고 짓밟고 과잉 처벌을 하는 것은 사나운 것이다.

공자는 어떻게 하면 정치를 할 수 있느냐는 제자의 물음에 이 오미(五美)를 알면 정치를 할 수 있다고 했다. 이것을 잣대로 지금의 정치를 고찰해보라. 정치가 보인다. 오늘도 정권야욕에 눈이 멀어 국민을 우롱하는 저 무식하고 오만불손한 정치인들이여 제발 각성하라. 그리고 국민들을 공경하라. ♣

누가 함부로 돌을 던지는가

백락(伯樂)은 춘추시대 진 목공(秦穆公) 때에 준마를 잘 감별하는 것으로 유명했던 손양(孫陽)의 별명이다. 전국시대 종횡가(縱橫家)인 소대(蘇代)가 순우곤(淳于髡)에게 "준마를 팔기 위해서 사흘 동안이나 시장에 내 놓았지만 아무도 거들떠보지 않다가 백락이 한 번 돌아보자 하루아침에 그 말의 값이 10배나 뛰어올랐다."라고 말한 내용이 『전국책(戰國策)』〈연책(燕策) 2〉에 나온다. 그리고 한유의 〈잡설(雜說) 4〉에 "세상에 백락이 있은 뒤에야 천리마가 있게 된다〔世有伯樂然後有千里馬〕."라고 전제한 뒤에, 보통으로 말을 먹여 기르는 자들이 채찍을 손에 쥐고 말을 굽어보면서 천하에 천리마가 없다고 말한다고 하고는, 바로 이어서 "아, 참으로 천리마가 없는 것인가, 참으로 천리마를 알아보지 못하는 것인가〔嗚呼 其眞無馬邪 其眞不知馬也〕."라고 물으면서 결론을 맺는 내용이 나온다.

당나라 때 유명한 문장가인 한유는 이 백락을 스토리텔링하여 〈잡설〉이란 짧은 글을 지었다. 천 년을 넘게 이어오는 이 유명한 글의 내용을 한 번 살펴보자.

"세상에 백락이 있은 연후에 천리마가 있으니 천리마는 항상 있으나, 백락은 항상 있는 것은 아니다. 따라서 비록 천리마가 있으나, 다만 노예의 손에서 욕을 당하며 보통 말들 사이에서 죽으니 결국 천리마라 불리어지지 않는다. 천리를 가는 말은 한 번 먹을 때 혹 곡식 한 섬을 다 먹지만 말을 먹이는 자가 그 천리마의 능력을 알지 못하고 먹이니 천리마가 비록 천리를 가는 능력이 있으나, 먹는 것이 배부르지 못하고 힘이 부족해서 그 천리를 가는 재주를 밖으로 나타 내지 못한다. 또 보통의 말들과 같아지려 해도 그것은 불가능한 일이 니 어찌 천리를 가는 능력을 발휘할 수 있으리오. 채찍질을 하여도 천리마에 합당한 도로서 하지 못하고 먹여도 그 재주를 다할 수 없게 먹이며 울어도 그 뜻을 알아주지 못한다. 다만 채찍을 대면서 말하기 를 아~ 천하에 좋은 말이 없구나 하니 아아. 참으로 세상에 천리마가 없는 것인가. 아니면 천리마를 잘 알아보는 자가 없는 것인가."

이 글은 오늘날의 정치와 인사에도 시사하는 바가 크다. 정치에 있 어서 인사는 중요한 것이다. 최근에 있었던 천성관 검찰총장 지명자 의 인사청문회를 보고 느낀 바가 많았다. 검찰 고위 공직자가 어떻게 저렇게 막 살 수가 있었는가에 대해 도무지 이해가 가지 않는다. 빌린 돈, 외제 고급 승용차, 위장전입 등 다만 숨기고 변명하는 방법이 다 를 뿐 보통 정치인들과 같은 거의 범죄 수준이었다. 이런 결함이 있었 다면 미리 검찰총장직을 사양했어야 마땅하다.

이것을 두고 한나라당 의원들 중에 일부는 그것을 옹호하려고 궁색 한 변명을 늘어놓는 자들도 있었다. 여당 국회의원들의 인사청문회 심문과정은 너무나 천박하여 국민의 한 사람으로 도저히 용서할 수 없었다. 그렇게도 사람이 없는가? 이명박 정부는 왜 저런 사람을 추 천해서 불신을 자초하는지 도무지 이해가 안 간다. 사람이 너무 없는 것인가? 사람을 알아보는 식견이 없는 것인가? 세상에 백락 같은 이 는 더러 있다. 그러나 그를 알아볼 식견이 있는 자는 이 정부 안에서 는 없는 듯하다.

266

이번 인사 청문회에서 더욱더 가관인 것은 온갖 비리와 뇌물로 정치자금법에 걸려 감옥생활을 한 적이 있는 야당의 박모 국회의원의 심문과정이다. 요즈음 인사청문회 과정에서 심문하는 꼴사나운 풍경이 언론에 광고하듯이 자주 나온다. 그 사람이 누구던가? 그 사람이 국민 앞에 고개를 들고 저렇게 나올 수 있는 인물인가?

천성관 검찰총장 후보의 인사를 검증할 정도로 도덕성이 있는 인물인가? 정치의 도덕성이 이쯤 되면 국회의원들에 대한 국민의 불신은 어떠하겠는가? 항간에 떠도는 "연탄이 숯보고 껌정아" 하는 꼴이다. 대한민국의 민주주의는 아직도 멀었다. 우리나라 저 국회의사당에서 매일 당파싸움에만 몰두하고 있는 국회의원들 중에서 국민들로부터 도덕적으로 존경받을 만한 국회의원이 몇 명이나 있는가? 인사 청문회는 국회의원들에게 맡기지 말고 사회적으로 존경받을 만한 청렴한 사람에게 맡기는 것이 옳을 것 같다.

성경에 나오는 사마리아 여인의 이야기가 생각난다. 사마리아 여인은 율법에 금한 간음을 행하다 들통이나 잡혔다. 무리가 돌로 쳐 죽이려 하거늘 예수께서 이를 가로 막으며 누구든지 죄가 하나도 없는 사람이 돌로 이 여자를 치라고 하자 나이 든 사람부터 차차 모두가 돌을 던지지 못하고 과거 자기의 잘못을 뉘우치며 깨달았다는 이야기이다. 민주당의 박모 의원은 적어도 인사 청문회에 나오지 말아야 했다. 누가 함부로 돌을 던지는가? 양심도 없는가?

국민의 압도적인 지지를 받고 당선된 이명박 대통령에게 거는 국민들의 기대는 정말 컸다. 지난 잃어버린 10년의 과도 정부가 역사를 유린하고 민족사를 왜곡하는 혼란의 극치로부터 벗어나고자 하는 국민의 열망이었다. 그러나 정권 인수위원회의 인사를 보고 국민들은 깜짝 놀랐다. 이명박 정부의 인사 시스템에 심각한 문제가 있는 것을 발견하였다. 한마디로 국민을 무시하는 인사였다. 그 순간 실망에 찬 국민들의 쓰라린 가슴은 이후에도 계속된다.

이 틈을 타 한미 쇠고기 수입문제를 빌미로 광우병 촛불 정국은 정권 창출 10년 만에 잃어버린 10년이란 오명을 남긴 채 국민의 불신을 자초하면서 어이없이 빼앗겨버린 파들의 분노였다.

소수가 집단을 이루어 국민의 소임을 받은 시민단체라 우기고 국사에 사사건건 개입하여 그 소임을 맡은 자들을 협박하고 안하무인으로 행동하며 정치를 농단하려는 무리들이 이 나라를 또다시 혼란에 빠뜨리고 있다.

저 특정한 사유방식을 지닌 자들이 지난 잃어버린 정부 10여 년 동안 곳곳에 포진하고 있다. 그들을 어떻게 다 몰아내려 하는가? 인사에 대해 심사숙고 하라. 국민들의 여망을 뿌리치지 말라. 그리고 국민들을 최대한 공경하라. ♣

미디어법 다르게 보기

지금 세계의 화두는 문화와 소통이다. 세계시장에서는 바야흐로 고부가가치를 내는 문화산업이 미래 산업으로 각광을 받고 있다. 우리나라도 문화콘텐츠 산업에 큰 기대를 걸고 있다. 이런 상황에서 정치를 떠나 우리 미디어법의 개정은 불가피하다고 판단된다.

'미디어법'이 뭐 길래 야당이 저토록 반대하는가. 미디어법은 사실상 법률용어가 아니다. 신문법, 방송법, IPTV법 등 미디어 관련 법률 개정안을 정치권에서 편의상 부르는 말이다.

이 중에 가장 쟁점이 되는 부분은 현행 방송법에서 규정하고 있는 방송사업자의 소유의 제한(제8조)을 개정 하자는 것이다. 그 중요 쟁점법안을 보면 "지상파방송사업자(예: MBC) 및 종합편성 방송채널사용사업자(예: 케이블 방송) 또는 보도에 관한 전문편성을 행하는 방송채널사용사업자(예: YTN)의 주식 또는 지분을 누구든 30% 초과해서 소유할 수 없다"는 법안을 누구든지 40%까지 허용하자는 것과 "대기업과 그 계열사, 일간 신문, 뉴스통신(유무선 송수신이나 간행물 등으로 뉴스를 전파하는)을 경영하는 법인은 지상파, 종합편성, 보도전문편성 사업을 겸업하거나 지분소유 금지"하고 있는 것을 지상파 20%, 종합편성 30%, 보도전문편성 40%까지 지분 소유를 허용하자는 것이다.

이렇게 법률이 개정되면 결과적으로 많은 방송 채널이 생겨나게 된다. 문화산업은 촉진되며 일자리가 창출되는 것은 당연한 결과이다. 국민들은 훨씬 더 폭넓은 뉴스를 접하고 더욱 많은 볼거리를 제공받게 되므로 시청자 입장에서는 좋기만 하다. 이것은 명백한 사실로 의혹의 여지가 없다고 판단된다.

그런데 무엇이 문제인가? 야당의 반대논리를 따라가 보자. 조·중·동이나 대기업이 언론을 장악하게 되면 보수언론이 판을 치게 된다고 한다. 언론이 사실상 여론을 지배하기 때문에 이들이 방송을 차지하게 되면 보수에 끌려 다녀야 한다는 주장이다. 오직 정쟁과 좌파적인 이념만 앞세울 뿐 다른 것은 아랑곳하지 않는 정치적 고집이다. 참 기가 막혀서 말이 안 나온다. 이 논리를 뒤집어 보면 현재 텔레비전방송이나 미디어들은 대부분 자기네와 정치노선을 같이하는 파들에 의해 장악되어 있다는 이야기다. 지금 텔레비전 볼 것이 별로 없다. 지난 10년 동안 언론으로 인해 가장 피해를 입은 사람들은 국민의 70%가 넘는 보수 성향을 지닌 국민들이다.

언론인은 편견을 가지면 안 된다. 특정 종교와 정당으로부터 중립을 지키고 공정하고 객관적인 보도를 해야 한다. 그러나 국민들을 계몽의 대상으로 생각하여 자기네들이 속한 노조, 총파업, 보수신문불매운동, 반미친북조장, 햇빛정책 선전, 결국에는 광우병 보도 같은 희대의 사기극을 조장해서 국민들을 혼란에 빠뜨리고 있다.

텔레비전 화면을 잘 살펴보라. 잘 들어 보라. 그리고 합리적으로 사고하고 공정하고 객관적으로 바라보라. 얼마나 왜곡되고 편파적이며 천박한 방송을 해대는지를. 국민들 대다수는 침묵하고 있지만 저 보기 싫은 방송에 식상해하고 있다.

그러나 돌려 볼 채널이 별로 없다. 이런 마당에 지금보다 훨씬 더 공정하고 객관적이고 다양한 볼거리, 들을 거리, 읽을거리가 제공되는데 국민들이 왜 미디어법을 반대하겠는가? 대다수 국민들은 미디어법을 환영한다. 다양한 채널이 있어서 서로 경쟁하다가 보면 방송의 질은 더욱 개선되고 공정하고 객관적으로 변해갈 것이다. 미디어법 개정은 언론노조 스스로가 자초한 일이기도 하지만 문화콘텐츠 산업을 향한 시대적 요청이다.

초(楚)나라 항우가 한(漢)나라의 유방(劉邦)군에 패해 해하(垓下)에서 포위됐을 때, 한나라 장량은 군사들을 시켜 초나라의 노래를 부르게 했다. 초나라 노랫소리가 사방에서 들려오자 크게 놀라, "한나라가 이미 초나라를 다 얻었다는 말인가, 어째서 초나라 사람이 이토록 많은가"라며 패배를 인정하였다고 한다.

이른바 사면초가(四面楚歌)의 고사성어이다. 지금 텔레비전만 켜면 사면에서 미디어법 반대하는 소리가 들려온다. 지난 10년 동안 곳곳에 뿌리를 내린 좌파의 조직이 저렇게 많아졌는가. 이명박 정부와 한나라당은 언론과 좌파 조직에게 포위되어 있다.

언론이 모든 노조와 좌파 조직을 총동원해서 사방에서 미디어법은 악법이라고 초나라 노래를 불러대며 심리전을 쓰고 있다. 저들은 미디어 법을 제대로 알리지도 않고 오직 이명박 정부의 언론 장악의 악법으로 선전하고 있다.

국민의 70%가 반대한다고 선전하고 있다. 많은 국민들은 텔레비전을 통해서 미디어법이 직권으로 상정되어 통과되는 장면을 상세하게 보았다. 그리고 뉴스마다 편파보도 되는 장면을 실감나게 보고 있다. 아마 국민의 70% 이상은 누가 국민들을 우롱하고 있는지 잘 알았을 것이다.

더욱 가관인 것은 미디어법이 통과되자 일부 야당 국회의원들과 언론노조는 시민단체, 민주노조들과 연합하여 국민들과 함께 장외투쟁을 하겠다고 거리로 나왔다. 마치 모든 국민이 자기네 편인 것처럼. 대한민국 국민들이 그렇게 바보로 보이는가. 그 야비한 입에 국민의 이름을 함부로 사용하지 말라.

그리고 고기 뼈다귀를 두고 벌이는 개싸움 판에 국민들을 함부로 끌어들이지 말라. 우리 국민들은 미디어법을 반대할 이유가 없다.

청설모설

　우리 집 뒷산 숲에 청설모 한 놈이 살고 있다. 청서는 나무를 잘 타고 주로 나무 위에서 생활한다. 다람쥐는 성질이 온순하여 사람들의 사랑을 받는 데 비해 이놈은 좀 음흉스러워 사람들에게 사랑을 받지 못한다. 오늘도 뒤꼬리를 추켜세우며 자기 재주만 믿고 이 가지 저 가지를 뛰어다니는 데 빠르기가 쏜살같고 못 올라가는 나무가 없다.

　청설모가 오기 전에는 대여섯 마리의 다람쥐 가족이 우리 담을 왕래하며 숲의 밤이며 도토리를 독차지하고 있었다. 그런데 언제부턴가 청설모란 놈이 다람쥐를 위협해서 일터를 빼앗고 그들을 몰아내어 사라지게 했다. 한번은 잣나무 꼭대기에 올라가서 잣을 따서 땅에 떨어뜨려 놓고 내려와서 그것을 찾아가지고 가서 갉아 먹는 것을 보았다. 옳거니 저놈을 이용하여 잣을 따면 되겠다는 생각이 들었다. 한번은 잣나무 끝을 바라보고 있노라니 청솔모란 놈이 잣 방울을 따서 땅에 떨어뜨리기에 얼른 가서 주워 왔더니 이놈이 밑에 내려와서 잣을 찾느라 야단이었다.

　이상하게 여기던 청설모가 포기하고 또 올라가서 잣을 따서 떨어뜨리기에 또 가서 주워 왔다. 이렇게 하기를 몇 번 반복하자 눈치를 차린 청설모가 골이 잔뜩 나서 노려보고 있었다. 그러더니 요놈이 꾀를 쓰기 시작했다. 잣 따는 일을 포기하고 다른 데로 가는 척하더니 다시 와서 잣을 따서는 물고 내려오다가 나에게서 멀리 떨어진 쪽으로 떨어드리고는 쏜살같이 내려와 가지고 어디다가 숨겨 놓고 다시 와서 또 나를 살피는 것이 아닌가? 또 그렇게 하기를 몇 번 하더니 힘이 드는 지, 따지듯이 나를 노려보았다. 그래서 나도 노려보면서 "야! 이 자식아! 이 잣나무는 우리 집에서 심은 것이고 내가 아침저녁으로 보는 것인데 네가 왜 남의 잣을 따서 훔쳐 가느냐? 내가 주워 오는 것은 주인으로 당연한 것이 아닌가?"라고 의사를 전달했더니 아, 이 놈이 한심하다는 듯이 "저 높은 가지 끝에 달려 있는 잣을 당신이 무슨 재주로 딴단 말이오. 그리고 나무를 심은 것은 당신이지만 저 하늘의 해와 달과 비와 눈에 저절로 크는 것이지 당신이 키운 것인가? 내가 위험을 무릅쓰고 천신만고 끝에 따서 던져 놓으면 다 가져가니 그것이 점잖은 사람으로서 할 수 있는 일이오."라며 따지는 것이 아닌 가? 한편 생각해 보니 그럴 것도 같아서 그럼 타협하자고 했더니 싫다고 하면서 재주 있으면 따보라고 뻐기는 것이 아닌가? "너 그렇게 나오면 잣나무를 아예 베어버리겠다"고 으름장을 놓으며 협박을 했더니, 이놈이 파업을 하고 나타나지 않았다. 어디서 짝을 한 놈 대리고 와서 한 놈은 나무 끝에 올라가서 잣을 따고 한 놈은 잣을 낚아채서 어디다가 숨겨놓고 왔다. 요놈들이 아주 손발이 척척 맞았다. 그래서 내가 잣나무 밑에 갔더니 어! 요놈들이 잣을 따서 나무위에서 먹고 내려오지를 않고 올라오려면 올라와 보라는 투다.

신경질이 나서 이놈들의 아지트를 수색하였다. 얼마 떨어지지 않는 바위 밑에 있는 국수나무 숲 으슥한 곳에 잣이 다섯 개가 있었다. 모두를 수거하여 들고 왔더니 이놈들이 날고뛰고 야단이다. "야! 상식이 안통하면 한판 붙어야 하는데 너 나한테 붙을 자신 있냐." "세상에는 약육강식의 자연 논리가 있는 거야." 하면서 강자로서 오만을 부리며

274

통쾌하게 가지고 와서 마당가에 숨겨 놓았다. 그러고 나서 며칠 후 어디를 좀 다녀왔더니 숨겨놓은 잣들이 없어졌다. 하나는 도랑에 던져 놓고 하나는 갉아 먹다가 버려놓고 하나는 남의 지붕위에 올려놓고 하나는 나무기둥에 올려놓고 이놈들이 모두 다 훔쳐갔다. 거실 안에서 창밖의 잣나무를 바라보니 이 자식들이 머리에 띠를 매고 노려보면서 나에게 항의를 하고 있는 것 같았다. "좋다. 그러면 타협하자. 나도 가만히 생각해보니 너희들이 먹고 살려는 것을 수탈하고 너희들의 노 동력을 착취한 것 같아 양심에 찔리는 것이 있다. 어떻게 했으면 좋겠 냐"고 했더니, 청설모가 잣나무 위에 올라가더니 자기 쪽에 하나를 떨 어뜨리고 나에게 하나를 떨어뜨리는 데 내 것이 조금 더 컸다. 드디어 지루하게 끌어온 노사분규가 끝났다. 덕분에 잣 수확이 괜찮았다. 그 래서 잣 방울 두어 개를 청설모 쪽으로 던져 주었다. 그러고 두어 해가 지났다. 올해도 어김없이 내 몫의 잣 방울이 몇 개 떨어져 있었다.

쌍용자동차의 노사 간에 벌어지는 극한 대립을 보면서 순리를 따를 것을 주문한다. 어찌 노사 간에 전쟁을 벌이면서 타협을 이루려는 것 인가? 저 극성스런 노조의 행패를 보면서 누가 관심과 사랑을 보내겠 는가? 최소의 노동을 하며 최대의 보수만을 바라며 투쟁한 노동자의 최후를 보는 것 같아 안타깝다. 전 노동자는 지난 해 월급을 모두 반 납하고 앞으로 회사가 정상화될 때까지 무보수로 일해서 회사를 살리 겠다는 생각을 좀 가져봐라. 그리고 회사를 위해 강성노조를 자진해 서 해체해 보라. 노조의 횡포가 하늘을 찌른다. 민주노총 등 다른 노 조들마저 연합해서 투쟁을 선포하는 것이 타당한 것인가? 무슨 전쟁 하나? 이런 노조가 있으면서 회사가 온전할 수 있다면 또한 이상하지 않는가? 상대방을 배려하며 상생하는 길을 찾길 바란다. ♣

정치 이야기는 하지 말자

서양의 격언에 여럿이 모여 있을 때 하지 말아야 하는 세 가지 이야기가 있으니 그것은 종교 이야기, 정치 이야기, 자기 가족 이야기이다. 이 세 가지 이야기는 모임의 분위기를 깨고 서로를 서먹하게 하며 서로 편을 가르는 역할을 하게 한다. 동서고금을 막론하고 교양 있는 사람들은 모임에 가서 이런 유사한 이야기는 하지 않는다.

정치에 민감한 우리나라 사람들은 정치, 종교, 가족사 이야기를 하는 데 거리낌이 없으며 정치 성향이 다르면 서로 원수지간으로 변하기도 한다. 지금 대한민국은 모이기만 하면 정치에 대한 이야기로 서로를 비판하는 데 골몰하고 있다. 상대방을 배려하기는커녕 상대방의 기분을 짓이겨 놓아야 적성이 풀리는 사람들도 많다. 다산 정약용 선생은 '품석정기(品石亭記)'란 글에서 다음과 같이 이야기하고 있다.

내가 귀양에서 고향 초천(苕川:소내리)의 농막으로 돌아온 뒤에는 날마다 형제·친척과 마을 뒷산인 유산(酉山)의 정자에 모여 술을 마시고 오이를 먹으면서 담소를 하는 것으로 낙을 삼았다. 술이 얼큰하게 취하자, 어떤 사람이 술병을 두드리고 술상을 치면서 일어나 말했다. "누구는 너무 이기적이어서 부끄러운 줄을 모르고, 권세와 영화를 잡는 데 미혹되어 있으니 가슴 아픈 일이며, 누구는 담담하게 인적을 멀리하고 자취를 감춰 현달하지 못하니 애석한 일이다"

라고 했다.

나는 벌주 한 잔을 부어 꿇어앉아 권했다. "옛날에 반고(班固)는 지나간 사람들을 품평(品評)하고는 마침내 두헌(竇憲)의 잘못에 연루되었고, 월단평의 고사로 유명한 허소는 당시의 사람을 품평하여 마침내 조조(曹操)의 위협을 받았으니, 사람이란 함부로 품평할 수 없는 것입니다. 삼가 벌주를 드립니다."라고 하였다.

얼마 뒤에 어떤 사람이 시끄럽게 떠들며 일어나 말했다. "저 말은 장사할 쌀을 실어 나르지 못하면서 꼴과 콩만 먹어 치우며, 저 개는 담장에 구멍을 뚫고 넘어오는 도둑을 막지도 못하면서 뼈다귀나 바라고 있다"고 했다.

나는 또 벌주 한 잔을 부어 꿇어앉아 권하기를, "옛날에 황희 정승은 두 소의 우열을 묻는 말에 대답하지 않았으니, 짐승도 품평할 수 있는 것이 아닙니다. 삼가 벌주를 드립니다" 하였다.

여러 사람들이 눈살을 찌푸리고 기뻐하지 않으면서 말하기를, "자네의 정자에서 노닐기는 참으로 어렵구려! 우리는 입을 다물고 혀를 묶어 두어야 하겠소" 하였다. 나는 말하였다.

"그게 무슨 말이오. 종일 시끄럽게 떠들어도 금하지 않는 것이 있으니, 여러분들을 위해 먼저 시험해 보이겠소. 부암(鳧巖)의 바위는 우뚝 삼엄하게 서 있어서 북쪽으로 고랑(皐狼)의 성난 파도를 막아주고, 남쪽으로 필탄(筆灘)의 명사(明沙)를 펼쳤으니, 이것은 돌이 이 정자에 공(功)이 있는 것이며, 남주(藍州)의 바위는 울퉁불퉁 늘어져서 꼬불꼬불한 이수(二水)의 분수계(分水界)를 만들고 오강(五江)의 돛단배를 받아들이니, 이것은 돌이 이 정자에 정(情)이 붙게 하는 것이며, 석호의 바위는 울긋불긋 천태만상인데 새벽에는 엷은 안개가 감싸고 저녁에는 진한 노을이 둘러 있어서 난간과 서까래에 비치면 상쾌한 기운이 절로 일어나니, 이것은 돌이 이 정자에 운치가 있게 하는 것이오. 대체로 사물 가운데서 무지(無知)한 것은 바위입니다. 종일 품평하여도 화낼 줄을 모릅니다. 누가 그대에게 입을 다물고 혀를 묶으라고 말하겠소." 어떤 사람이 나무라기를, "옛날에 유후(留侯)는 바위를 보배로 여겨 제사를 지냈고, 원장(元章)은 바위를 공경하여 절을 하였는데, 그대가 바위를 품평하는 것은 어찌된 일인가 하였다. 나는 "옳습니다. 당신의 말과 같습니다. 그러므로 내가 바위를 칭찬한 것입니다. 내가 언제 바위를 모욕을 주며 불손하게 대하였소" 하였다.

이 정자가 예전에는 이름이 없었는데, 이로부터는 '바위의 품격을 말한다는 뜻에서 품석정(品石亭)'이라고 이름을 붙이고, 손과 더불어 주고받은 이야기를 기록하여 기(記)로 삼는다.

제발 아름다운 정자에서 정치를 말하지 말라. 김대중이 어떻고 김영삼이 어떻고 하기보다는 어느 산 바위가 아름답고 어느 산 바위가 신기하다는 이야기가 훨씬 낫다는 말이다.

천박한 정치 이야기 천 마디보다는 우아한 자연에 대한 아름다운 이야기 한 마디가 훨씬 더 우리의 영혼을 아름답게 한다. 신문의 기사 중에 길거리를 꽉 메운 광화문의 광우병 촛불시위 사진과 팝 음악을 듣기 위해 영국의 길거리를 꽉 메운 청중들의 사진은 너무나 대조적이었다.

그런가 하면 작가의 사인회에 인산인해를 이루는 일본의 길거리를 보면서 느낀 점이 있었다. 후진국은 정치 이야기로 아름다운 공원을 메우고 선진국은 예술 이야기로 공원을 메운다. 광화문 광장과 서울 시청 앞 광장에는 품격 높은 이야기만 있게 하고 정치 이야기는 없게 하라.

대한민국의 모든 광장에서 자연의 아름다움만 말하게 하라. 정치의 이야기감옥에 갇혀서 시달리는 국민들이여, 대한민국의 산과 강과 바다로 탈출하라. 그리고 아름다움 찾기에 골몰하라. ♣

북한을 경계한다

남북관계에 대해 항간에 떠도는 재미난 이야기가 있다. 남북통일을 이루려면 금기시해야 할 몇 가지 원칙이 있다는 것이다.

첫째 정치인이 나서면 남북문제는 요원해진다. 왜냐하면 정치적으로 이용만 할 뿐 순수한 남북교류의 목적이 될 수 없기 때문이다.

둘째, 언론이 나서면 안 된다. 왜냐하면 아무리 순수한 목적의 남북 관계도 대한민국 언론이 끼면 그 순수성을 잃어버리고 만다.

셋째 북한 전문가나 교수가 나서면 안 된다. 잘되어 가던 일도 교수가 끼면 복잡다단하고 거꾸로 돌아가게 된다. 모두가 일리가 있는 말들이다. 그렇다면 이번 현대그룹 현정은 회장의 방북은 민간이 주도한 것이란 점에서는 긍정적일 수도 있다. 그러나 모두 알다시피 순수한 목적의 방문은 아니지 않았던가?

남북통일은 순수한 목적을 가지고 국민들이 교류해야 한다. 위에 언급된 모든 분야에서 다양하게 접근하되 순수한 통일의지를 가지고 접근해야 한다.

국제사회와 긴밀히 협조하여 세계의 평화를 추구하는 방향으로 나아가면서 모색되어야 한다. 교육, 문화, 예술 등 다양한 방면에서 교류하며 민족의 동질성을 회복해 내야 한다.

그러나 북한의 체제가 너무 걸림돌이다. 저 불합리한 북한의 독제체제를 옹호해 주기보다는 과감하게 비판해야 한다. 남한을 협박하는 그들의 무장을 해제시켜야 한다. 그것을 어떻게 변화시킬 것인가? 공평한 관계 속에서 평화롭게 교류가 이루어져야 한다. 지금은 정상 적인 교류가 아니다. 또 급하게 서둘 일도 아니다. 북한이 원하는 것 은 국제사회에서 제재하는 경제봉쇄 조치에 대해 남한을 이용해보자 는 취지가 다분히 깔려 있다. 이것을 두고 남북한의 관계를 개선하기 위해 북한의 악독한 독재자 김정일이 선심을 쓴 것이라고 판단하는 것은 너무 어리석은 것이 아닌가?

햇볕정책으로 인해 우리 국민들은 많은 상처를 입었다. 그 어마어 마한 돈과 식량을 퍼주고도 북한을 자극하는 말 한마디 못 하고 끌려 다녔다. 서해에서는 총을 난사하여 많은 병사가 죽었으며 핵을 개발 하여 남한을 위협하고 걸핏하면 불바다를 만든다고 협박하였다. 얼 마나 많은 배반감을 안겨주었는가? 그동안 북한에게 많은 공을 들인 다고 떠들어 대더니 북한은 핵을 개발하고 사람들을 납치하고, 독재 권력을 세습하고 있다. 그동안 곧 남북통일이 곧 될 듯이 떠들어대던 사람들에게 물어보자. 정말로 북한이 달라졌는가?

북한은 남한을 이용만 할 뿐 아무런 변화가 없다. 그런데도 마치 뭐가 있는 것처럼 남북관계는 누가 하면 되고 누가 하면 안 된다는 식으로 정부를 비판하고 있다. 공평한 남북교류에 걸림돌이 되는 모 든 사특한 세력들은 말을 삼가야 한다. 남북통일을 빌미로 온갖 정략 을 동원하여 국민을 속이는 행위는 우리 민족을 잔인하게 배반하는 행위이다. 지금 남북교류를 두고 떠드는 사람들의 진정성은 역사가 비판한다. 더 이상 국민과 역사 앞에 죄를 짓지 말라. 햇볕정책을 더 이상 운운하지 마라.

핵 문제로 국제사회에서 고립이 되고 있는 북한이다. 개성공단을 가지고 남한의 정부를 협박한 것이 며칠이나 되었는가? 물론 현대그룹 현정은 회장도 이 사실을 모르는 것은 아니다. 시아버지 정주영 회장과 이 사업으로 인해 불행하게 생을 마감한 남편 정몽헌 회장의 유지를 받들어 북한과 교류하는 것이니 또한 훌륭한 인물이 아닌가? 그가 끈질기게 북한을 설득하여 이루어낸 성과는 큰 것이다.

우선 그 내용을 보면, "우리 민속명절인 올해 추석에 금강산에서 흩어진 가족과 친척의 상봉을 진행하기로 한 것", "금강산 관광을 빠른 시일 안에 재개하고 금강산 비로봉 관광을 새로 시작하기로 한 것", "남측 인원들의 군사분계선 육로 통행과 북측 지역 체류를 원상회복", "개성 관광을 곧 재개하고 개성공단 사업을 활성화해 나가기로 한 것", "현대는 백두산 관광을 위한 준비사업이 추진되는 데 따라 곧 관광을 시작하기로 한 것" 5개 항목이다.

이 모든 것이 김정일이 화 한 번 내면 모두가 수포로 돌아간다. 북한 방송은 이 모든 조건을 "김정일 위원장이 현정은 회장의 청원을 모두 풀어주셨다. 김정일 국방위원장의 특별조치에 따라 관광의 모든 편의와 안전이 보장될 것"이라고 보도했다. 이러한 방법으로 북한과 교류하는 것이 아직도 상식적으로 접근이 되지 않는다.

그들은 금강산 관광객에 대한 한마디 사과도 없던 사람들이다. 일방적으로 통행로를 폐쇄하고, 남침의 음흉한 욕심을 품은 채 너무나 잔인할 정도로 매몰차게 등을 돌려버린 자들이다. 모든 조건은 북의 입장대로 수시로 변할 수 있는 것이다. 참 웃기는 일이다. 그렇다고 안 하기도 뭐하고, 위험한 나라에는 가지 않는 것이 도리이다.

우리는 북한을 가슴에 품되 반드시 경계하는 것을 잊으면 안 된다. 정신 바짝 차려야 할 때인 것 같다. ♣

故 김대중 前 대통령 각하 제문

조선 후기 성대중이 지은 『청성잡기』란 책에 보면 곡전자(穀顚子) 채구는 명나라 말엽 사람이다. 청조(淸朝)에 들어서 성명학(星命學)에 정통하였는데, 우암(尤菴) 송시열(宋時烈)의 운명을 점쳐 시 한 구절로 표현하였다.

산모퉁이는 험난하기 짝이 없는데 　　山角崎嶇

소 등에 올라타고 눈길을 가네 　　　騎牛踏雪行

우암이 일찍이 어떤 사람에게 "나의 일생이 험난하리란 것은 채구가 이미 말하였다."라고 했다는 것이다. 채구가 이 때문에 우리나라에서도 인정받았다고 기록하고 있다. 과연 운명을 점치는 성명학의 대가다. 곡전자(穀顚子) 채구가 만약 김대중 선생을 보았다면, "망망대해에 성난 파도는 집채만 한데 조각배 저어 저어 어디로 가는가"라고 했겠네. 고 김대중 전 대통령님은 초년 운은 평범하였고, 그의 중년 운은 성난 바다 한가운데 조각배 같이 위험하고 고통스러웠으며 그의 말년 운은 운수대통이었다고 할 수 있도다.

또 성대중의 같은 책 〈초야와 조정〉이란 글에서, "이쪽이 얻으면 저쪽이 잃는 것은 당연한 이치이다. 조정(朝廷)이 어진 선비 한 명을 잃으면 강호(江湖)가 어진 선비 한 명을 얻고 초야가 어진 선비 한

명을 잃으면 조정이 어진 선비 한 명을 얻으니, 안과 밖이 서로 얻고 잃는 것 중에 무엇이 중요하고 무엇이 사소한가? 그러나 출사(出仕)하여 이름을 온전히 한 자는 적고 은거하여 몸을 보전한 자는 많다." 라고 하였다.

그러나 그 치열하고 비속한 대한민국 정치판에 입문하여 이름을 온전히 한 자도 있으니 그가 바로 김대중 선생이다. 그는 전라남도 바다 한 작은 섬에서 태어나 소년기부터 대통령이 되겠다는 큰 꿈을 꾸었다. 헌앙(軒昻)한 의기에 준수한 풍모, 인동초 같은 취향에 탁월한 변론, 온갖 고통과 수모를 겪어 가면서도 그는 결국 대한민국의 위대한 대통령이 되었다. 그는 사양기에 접어든 우리 경제를 국민들에게 금 모으기 운동을 전개하여 다시 일으켜 세웠고, 이 땅에 싹터오던 민주주의를 다시 발전시켰으며, 민족의 소원인 남북통일을 위하여 얼어붙은 땅 북한을 햇볕을 쪼이게 해서 통일을 이루려 하였고, 북한으로 달려가 그 지도자를 껴안기까지 했다.

이로써 꿈에 그리던 금강산을 다시 밟게 하였고 더 나아가 노벨평화상까지 수상하였으니 그는 이름을 세계만방에 드날렸다. 그는 욕 먹기가 쉽고 명성 얻기가 어렵다는 정치판에서 이름을 온전히 한 자가 분명하다.

이런 사람의 생명은 좀 연장해 줄만도 한데 그러나 이제 그를 이 세상에서는 다시는 접할 수 없게 되었도다. 어찌하여 나로 하여금 목을 놓아 통곡하고 조물주를 원망하며 귀신을 탓하게 만드는가. 아, 슬프다. 선생은 백절불굴의 강개한 성격의 소유자였으면서도 자유분방한 풍모를 지녔다. 자기의 행동을 독실하게 단속하여, 집요하게 정치의 한 길을 외롭게 걸었다.

어쩌면 선생께서는 혼탁한 이 세상에 대해 염증을 내고 육신의 구속을 괴롭게 생각한 나머지 형체를 벗어 버리고 다른 세계로 몸 바꿔 올라가신 것은 아닐까. 그리하여 해와 달을 옆에 끼고 바람과 천둥을 몰고 다니는가 하면 까마득한 천상(天上)에서 느긋하게 노닐고 밑도 끝도 없는 세계를 드나들면서 선배 제현(諸賢)들과 어깨를 치며 즐겁게 노니느라 이 세상에 내려오려 하지 않는 것은 아닐까. 이승에서는 위대한 하나를 잃었지만 저세상에서는 걸출한 하나를 얻었도다.

아 슬프도다. 삼가 고 김대중 전 대통령 각하의 서거를 슬퍼합니다. 저세상에서는 모든 것 다 잊고 편히 잠드소서. 명(銘)을 지어 바치나이다.

망망대해에 성난 파도는 집채만 한데
조각배 저어 저어 어디로 가는가
영화 조스 같은 사나운 상어 떼와
고기들을 통째로 집어 삼키는 무서운 고래 들이
펄펄 뛰어 오르는 그 험한 바다 위를
사람들은 모두들 무서워하는데
남도의 이름 모를 작은 섬 아이 하나
그 바다 위에 떴다
돛대도 아니 달고 삿대도 없이
핏빛 바다에 단지 노 하나로
상어도 잡고
고래도 잡았도다
험한 바다는 노련한 뱃사공을 만드는 법

그 무서운 바다에 새로이 길이 나고
사람들은 즐겨 오가도다
그리고 그 햇볕은 쨍쨍 내리 쬔다
아, 슬프다. 선생이 가셨도다
대중 노인 대중 노인 편히 영면하소서
험한 세상 당신과 함께할 수 있어서 다행이었습니다

　나도 모르게 눈물이 계속 흐르면서 오장(五臟)이 끊어져 나갈 것만 같은데, 대중 노인은 우리가 슬퍼하는 것을 저 구천(九天) 위에서 바라보고는 다시금 손뼉 치며 한바탕 웃고 계실지도 모를 일이다. ♣

국장國葬과 비례非禮

禮(예)는 그 나라 문화의 척도이자 나라 기강의 근본이다. 그래서 예가 아니면 임금은 한 발자국도 움직일 수 없었으며 선비는 예가 아니면 보지도 않고 듣지도 않고 말하지도 않고 움직이지도 않았다. 우리나라의 수많은 당파 싸움의 근원도 예송이 대부분을 차지한다. 지금도 시대만 다를 뿐 금세기 선비들도 이와 다르지 않다.

그래서 항간에서는 이번 고 김대중 전 대통령의 국장(國葬)을 두고 과연 예에 맞는가에 대한 언설이 일어나고 있다. 국장이란? 국가 또는 사회에 현저한 공적을 남긴 사람이 사망한 때에 대통령의 결정에 따라 국비로 치르는 장례이다. 이 점으로만 본다면 고 김 전 대통령은 국장으로 행하여도 될법하다.

국장제도의 연원은 가깝게는 조선시대의 국상제도에서 찾아볼 수 있다. 국상은 인산(因山)·인봉(因封)이라고도 하며, 태상왕·태상왕비·왕·왕비·왕세자·왕세자빈·왕세손·왕세손비가 그 대상이었다. 대체로 6개월인 국상 기간에는 백성 모두가 상복을 입었고, 장례를 담당하는 국장도감이 따로 설치되기도 했다.

그렇다면 과연 고 김 전 대통령 서거에 국장이 격에 맞았는가? 국장은 대통령이 현직에 있으면서 서거했을 때나 전 국민이 애도하는 분위기 속에서나 행하는 것이지. 자기 스스로 위대하다고 하고, 그 가족이 국장을 원한다고 정부에 요청을 하고, 그래서 정치적으로 특정 세력들이 그것을 추구했다면 그것은 예가 아니다.

대통령직을 마치고도 온갖 정치에 간여하다가 85세의 나이로 병원에서 숙환으로 서거한 것은 국장의 분위기가 아니다. 설사 고 김 전 대통령 같은 분은 어디에다가 장례를 치르더라도 국민들이 국립묘지로 다시 모셔올 사람이다. 그런데 무엇이 두려워 동작동 국립묘지에 묻히기를 구차하게 희망하는가? 그래서 이루어진 국장은 너무 허전했다. 명과 분이 잘 맞지 않았다. 그 때문에 고 박정희 대통령이 서거했을 때는 하늘도 슬퍼했고 땅도 슬퍼했으며 이 땅의 산천초목도 울었다. 온 국민들이 조기에 경례를 하고 국장으로 국민들이 참여했다. 여기에는 거의 삼천만 동포가 모두 슬퍼했다.

노무현 대통령은 국민장으로 장례를 행했으나 조문의 인파가 서울의 거리를 메우고 봉하마을까지 줄을 이었다. 약 400만 명의 애도 인파가 눈물을 뿌렸다. 그러나 고 김대중 전 대통령 국장에는 전체 70만 명 정도가 조문을 행했다.

텔레비전에서는 국장의 분위기를 띄우기 위해서 연일 사상최대란 말을 사용했지만 썰렁한 국장의 분위기는 여전하였다. 사상 최대로 많은 사람을 초청하였지만 그렇게 많은 인파가 몰리지는 않았다. 그러나 국장의 분위기는 분에 넘치도록 사치스러웠다. 국가의 돈이 장례식을 치르는데 너무 낭비가 되었다.

중국의 어떤 국가 지도자는 시신을 기증하고 자기 몸을 화장하여 바다에 뿌렸고. 어떤 국가 주석 부인은 평소 옷 한 벌만으로 평생을 살아왔다. 그들은 화려함을 추구하지 않고도 전 세계의 이목을 집중시켰으며 지구촌 사람들로부터 진실한 존경을 지금까지 받고 있다.

태평성대에도 군자가 벼슬에 나아가기 어려운 점이 네 가지 있다.

재주는 스스로 팔아서는 안 되고, 도는 구차히 영합해서는 안 되며, 가까이 있어도 소개하는 사람이 없으면 조정에 들어가지 않고, 멀리 있어도 소개해 주는 사람이 없으면 벼슬길에 나오지 않는다.

국장은 유족들이 원하는 것이 아니라 국민들이 원하는 것이다. 이 명박 대통령 또한 정치적 화합의 기회로 활용하기 위하여 국장의 예를 남용한 흔적을 지울 수가 없다.

고 노무현 대통령이 서거하여 국민장으로 장례를 행한 것이 얼마나 지났는가? 이 시점에서 누구는 국장이고 누구는 국민장인가? 누가 더 국민들에게 슬픔을 안겨주었는가? 형평이 너무 어긋난다. 그러나 지금 시대에 무슨 그런 예가 필요하겠냐고 한다면 물론 할 말은 없다.

그리고 고 김대중 전 대통령이 국가에 현저한 공을 남긴 것이 과연 무엇인가? 전체 국민을 화합하기보다는 냉철히 보아서 오히려 분열되었고, 특히 햇볕정책은 오히려 북한의 핵위협과 미사일 발사로 많은 국민들을 혼란에 빠뜨렸다. 더군다나 서해교전에서 전사한 영웅들은 북을 자극하면 안 된다는 이유로 장례도 성대히 치러 주지 않았다.

참된 민주의 열기가 오히려 특정 정파의 정략으로 왜곡되고 이 땅을 위해 목숨을 아끼지 않았던 국가유공자들과 원로들은 민주화하면 머리를 흔들며 골치 아파한다. 민주화하면 춤이라도 출 정도로 좋아해야 할 터인데 이 땅의 민주화는 왜 그렇게 골치 아파하는 사람들이 많았을까? 지금도 민주화를 외치는 일련의 사람들을 보라. 그들이 추구하는 민주주의를 국민들은 흔쾌히 받아들이려 하지 않는다.

이명박 대통령은 햇볕정책을 비판했으며 반대했다. 그의 이러한 대북관이 그를 대통령에 당선되게 했다. 국장은 과연 국민들이 원한 것인가? ♣

북한의 황강댐 방류를 규탄한다

북한이 황강댐의 물을 갑자기 방류하여 경기 연천군 임진강변에서 야영 또는 낚시 중이던 민간인 6명이 참변을 당했다. 북한의 황강댐은 용도가 무엇인가? 농사에 도움을 주기 위한 것인가? 전력을 얻기 위한 것인가? 아니다. 남한을 공격하기 위해 만든 것이다.

이 땅에 강둑을 막아 물 공격을 한 군사 작전은 고구려의 장수 을지문덕으로부터 시작된 것이다. 고구려와 수나라의 전쟁은 고구려가 전략 요충지인 요서 지방을 선제공격한 것을 계기로 시작되었다. 수양제는 고구려가 돌궐과 내통하여 수나라에 대항하는 것을 알고 100만 대군을 거느리고 고구려를 침공하였다.

수나라 군사들은 요하를 건너 수양제의 직접 지휘 아래 고구려의 요새인 요동성을 포위 공격하였다. 그러나 고구려의 성은 단단하였고 군사들은 일치단결하여 힘써 싸웠으므로 쉽게 함락되지 않았다. 그러자 수양제는 조급해져서 다시 별동대 30만 명을 압록강 서쪽에 집결시켜, 단숨에 평양성을 공격하려 하였다.

이때 고구려 장수 을지문덕(乙支文德)은 거짓 항복하여 적진에 들어가서 적의 동태를 정탐했다. 적진에서 돌아온 을지문덕은 수나라 군사들에게 군량이 많지 않음을 파악하고 청야(淸野) 작전으로 대응하였다. 수나라 장수 우중문이 압록강을 건너 쳐들어올 때, 을지문덕은 계속 거짓으로 패한 척하면서 적들을 깊숙이 유인하였다. 적장은 을

지문덕의 유인 작전에 속은 것도 모르고 살수를 건너 평양성 북쪽 30여 리 지점까지 쳐들어왔다. 이때 화살에 매인 격문이 하나 날아와 기둥에 꽂힌다. 격문은 전쟁 중에 상대방을 교란할 목적으로 적장을 약 올리는 문체이다.

을지문덕은 적장에게 희롱하는 시를 써서 보내니, 수나라 군사들이 비로소 꼬임에 빠진 것을 알아차렸다. 을지문덕의 청야작전은 적중했다. 피로와 군량 부족으로 수나라 군대가 후퇴하자 을지문덕이 지휘하는 고구려군은 이를 추격하기 시작하였다. 수나라 군대가 살수(청천강)에 다다랐을 때에는 물이 얕았다. 을지문덕이 둑을 쌓아 물의 흐름을 막았기 때문이다. 수나라군은 이를 알지 못하고 강을 건너기 시작했는데, 반쯤 건넜을 때 미리 막아둔 둑을 무너뜨려 공격을 하였다. 수나라 군사들은 물에 휩쓸리고 뒤이어 공격해 온 고구려 기병에 당해 거의 몰살했다. 이것이 이른바 살수 대첩이다.

지금 북한은 을지문덕의 활약상과 고구려의 기개와 용기를 다시 배워서 남한을 비롯한 모든 적대국들에게 선군정치를 하려 한다. 핵무기 제조, 미사일 발사로 온 세계의 비난을 받으면서도 전쟁 준비에만 광분한다. 오직 남한만을 공격할 수 있는 황강댐의 물 공격은 더 이상 우리가 동족이 아니라 적이라는 것을 상기시킨다.

우리는 여기에 어떻게 대응해야 할까? 이것은 지리를 이용한 작전이다. 그러나 지리는 인화만 못 하다고 했다. 우리 남한은 일치단결하여 인화를 이루어 내야 한다. 북한이 우리를 물로 공격해 오면 우리는 북한에게 청야작전을 써라. 북한에 모든 원조는 차단하고 고립시켜야 한다. 살수대첩과 청야작전 이것이 을지문덕 한 사람의 작전이건만 남북한이 둘로 나누어지자 작전도 갈라졌다.

북한이 저지른 저 무모한 만행을 남한의 탓으로 돌려서는 안 된다. 남한이 잘못한 것이 도대체 무엇인가? 햇볕정책은 북한을 자극하면 안 된다고 했던가. 그 주창자는 이제 이 세상에 없다. 그런데도 일부 야당은 이것을 계승하겠다고 저 난리인가? 죄 없는 국민들을 얼마나 억울하게 사지로 몰아넣으려고 그러는가?

그들의 만행은 여기에서 그치지 않는다. 그런데 왜 몹쓸 햇빛정책으로 북한을 그렇게 퍼주었던가? 잘못된 정책만 이 땅에 남겨 혼란만 야기 시켜놓고 이제 그는 홀연히 세상을 떠났다.

그렇다면 죽어서는 북한에 묻히지 왜 동작동 국립묘지에 묻혔는가? 그 호국영령들에게 부끄럽지도 않은가? ♣

인사청문을 바라보며

옛말에 '집이 가난하면 어진 아내를 생각하고 나라가 어지러우면 어진 재상을 생각한다'고 했다. 요즘처럼 나라가 어수선할 때에는 이 말이 실감 나게 와 닿는다. 어디선가 새로운 인재가 나타나 국민에게 새로운 희망을 줄 수 있었으면 좋겠다. 진실로 훌륭한 인재가 그리운 시대다.

지금 이 강토는 인사청문회로 시끌벅적하다. 이명박 정부의 최대 실수는 인사에 있었다. 그가 압도적인 지지로 대통령에 당선되었을 때에 국민은 기대가 컸다. 그러나 인수위원회의 인사들을 보고 국민은 크게 실망했다. 인사가 잘못되면 만사가 흐트러진다는 말이 실감 날 정도였다. 인사 문제가 곧 정치의 핵심이라고 해도 과언이 아니다. 진실로 국가가 혼란하니 새로운 인물이 혜성과 같이 나타나 주길 국민은 얼마나 기대하는가. 이런 시점에 이명박 정부가 지금 새로운 인사를 단행했다. 그러나 새로운 인물은 나타나지 않았다.

어느 시대 어느 곳엔들 뛰어난 인재가 없겠는가만 다만 초야에 흘러두고 찾지 못할 뿐이다. 오늘날은 왜 혜성과 같이 나타나는 인재가 없을까. 그 이유는 너무나 학벌을 위주로 선발하고 정계나 사회에서 알려진 인물만 대상으로 선발하기 때문일 것이다. 이 인사들에 대해 국회가 검증 작업을 벌인다고 인사청문회를 하고 있다. 간사한 소인배들이 득실거리는 국회에서 과연 올바른 인사청문회가 이루어질 수 있을까.

옛날에 인재를 평가하는 잣대는 주로 忠과 孝였다. 지금의 잣대는 온갖 사소한 가사 문제부터 시작해서 치사하리만큼 세세하게 먼지 털어내듯 과거행적을 지적해 낸다. 여기에 누가 과연 온전할 수 있겠는가. 강태공같이 낚시하면서 학문과 지식을 연마해 오랜 준비를 하고, 재주를 감추고 때를 기다리는 인재도 없을뿐더러 초야에 은거해 있는 제갈공명 같은 이를 삼고초려하려는 그런 정치인도 보기 드물다. 오직 당리당략과 자기편을 위해 도움이 되는 편협한 인재들만 구하려다 보니 인사가 제대로 이뤄지지 못하는 듯하다. 좀 색다른 인물들이 초야에서 발견돼 정계에 등용됐으면 좋겠다. 임진왜란 때의 명재상 서애 유성룡은 이순신 같은 인재를 어디서 구했을까. 성대중의 지은 『청성잡기』라는 책에는 이런 글이 실려 있었다.

"서애 유성룡(柳成龍)이 홍문관(弘文館))의 관리로 있을 때 귀성(歸省)하기 위해 한강을 건너는데, 강물은 불어나고 건너는 사람은 많아 서로 앞다투어 배에 오르느라 자못 소란스러웠다.

이때 무인으로 보이는 길손이 평복 차림으로 홀로 말을 끌고 배에 올랐는데, 어느 술 취한 자가 뒤따라 올라서는 그가 자기보다 먼저 배에 오른 것에 화를 내며 거침없이 욕을 해댔다.

그러자 배에 타고 있던 자들이 모두 분개하여 심지어 그를 대신해 싸우려고까지 하는데도 정작 길손은 머리를 숙이고 채찍을 늘어뜨린 채 강을 다 건너도록 아무것도 듣지 못한 척하였다. 서애도 속으로 그를 나약한 사람이라고 생각했다.

배가 나루터에 닿자 길손이 말을 몰고 먼저 내려 말의 뱃대끈을 바짝 조이고 있었는데, 술 취한 자가 계속 욕지거리를 하면서 뒤따라 내렸다.

알고 보니 대갓집 하인이었다. 길손이 왼손으론 말고삐를 잡고 오른손으로 술 취한 하인을 움켜잡는데 맹호가 토끼를 후려치듯 민첩하였다. 칼을 뽑아 목을 베어 강물에 던져 넣고는 낯빛도 변하지 않고 말에 올라 곧장 떠나 어느새 사라져 버렸다.

나루터에서 그 모습을 본 자들이 모두 크게 놀라 넋이 빠져 있는데, 서애만은 그를 기특하게 여겨 '이 사람은 대장감이다'라고 감탄하였다. 항상 그 사람을 기억하고 있었는데 뒤에 군문(軍門)에서 살펴보니 바로 훗날의 충무공이었다. 서애가 공을 알아본 것은 사실 이 일에서 비롯된 것이지 율곡(栗谷)이 천거했기 때문만은 아니다."
라고 하였다.

인재는 이렇게 발견되는 모양이다. 이명박 정부도 인재발굴의 시각을 고쳐 초야의 인재들을 찾는 데 골몰해 보라. 이 땅에도 강태공이나 제갈공명 같은 인재들이 곳곳에 은둔하고 있다. ♣

공무원노조를 직시한다

공무원노동조합은 공익을 위함인가, 사익을 위함인가? 이것은 공무원들의 사익을 위한 것이다. 공무원노동조합의 결성 취지를 보면 "우리는 국가와 국민을 위한 공직자이자 공무원 노동자로서 국민의 여망을 담아 공직사회를 혁신하여 국민에게 참봉사와 신뢰받는 새로운 공직사회를 창출하고, 천부의 권리인 인권과 노동기본권, 공무원의 권익 신장과 기본 권리를 보장받아 인간다운 삶의 행복권을 추구하고 하나로 단결하여 공무원 노동자의 경제적, 사회적, 지위 향상과 민주사회와 통일조국 건설을 위하여 공무원 노동조합을 결성한다"고 하고 있다.

그 목적에도 "조합원이 인간으로서의 존엄성을 유지하고 국민의 봉사자로서 활동할 수 있도록 경제적, 사회적 지위를 향상시키고 조합원의 공동이익 추구와 국민의 공익실현을 목적으로 한다."라고 하고 있다. 공무원은 그 임기나 직급 그리고 임금 등은 법으로 보장되어 있다. 최근 공무원 노조는 공무원들의 정년을 연장하는 데 성공했다. 그러나 공무원은 한 나라의 일꾼으로서 그 사명감이 남달라야 하는 직업이다.

공무원이란 국가 또는 지방 공공 단체의 사무를 맡아보는 사람을 이른다. 공무원의 윤리헌장을 보면 공무원의 임무와 자세가 잘 드러나 있다.

우리는 영광스러운 대한민국의 공무원이다. 오늘도 민족중흥의 최 일선에 서서 겨레와 함께 일하며 산다. 이 생명은 오직 나라를 위하여 있고, 이 몸은 영원히 겨레위해 봉사한다. 충성과 성실은 삶의 보람이요 공명과 정대는 우리의 길이다. 이에 우리는 국민 앞에 다하여야 할 숭고한 사명을 민족의 양심으로 다지며, 우리가 나가야 할 바 지표를 밝힌다.

공무원의 신조
1. 국가에는 헌신과 충성을
1. 국민에겐 정직과 봉사를
1. 직무에는 창의와 책임을
1. 직장에선 경애와 신의를
1. 생활에는 청렴과 질서를

이것은 군사독재시절에 만들어진 공무원 윤리헌장이다. 이 공무원 윤리 헌장은 오히려 우리 국민에게 믿음을 준다. 그러나 온갖 공무원들의 부정부패가 빈번히 일어나는 요즈음 공무원들의 기강은 해이해질 대로 해이해져 있다. 그러면서도 공무원 자신들의 권익을 위해 공무원노조를 결성하고 그것도 모자라 민주노총에 가입하려는 공무원 노동조합을 바라보며 우리 국민들은 썩 달갑게 여기지 않는 것 같다.

우리 국민들은 언제쯤 믿음직한 공무원들을 바라보며 그들을 의지하며 행복하게 살아 갈 수 있을까? 공무원노조의 행동강령을 바라보며 시비가 일어난다. 송나라 구양수는 붕당론에서 이렇게 말한다. "붕과 당 두 글자는 비록 서로 비슷하다고 하나, 군자는 붕이 있고 당이 없으며, 소인은 당이 있고 붕이 없으니, 붕이란 공(公)이요 당이란 사(私)이다."라고 하면서 "대체로 붕이란 동류를 말하고, 당이란 서로 도와서 잘못을 감추어 줌을 이름이니, 두 가지의 분간이 비록 서로 비슷하다고는 하나 실은 백천만 리나 멀다. 군자가 중히 여기는 것은 도의이다. 소리가 같으면 서로 응하고, 기(氣)가 같으면 서로 구하니, 숭상하는 바가 한결같이 공(公)과 정(正)에서 나온 것은 붕이라 하면 옳지만 당이라 하면 안 된다. 소인은 그렇지 않다. 재빨리 서로 부화하고, 맹목적으로 서로 어울려 붙좇아가 간곡하고 후하게 하기를 주야로 그치지 않아서, 자기 뜻에 맞는 사람은 뇌동하여 칭찬하고, 자기 뜻에 맞지 않는 사람은 함께 배척하여, 저희들끼리 참여하여 안 뒤에 행동하고 모의한 뒤에 말한다. 비록 자기들이 사사롭고 사악한 형적을 스스로 덮으려 하지만, 그들이 성취한 일을 보면 부귀·권세와 이권 사이에서 벗어나지 않는다."라고 하고 있다.

공무원 노동조합의 결성 취지가 여기에서 벗어난 순수한 그 무엇이 필요하랴 ? 공무원들이여 당신들은 군자의 길을 가야 한다. 공무원은 공익을 위해 일을 해야 하는 것이고 개인의 사사로운 이익을 추구해서는 안 된다. 공무에 임하는 자세는 조그마한 일이더라도 국민의 편익을 위해 있어야 한다. 공무원은 국민에게 봉사하고 헌신해야 하는 직업이다. 이제 공무원노조를 결성하는 것도 모자라 민주노총 안으로 들어가려는 것은 무엇 때문인가? 국록이 적어서인가? 힘이 없어서인가? 신분 보장이 두려워서인가? 그것이 아니고 국가를 능멸하겠다는 뜻이 있다면 이는 역적이 되는 것임을 명심하라. ♣

남북 이산가족 찾기

피는 물보다 진하다지만 사상보다는 진하지 않은 것인가. 이유야 어찌 됐건 철조망이 가로막혀 헤어져 산 지가 60여 년. 혈육 간에도 생각이 다르면 잦은 다툼이 일어나기도 한다. 그러나 어찌 그 근본을 잊으리오. 잃어버린 세월만큼이나 보고 싶은 정을 어찌 다 말할 수 잊으리오. 눈물이 앞을 가려 차마 볼 수 없다오. 이와 같은 심정을 읊은 한시 한 편을 음미해 보자.

〈行行重行行(정녕 가셔야만 합니까)〉

– 매승(枚乘)

行行重行行	가고 가고 다시 또 가시니
與君生別離	그대와의 생이별을 어찌하리오
相去萬餘里	그래서 서로 떨어진 거리가 만여 리
各在天一涯	각각 흩어져 서로 하늘 끝에 있네요
道路阻且長	길은 험하고 또 멀리 있으니
會面安可知	만날 날을 어찌 기약할 수 있으리오
胡馬依北風	오랑캐말도 북풍을 그리워 울고
越鳥巢南枝	월나라 새도 남쪽나라 가지를 그리워 운다
相去日已遠	서로 떨어진 세월이 점점 멀어지니
衣帶日已緩	몸은 여위어 허리띠는 헐렁헐렁

浮雲蔽白日	뜬구름은 밝은 해를 가려버리고
遊子不顧返	길 떠난 그대는 돌아오지 않네요
思君令人	그대 그리움에 이 몸은 늙어가고
歲月忽已晚	세월은 어느덧 너무 늦어가네요
棄捐勿道	포기해 버리고 다시는 말을 말지니
努力加餐飯	애써 식사 많이 하시고 건강이나 하세요

위 시는 고시 19수 가운데 한 수이다. 저 북쪽에 두고 온 가족에게
나 남쪽에 두고 간 북녘 가족에겐 절절이 와 닿는 시이다. 오늘 서로
이별하면 어느 때 다시 만날 수 있을지. 만남은 정해진 이별을 준비해
야 하리. 최근에 추석을 맞이하여 남북 이산가족 상봉행사가 금강산
이산가족면회소에서 시작되었다. 만나는 기쁨도 잠간 헤어짐의 슬픔
으로 피눈물이 쏟아진다. 그 긴 생이별, 이 눈물의 왈츠 앞에서 며칠
이라도 시간을 더 주었으면 좋으련만 누가 이것을 막을 수 있는가?

한편 남북 이산가족 만남의 행사가 진행 중인 그저께 밤 한 70대
실향민이 그 기다려 오던 이산가족 상봉 행사에 참여하지 못한 것을
비관해 달려오는 전동차에 몸을 던져 자살한 사건이 발생해 주위를
안타깝게 했다. 얼마나 보고 싶고, 얼마나 가고 싶었을까? 천륜을 끊
어 놓고 이것을 미끼로 삼아서는 안 된다. 누가 무엇이 이들을 가로막
는 천인공노할 짓을 하는가? 북한은 이렇게 해준 것이 마치 큰 은혜
나 베푸는 것처럼 하고 있다. 그리고는 남한은 이 행사를 열어준 것에
그냥 있어서는 안 될 것이라고 하면서 그 대가로 쌀과 비료를 요구한
다고 들었다.

그럼 저 북한 동포들은 그들에게 있어서 무엇인가? 인간이 아니라

노동의 수단으로만 보는 것인가? 아니면 사람을 무슨 단백질 덩어리로 보는 것인가? 그들에겐 그리움이나 정 같은 것은 그들이 내세우는 전투정신에 어긋나는 것인가? 우리 정부는 어떻게 해야 하는가? 협상을 많이 해 본 경험이 있는 이명박 대통령은 또 생각이 어떠하신지? 피는 사상보다 진하다. 저 통곡소리를 들어 보라. 이 행사에 참여하지 못하고 애태우는 나머지 이산가족들을 돌아보라. 우리 가위 바위 보로 전쟁이라도 한 번 하자. 그리하여 일 년에 한두 번만이라도 서로 고향을 방문할 수 있도록 하자.

햇볕정책은 왜 이것을 성사시키지 않았을까? 아쉬운 한이 남는다. 이 행사는 남북적십자회담의 합의에 따라 〈1천만 남북 이산가족 찾기 운동〉 시범사업의 하나로 이루어진 남북한 간의 고향방문 사업이다. 이 사업은 1970년대 초 서울과 평양에서 진행된 남북적십자회담에서 대한적십자사 측이 제의한 것으로, 1985년 5월 서울에서 개최된 제8차 본회담을 계기로 처음 그 실현을 보게 되었다.

지금 이산가족들은 꿈에 그리던 가족을 만나 60여 년 가까이 이어져 온 생이별의 한을 달래고 있다만 그 만남 뒤의 이별이 더욱 아플 것 같아 걱정이다. 이번 추석은 발갛게 멍들었을 이산가족들의 가슴 때문에 발걸음이 가볍지 않다. 하루빨리 저들의 자유로운 왕래를 위해 정부는 노력하라. ♣

정政은 정正이다

공자는 정치에 대하여 수많은 언급을 하였다. 그러나 공자는 논어에서 '정(政)은 정(正)이다'라고 단호하게 선언했다. 지금 우리 정치는 국정감사에 쏠려 있다. 국정감사란? 국회가 이 나라의 정치 전반에 관한 감사를 직접 하는 것이다. 전기톱과 쇠망치가 난무하는 국회. 욕설과 몸싸움으로 의사를 결정하는 국회. 이것은 세계에서 가장 이상한 민주주의의 나라 대한민국의 국회이다. 이제 바로 이들의 권한이자 대한민국 국회의원의 최고 일거리인 국정감사가 비로소 시작되었다. 국정감사는 국회의원의 기본자질이 국민들에게 검증되는 것이기도 하다. 우리 국민들은 여기에서 자기 지역구의 진정한 대변인이자 일꾼인 국회의원을 잘 살펴보며 감시해야 한다. 국회의원은 어디에서 탄생되는가? 국민에게서 나온다. 어찌 그들뿐이랴? 대통령과 행정수반, 도지사, 공무원들도 따지고 보면 모두가 국민이 만든 것이다. 바로 국민이 최고의 권리자인 셈이다. 우리는 이들을 정치라는 명목하에 그들을 뽑는다. 그들은 무엇을 어떻게 해야 바르게 정치를 하는 것일까? 다산 정약용 선생은 〈원정(原政)〉이란 글에서 이렇게 말하고 있다.

"정치(政)의 뜻은 바로잡는다(正)는 말이다. 똑같은 우리 백성인데 누구는 토지의 이익과 혜택을 함께 누리어 부유한 생활을 하고,

누구는 토지의 이익과 혜택을 받지 못하여 빈한하게 살아야 하는 것인가. 이 때문에 토지를 개량하고 백성들에게 고루 나누어 주어 그것을 바로잡았으니 이것이 정치[政]이다. 똑같은 우리 백성인데 누구는 풍요로운 땅이 많아서 남는 곡식을 버릴 정도이고, 또 누구는 척박한 땅도 없어서 모자라는 곡식을 걱정만 해야 하는 것인가. 이 때문에 배와 수레를 만들고 무게를 다는 저울과 곡식의 양을 헤아리는 되나 말의 규격을 세워 그 고장에서 나는 것을 딴 곳으로 옮기고, 있고 없는 것을 서로 통하게 하는 것으로 바로잡았으니 이것이 정치이다. 똑같은 우리 백성인데 누구는 강대한 세력을 가지고 제멋대로 빼앗아 삼켜서 커지고, 누구는 연약한 위치에서 자꾸 빼앗기다가 멸망해 가야하는 것인가. 그렇기 때문에 군대를 조직하고 죄 있는 자를 성토하여 멸망의 위기에 있는 자를 구제하고 세대가 끊긴 자는 이어가게 하는 것으로 바로잡았으니 이것이 정치이다.

(중략)

우인(虞人)이란 산림소택(山林沼澤)을 맡은 벼슬은 시기를 가려 산림(山林)에 들어가서 짐승과 새들을 사냥함으로써 해독을 멀리하기도 하고, 또 모든 쓰임에 공급도 하며, 의사는 병리(病理)를 연구하고 약성(藥性)을 감별하여 무서운 전염병과 일찍 죽는 것을 미연에 방지하게 하는 것이 바로 왕정(王政)인 것이다. 왕정이 없어지면 백성들이 곤궁하기 마련이고, 백성이 곤궁하면 나라가 가난해지고, 나라가 가난해지면 세금을 많이 걷게 되어 부담스럽고, 세금을 많이 걷어 생활이 쪼들리면 인심이 이산되고, 인심이 이산되면 임금이나 황제 같은 천명(天命)도 바뀌어 제거되는 것이다. 그러므로 급히 서둘러야 할 것이 정치이다."

우리나라 정치의 상상력은 다산 선생의 이 사유방식을 토대로 한다면 모자람이 없을 것 같다. 우리 국민들은 지금 국회의원들을 시켜 이 나라의 정치 전반에 대하여 감사를 진행하고 있다. 국정감사를 하는 사람이건 받는 사람이건 무조건 이 글을 읽어보라. 지금 국가의 녹을 먹고 있는 모든 사람들은 이 말에 반드시 귀를 기울여야 한다. 옛 사람도 이러하거든 하물며 지금의 세상에 있어서이랴?

신성한 국정감사권을 남용하여 국회를 난장판으로 만들고, 당리당략에 휘말려 국회의원의 본분을 망각하고 있지나 않는지? 그러나 엊그제는 농민들의 피를 빨아먹는 농협의 비리가 발각되고, 기초의원의 외유성 해외 연수 논란에 이어 지방의원들의 비리도 연이어 드러나고 있다. 우리 국회의원 중에 정치가 잘못되어가고 있다고 꾸짖어 바로 잡으려는 순수한 의도가 왜 없겠는가? 국회는 좌우논쟁에 휘말리지 말고 공정한 입장에서 구석구석 잘 감시하여 국민들을 잘 받들고 있는지, 국가의 재산을 잘 지키고 있는 지, 철저히 감사하라. 백성은 하늘이다. 천명도 바꿀 수 있는 것이 국민이라는 점을 명심하라.

♣

조두순 사건과 솜방망이 처벌

추악하고 파렴치한 아동 성폭행 범죄자에게 12년의 형량이 구형되자 국민들은 일제히 분노했다. 이런 악질적인 범죄에 대한 법원의 이해 못 할 판결은 이명박 대통령까지도 불만을 드러내게 했다. 이런 인간은 사회로부터 영원히 격리해야 한다는 것이 국민의 법 감정이다. 이 사건의 전말을 다시 한번 보기로 하자.

피고인 겸 피부착명령청구인(이하 '피고인'이라 한다)은 1983년 서울지방법원 북부지원에서 강간치상죄로 징역 3년을 선고받은 전력이 있는 자로서, 술에 취하여 사물을 변별하거나 의사를 결정할 능력이 미약한 상태에서 지난해 12월 11일 아침 모 교회 앞 노상에서 등교하던 피해자(여, 8세)를 발견하고 피해자를 강간하기로 마음먹고 접근하여 범행을 행하고 피해자의 목을 졸라 기절하도록 했다. (중략) 따라서, 이 사건 범행으로 인하여 피해자 및 피해자의 가족은 평생토록 지울 수 없는 참담하고도 심각한 고통과 정신적 상처를 입었으며, 특히 피해자는 정서적·육체적 성장 과정에서 심한 고통을 받을 것이 분명하고, 평생 동안 장애인으로 살아가야 한다.

이 사건의 전말을 보면서 분노한다. 사회를 경악케 한 사건에 겨우 형량이 12년이라 한다. 나는 이럴 때면 '사람을 죽인 자는 즉시 사형에 처한다'는 원시시대의 법이 참 좋다고 생각한다. 이런 경우 처벌은 최대로 해야 한다. 언제부턴가 인권이라는 말을 자주 하면서 범죄인의 인권만 지켜주고 있다. 어린 8세 여자아이(가명 김나영)가 당한 인권은 잔인하게 유린됐다.

일부 언론에서 이 사건을 '나영이 사건'이라고 부르고 있는 데 대해서도 유감이다. 비록 가명이지만 범죄자의 이름은 사용하지 않고 잔인한 범죄를 당한 당사자의 이름을 넣어 굳이 '나영이 사건'이라고 해야 하는가? 그것이 가명인데도 여전히 어린 8세 여아의 여운이 남아 귀에 몹시 거슬린다. 이것도 인권을 위한 것인가? 그렇다면 잘못되어도 한참 잘못되었다. 나영이란 이름의 자녀들 둔 부모들은 얼마나 기분 나쁠까. 언론들은, 특히 텔레비전 방송은 나영이 사건이라는 말을 중지하라. 이것은 '나영이 사건'이라고 하면 안 된다. 나영이에게 또 다른 상처를 입히는 일이다. 비록 가명이지만 당사자가 이것을 본다면 얼마나 가슴이 아플까? 어린 아이를 두 번 죽이는 것이다. 범죄자의 이름을 따서 '조두순 사건'이라고 말해야 한다. 두 번 다시 아이들에게 이런 일이 일어나지 않도록 교육할 책임을 우리 사회는 성실히 이행해야 한다.

한나라 때의 선현인 순상(荀爽: A.D.128~190)의 여계(女誡)에 이르기를,

일곱 살배기 사내아이를	七歲之男
할머니가 안아 주지 말고	王母不抱
일곱 살배기 계집아이를	七歲之女
할아버지가 잡아 주지 말지니	王父不持

친부모가 아니면	親非父母
수레를 함께 타지 말고	不與同
친형제가 아니면	親非兄弟
한자리에 앉지 말아서	不與同筵
예가 아니면 움직이지 말고	非禮不動
의가 아니면 행하지 말라	非義不行

라고 하였다.

아이를 가진 부모는 늘 경계하고 또 조심하도록 교육해야 하는 것이다. 언제 저런 미친 인간들에게 또 당할지도 모르는 일이다. 조두순은 성범죄 전과가 있는 사람이었다. 일찌감치 더 가혹한 형벌을 내렸더라면 이런 일이 일어나지 않았을 수도 있었다. 다시는 이 사회에서 저런 가슴 아픈 범죄가 일어나지 않도록 일벌백계해야 한다. 법이 범죄자를 만드는 모순이 되풀이되어서는 안 된다. 중구삭금이란 말이 있다. 많은 사람들의 입은 무쇠도 녹인다. 사람이 곧 법이다. 지금 우리 국민은 또 한 번 절망감을 느끼고 있다. 당신들의 어린 딸이 당했다고 생각하고 법을 강력히 집행하라. 이런 범죄자들은 사회로부터 영원히 격리시켜야 한다. ♣

세월이 가도 남겨두어야 할 것들

세상이 너무 빨리 그리고 너무 많이 변하고 있다. 이 변화의 바람을 타고, 개혁과 진보라는 이름으로, 불편하다는 이유로 혹은 구시대의 유물이라고 해서 내치는 것들 중에는 세월이 가도 남겨두어야 할 것들이 많다. 산이 잘려나가고 강의 물줄기가 바뀌고 새로운 길이 뚫리고, 빠른 속도로 세워지는 건축물들 속에는 우리 민족의 소중한 문화유산들도 빠르게 지워지고 있다. 그리고는 다시 복원한다는 이름으로 새로 탄생되는 문화재들 중에는 왠지 조화가 되지 않는 것들이 많다. 잘못된 복원은 오래간다. 지금 지방자치제가 되면서 각 지방의 고을마다 벌어지고 있는 전통문화 복원사업은 관광수입을 염두에 두고 개발되는 경향이 많아서 눈살을 짓게 한다. 유형문화재만 그런 것이 아니라 무형문화재도 그렇다.

유교문화의 대를 이어오던 제사가 하루아침에 끊어지고 천주교식이니, 기독교식이니, 불교식이니 하면서 형태가 바뀌어 지고 그 소중하던 제기는 고물장사의 몫으로 넘어갔다. 그 정중하던 인사법들도 예의도 간단하게 사라졌다. 무너뜨리는 데는 실로 잠깐이지만 다시 일으켜 세우려면 수백 년이 걸린다. 중국 문화 혁명 때 개혁의 구호 아래 공자의 비석이 산산조각나더니만 지금은 다시 붙여서 관광객을 맞고 있다. 중국은 지금의 살길은 유교라고 하고 있다. 이 변혁과 개혁의 섣부른 판단이 문화를 얼마나 후퇴시켰는가.

『논어』〈팔일〉편에는 이러한 문제에 대해 볼만한 구절들이 많이 들어 있다. 옛날에 천자가 섣달에 다음해 12달의 달력을 제후들에게 반포하면, 제후들은 이것을 받아서 조상의 사당에 보관하였다가 매월 초하룻날이 되면 한 마리의 양을 제물로 바치고 사당에 고하는 의식이 있었다. 이것을 '곡삭(告朔)의 예'라고 한다. 곡삭의 의식을 결정하는 달력이 주나라의 왕실로부터 반포되었던 것이다. 노나라의 곡삭의 행사는 물론 군주가 친히 참가하는 행사였다. 노나라 문공(文公) 때 와서 초하루에 고하는 예(禮)를 시행하지 않았으나, 일을 보는 사람이 그때까지도 이 양(羊)을 바쳤다. 자공(子貢)이 이미 시행되지도 않는 이 '곡삭의 예'를 없애버려도 좋다고 판단하고 장차 없애려고 하여 공자에게 자문을 구하자, 공자께서 말씀하셨다. "사(賜)야! 너는 그 양(羊)을 아까워하느냐? 나는 그 예(禮)를 아까워한다"라고 하였다. 공자는 곡삭의 예가 사라지는 것을 안타까워한 것이다. 이 이야기가 지난날의 개혁과 혁신을 주도했던 어설픈 진보주의자들의 정치행태에 경종을 울리고 있다.

그동안 얼마나 많은 문화들이 사라지고 얼마나 많은 미풍양속이 사라졌는가? 세상은 더욱 각박해져 가고 흑백 논쟁은 끊이지 않고 있다. 사제 간의 아름다운 풍속이 사라지고 교실은 살벌한 교육의 장으로 변했다. 사람들은 더욱 간사해지고 양심은 더욱 더럽혀졌다. 정치에는 정의감은 사라진 지 오래다.

그 선상에서 이루어진 6백 년 행정의 중심 서울의 행정관청을 충남 연기로 이동하는 정책이 노무현 정권 때 발표되었다. 이른바 서울 천도운동은 충청도의 민심을 사려는 선거의 득표 전략으로 내비쳤다. 이 행정 신도시의 공약은 개혁과 진보의 급진성으로 대표되었으며 만약 그대로 시행될 경우 행정의 편의보다는 많은 혼란과 우리 6백 년 전통의 수도가 천도되는 만큼 사라지는 것도 많을 것이다. 이제 이명박 정부의 정운찬 총리는 이것을 다시 신중하게 판단하여 되돌리려 하고 한쪽은 이미 정해진 것이라고 하여 또 한판의 정쟁이 일어나고 있다. 진퇴양난에 빠진 이 사건에도 국민들은 서로 의견이 갈라지고 있다. 어떤 제도이건 어떤 법이든 그것을 개혁할 때는 신중해야 한다. 앞에서 말한 공자의 '곡삭의 예'에서 올바른 보수의 이미지를 찾아야 할 것이다. 따라서 모든 개혁은 신중해야 하며 충분히 생각한 연후에 시행되어야 한다.

집안에 어른이 없고, 동네에 노인들이 없고, 나라에 원로들이 없으면, 이때다 하고 마음대로 함부로 고치고 함부로 없애버리는 경향이 많고 아무래도 생각이 해이해지기가 쉽다. 그 때문에 아름다운 제도들이 망실되는 것이 많았다. 그래서 공자는 아버지가 돌아가셔도 삼 년간은 아버지의 뜻을 어기지 말도록 당부하고 있다. 특히 수백 년 이어온 아름다운 전통과 제도는 함부로 고치지 말라. 정부는 양을 아끼지 말고 그 예를 사랑하라. ♣

박정희 대통령 그 공과 과

1979년 10월 26일 궁정동의 총소리, 박정희 대통령이 서거한 지 벌써 30년이 되었다. 그런데도 동작동 국립현충원에는 아직도 그를 추모하려는 인파가 줄을 잇고 있다. 그는 지금까지도 역대 대통령 중에서는 가장 많은 국민의 지지도를 받고 있는 대통령이다. 그가 이룩해 놓은 업적은 실로 위대하다. 새마을 운동, 경부고속도로, 경제개발, 과학입국, 교육입국, 자주국방, 중공업단지 육성, 수출입국 등 그의 탁월한 통치력은 헐벗고 굶주리던 대한민국 국민들을 가난에서 벗어나게 했다. 실로 국가의 먼 장래를 보면서 선진국의 기초를 알차게 다져온 대통령이었다.

그러나 그에 대한 평가는 두 갈래로 극명하게 갈린다. 하나는 대한민국의 위대한 대통령으로서 대한민국의 진정한 국부(國父)라는 평가요, 다른 하나는 악랄한 군부 독재자로 평가되고 있다. 그 사람을 평가하려면 그 시대를 알아야 한다. 김영삼, 김대중 대통령을 거치면서 박정희 대통령은 군부 독재자로 전락했다. 그들이 주장한 민주주의는 박정희 대통령의 업적을 악랄한 독재자로 호도하는 것이었다, 박정희 대통령이 목숨 바쳐 이룬 것은 가난에서 벗어나는 것이었고, 김영삼, 김대중 정부가 대한민국을 위하여 진정으로 목숨을 바쳐 이룬 것이 무엇이던가? 당리당략, 한풀이, 민족분열 등이었다. 노무현 시대를 거치면서 박정희 대통령은 다시 한번 잔인하게 독재자로 전락하게 된다. 위대한 혁명가에서 군부 쿠데타의 주역으로 떨어져 버렸다. 그러나 역사는 비밀이 없는 것이다. 누가 진정한 애국주의자이고 누가 진정 이 나라를 위하여 공헌했는가는 국민들이 판단한다. 지금 박정희 대통령에 대한 재평가가 거세게 요구되고 있다. 박정희 대통령 서거 30주년이 지난 지금 카이스트에서는 그의 과학에 대한 정신을 되살려 기념관을 짓기로 했다 한다. 이를 필두로 각계각층에서 박정희 대통령에 대한 찬양가가 울려 퍼지고 있다.

우리는 그를 독재자로 평가할 것인가? 민족의 영웅으로 평가할 것인가? 그러나 그에 대한 동상을 철거시키고 그에 대한 기념관 설립을 폐지시키며 그를 악랄하게 평가했던 잃어버린 십 년 정부에 대해 비난의 여론이 쏟아지고 있다. 역사 교과서도 그를 독재자로 기억하게 다시 만들었다. 그것은 과연 옳은 판단인가. 박정희 대통령의 교육에 대한 집념은 우리를 선진국으로 몰고 가는 백년대계였다. 이쯤에서 그 당시 아침저녁으로 외우던 국민교육헌장을 한번 돌이켜 보자.

우리는 민족중흥의 역사적 사명을 띠고 이 땅에 태어났다. 조상의 빛난 얼을 오늘에 되살려, 안으로 자주독립의 자세를 확립하고, 밖으로 인류 공영에 이바지할 때다. 이에, 우리의 나아갈 바를 밝혀 교육의 지표로 삼는다.

성실한 마음과 튼튼한 몸으로, 학문과 기술을 배우고 익히며, 타고난 저마다의 소질을 계발하고, 우리의 처지를 약진의 발판으로 삼아, 창조의 힘과 개척의 정신을 기른다. 공익과 질서를 앞세우며 능률과 실질을 숭상하고, 경애와 신의에 뿌리박은 상부상조의 전통을 이어받아, 명랑하고 따뜻한 협동 정신을 북돋운다. 우리의 창의와 협력을 바탕으로 나라가 발전하며, 나라의 융성이 나의 발전의 근본임을 깨달아, 자유와 권리에 따르는 책임과 의무를 다하며, 스스로 국가 건설에 참여하고 봉사하는 국민정신을 드높인다.

반공 민주 정신에 투철한 애국 애족이 우리의 삶의 길이며, 자유 세계의 이상을 실현하는 기반이다. 길이 후손에 물려줄 영광된 통일 조국의 앞날을 내다보며, 신념과 긍지를 지닌 근면한 국민으로서, 민족의 슬기를 모아 줄기찬 노력으로, 새 역사를 창조하자.

1968년 12월 5일

국민교육헌장의 교육적 위용을 느끼고도 이것이 박정희 정권의 반공 독재교육의 산물이라는 이유로 초·중·고교 교과서에서도 삭제되는 등 국민의 의식이 바뀌어가고 있어 2003년 11월 27일 20차 개정(대통령령 제18143호) 때 폐지되었다.

그러나 오늘날 교육과 비교해서 어떠한가? 진실로 우리 민족이 나아갈 교육 지표로서 빠져야 할 부분이 어디에 있는가? 어떤 글자가 수정되는 것이 마땅한가? 한 글자도 뺄 수 없는 명문이자 진실로 나아갈 우리 교육의 지표이다.

박정희의 평생에 소원은 선진 경제대국과 같이 잘사는 나라를 한번 만들어 보자는 것이었다. 거리마다 잘살아보세 잘살아 보세 우리도 한번 잘살아 보세, 라는 노래가 울려 퍼졌다. 그 결과 당신들은 얼마나 잘살고 있는가? 그것이 누구 때문인지 곰곰이 생각해 보라. 박정희 대통령의 멸사(滅私) 애국(愛國)정신은 죽지 않았다! 아니 영원히 사라지지 않을 것이다.

그의 서거 30주년을 돌아보며 그를 다시 한번 돌이켜보라. ♣

신종플루를 걱정한다

이 땅에 정작 화타나 편작 같은 신의는 없는 것인가? 조선 이래 허준 같은 명의는 더 이상 없는 것인가? 역사상 전염병이 창궐해 민생이 도탄에 빠진 적이 한두 번이 아니었다. 그러나 그때마다 하늘이 낳은 명의들이 나타나 사태를 수습하였다. 지금은 그 신의가 왜 나타나지 않는 걸까? 하늘이시여 이 땅에 인류들이 불쌍하지도 않습니까? 저 신종플루에 죽어가는 연약한 생명들이 불쌍하지도 않습니까? 하루빨리 신의를 나타나게 하여 인류들을 대재앙에서 구하소서. 이 지구촌에는 지금 신종플루가 창궐해 전 인류를 위협하고 있다.

신종 바이러스의 전파 경로에 대해서는 아직까지 명확하게 밝혀지지 않았지만, 기존의 계절 인플루엔자 바이러스와 유사하게 감염된 사람의 기침이나 재채기 등을 통하여 주로 사람 대 사람으로, 감염자와 가까운 접촉자 사이(약 2m 이내)에서 전파되는 것이 일반적인 경우로 알려져 있다. 이것은 식품으로는 전파되지 않기 때문에 돼지고기나 돼지고기 가공품을 섭취하는 것만으로는 감염되지 않으며, 70℃ 이상으로 가열 조리하면 바이러스가 사멸된다.

잠복기도 확실하지는 않지만 대략 1~7일 사이로 추정된다. 증상은 확진 환자에게서 발열, 오한, 두통, 기침·인후통·콧물·호흡곤란 등의 증상에 근육통, 관절통, 피로감, 구토 또는 설사 등이 나타난다.

전염기는 보통 증상이 발생하기 하루 전부터 발생 후 7일까지 전염력이 있는 것으로 보고되었으며, 어린이의 경우는 10일 이상으로 길어질 수도 있다.

신종플루 발생 이후 전 세계적으로 감염자와 사망자가 계속 증가하여 그 수를 헤아리기가 어렵게 되었다. 이에 따라 세계보건기구는 2009년 7월 31일을 기준으로 신종인플루엔자가 전 세계에 확산된 것으로 간주하고 국가별 감염자 수를 보고받는 것을 중단하였다. 그러나 현대의학은 아직도 대처방법을 모르고 있다.

그러자 버락 오바마 미국 대통령이 신종플루로 인한 감염자가 확산되면서 국가비상사태(national emergency)를 선포했다. 인류의 대재앙으로 다가오고 있는 이 신종플루는 우리나라도 예외는 아니다. 최근 신종인플루엔자 발생이 빠르게 증가하고 있다. 하루 평균 4천 명 이상의 환자가 발생하고 있고, 한 주 동안 870개 학교에서 집단 발병이 나타났다. 이에 각종 학교가 휴교에 들어가는가 하면 각종 행사가 취소되고 여행 관광산업과 사람이 많이 모이는 산업과 경제에까지 영향을 미치기 시작했다. 그러자 정부가 최고 단계인 심각 단계를 발표하고 국가재난부처를 설치하기에 이르렀다.

이 신종플루를 물리칠 명의는 어느 나라에서 먼저 나타날까? 이것은 세계의 의술이 시험받는 무대이기도 하다. 현대 의학이 최대의 위기를 맞고 있다.

우리 『세종실록』에는 전염병에 대한 다음과 같은 약방문이 있다. 새로운 베로 만든 자루에 콩 1되를 담아 우물 속에 넣어 한잠을 재우고 꺼내어서 7알씩 복용한다. 항상 매달 보름날 동쪽으로 뻗은 복숭아나무 가지를 잘게 썰어 넣고 물을 끓여 목욕한다. 경험양방(經驗良

方)으로 전염병에 걸린 사람과 한 침상에 거처하여도 서로 감염되지 않는 방문은, 매일 이른 아침에 세수하고 참기름을 코 안에 바르고, 누울 때에도 바른다. 창졸간이라 약이 없으면, 곧 종이 심지를 말아서 콧구멍에 넣어 재채기를 하는 것이 좋다"고 하였다.

　신종플루에 대한 명쾌한 처방이 나오지 아니하니 저 의과대학은 도대체 뭐 하는 곳인가? 하도 답답하여 이것이라도 처방으로 찾아본다. 우습지만 어쩌겠는가? 신종플루를 치료해보고 싶은 마음은 꿀떡 같으나 치료할 능력과 방법이 없어서 안타깝구나, 참기름을 콧구멍에 바르는 처방과 문종이를 말아 콧구멍에 밀어 넣어 재채기를 하라는 궁색한 처방으로 저 신종플루에 대처하자고 하자니 배꼽 잡고 웃을 일이다. 빨리 신종플루에 대한 명약이 나타나길 바란다. ♣

수능 제2외국어 그리고 한문

대입 수능을 앞두고 학생들이 아랍어 수업에 한창이라는 보도를 접하고 씁쓸한 마음을 감출 수가 없다. 올해 수능에서 제2외국어로 아랍어를 선택한 지원자 수는 5만 6천 5백여 명. 지난해보다 두 배 가까이나 지원자가 늘었다고 한다. 그 이유는 아랍어를 가르치는 고등학교가 전국에 한 곳도 없어 조금만 공부를 해도 높은 표준점수를 딸 수 있기 때문이라고 한다.

현행 고등학교 교육과정 속에 없는 과목을 수학능력 시험에 낼 수 있는가? 엄격히 말해서 불가능한 일이다. 수학능력시험은 왜 생겼는가? 한마디로 말하면 대학 입시 위주로 이뤄지는 고등학교 교육을 정상화하기 위해 도입된 입시제도이다. 현행 고등학교 교육과정 속에 아랍어가 없는데 무슨 고등학교 교육 정상화가 있을 수 있는가?

이참에 수능 시험은 어떻게 이뤄지는지 알아보자. 현행 수능시험은 1994학년도부터 새로 실시된 대학입시제도에 따라 시행되고 있다. 통합 교과서적 소재를 바탕으로 사고력을 측정하는 문제 위주로 출제되는데, 수험생의 선택권을 넓히는 한편, 출제 과목 수는 줄여 입시 부담을 덜어주는 데 역점을 두고 있다. 시험과목은 언어, 수리, 사회탐구·과학탐구·직업탐구, 외국어(영어), 제2외국어·한문 영역 등이다. 언어 영역과 외국어 영역에는 듣기평가가 포함돼 있으며, 수리 영역은 가형과 나형으로 구분된다. 사회탐구 영역은 윤리·국사·한

국지리·세계지리·경제지리 등의 11과목 가운데 최대 4과목을 선택할 수 있다. 과학탐구 영역은 물리Ⅰ·화학Ⅰ·생물Ⅰ·지구과학Ⅰ 등 8과목 가운데 최대 4과목을 선택할 수 있다. 단, 물리Ⅱ·화학Ⅱ·생물Ⅱ·지구과학Ⅱ 가운데서는 최대 2과목까지만 선택할 수 있다. 직업탐구 영역은 농업정보관리·정보기술기초·컴퓨터 일반·수산해운정보처리 등 컴퓨터 관련 4과목 가운데 최대 1과목, 농업이해·농업기초기술·공업입문·기초제도·상업경제 등 전공 관련 13과목 가운데 최대 2과목을 선택할 수 있다.

제2외국어는 1999학년도부터 선택과목으로 도입됐다. 독일어·프랑스어·일본어·중국어·스페인어·러시아어·아랍어와 한문 등 8과목 가운데 1과목을 선택할 수 있다. 지원 대학에서 제2외국어를 입학전형에 반영하지 않을 경우에는 시험을 치르지 않아도 된다. 그러나 제2외국어는 8과목이 선택이다 보니 쉽게 내기 경쟁이다. 선택하는 학생들이 적으면 학교에서 등한시하기 때문이다. 또 우리나라 대학 중에 제2외국어를 입학전형에 반영하는 대학은 몇 개 대학에 불과하다. 그러니 자기가 갈 대학에서 요구하지 않으면 치르지 않아도 된다. 실제로 많은 학생들은 제2외국어 시험을 치르지 않는다. 이런 실정이니 학교에서 수업이 정상화되기란 쉽지 않다. 더군다나 한 학교에서 두 개 이상의 제2외국어를 설치 운영하는 학교는 극히 드물다.

더욱 가관인 것은 한문 과목을 제2외국어에 포함시켜 놓은 것이다. 한국에서 인문학을 공부하기 위해서는 한문을 공부하지 않고는 거의 불가능이다. 게다가 우리가 사용하는 국어의 70%가 한자어로 이뤄져 있다. 한문을 모르면 우리 국어를 정확하게 사용하는 것은 물론 역사, 고전, 시조 어느 것도 제대로 배울 수가 없다. 이것을 제2외국어 안에 두고 있는 것은 정말 문제다. 사전이란 단어만 보더라도 辭典, 事典, 私田, 事前, 沙田, 史傳 등 한자로 표기하지 않으면 도저히 구분이 되지 않는다. 국어 단어는 한자어로 기록해야 구분이 되는 것이 대부분이다. 한문도 국어의 일부이다.

이런데도 불구하고 한문을 제2외국어로 구분을 하다가 보니 국어 시험에도 한문을 제대로 내지 못하고 있고 한문은 제2외국어 시험에 분류해 방치되고 있는 실정이다. 이러고서도 국민 중등 보통교육이 정상화되길 바라는가? 고등학교는 대학에 진학해 공부할 기초과정을 수학해야 하는 의무도 있다. 대한민국 대학에서 한문을 모르고 인문학을 한다는 것은 불가능하다. 수능제도를 수정하여 한문 교육을 정상화하라. 교육은 백년대계이다. 우리 민족문화 창달을 위해 한문교육을 강화하라. ♣

율곡의 화석정과 서해교전

서해 변방에서 급보가 날아왔다. 놀란 가슴을 쓰다듬어 겨우 안정시킨다. 지난 10일 남북 해군 함정이 서해 대청도 NLL 해상에서 교전을 벌여 북한군 1명이 사망하고 3명이 부상당했다. 이 사건을 두고 우발적이냐 의도적이냐 라는 문제가 대두되고 있다.

이쯤에서 요즈음 계절과 어울리는 율곡 선생의 〈화석정(花石亭)〉 시를 한번 음미하고 가자.

林亭秋已晩	숲 속의 정자에 가을이 늦어가니
騷客意無窮	시인의 상상은 끝없이 일어난다
遠水連天碧	멀리 임진강 물은 하늘과 맞닿아 푸르고
霜楓向日紅	서리 맞은 단풍은 아침 햇살에 더욱 발갛다
山吐孤輪月	산은 외롭고 둥근 달을 토해 내고
江含萬里風	강물은 멀리서 불어오는 바람을 머금었네
塞鴻何處去	변방의 기러기는 어디로 가는가
聲斷暮雲中	기러기 우는 소리 석양구름 속에 끊어진다

율곡 이이 선생이 이 아름다운 시를 토해 낸 배경이 되었던 국토 산하는 옛날의 그 산하가 아니었다. 조국의 늦가을 산하는 여전히 그때와 같이 단풍이 아름답고 강물도 그때처럼 유유히 흐르건만 북으로

는 철조망이 가로막힌 휴전선이 되었고 서해 멀리 맑은 바람을 머금었던 그 임진강은 멀리 서해에서 들려오는 총성을 머금었다. 화석정 정자는 파주의 한 군부대 뒤에 의연히 버티어 있건만 할 말을 잊었다.

율곡 선생의 시 속에 멀리 임진강 너머 변방의 기러기 날라 오던 서해는 그 먼 옛날처럼 황혼 빛에 물들어 가건만 기러기 울음 대신 총성이 황혼 구름에 박혀있다. 이곳은 얼마 전 또 서해 교전이 벌어져 긴장이 고조되고 있다. 율곡 선생께서 십만양병설을 주장하며 국방의 중요성을 강조하였던 그 교훈은 잊혀져가고 임진왜란의 그 쓰라린 역사를 기억하고 있는 화석정은 다시 복원되어 있건만, 우리 후손들은 동족 간에 지금 무슨 짓을 하고 있는가? 스스로를 불태워 선조 임금의 피난길을 밝혔다던 저 화석정은 저렇게 있는 데 우리는 지금 누구를 위해 충성을 다 할 것인가? 차마 부끄러워 그 정자를 바라볼 면목이 없다. 무기를 녹여 농기구를 만들라던 옛 성인의 교훈을 한번 되새겨 볼 수는 없는가? 이제는 서로 딴 나라로 서로 살아야 하는가?

강항(姜沆)의 『간양록(看羊錄)』에 실린 〈적중봉소(賊中封疏)〉는 우리의 국토방어에 꼭 맞는 상황은 아니지만 교훈적인 느낌을 주는 것은 사실이다.

"삼가 바라옵건대, 이제 이후로는 남쪽을 가벼이 여기고 북쪽을 중히 여기는 폐습을 철저히 개혁하여 인심을 단결케 하며, 변방을 튼튼히 하고 변방의 장수를 선발하며, 성(城)과 호(壕)를 구축하고 선박을 손보며, 봉화(烽火)를 잘 관리하고 군졸을 훈련하고 무기를 수선하는 것 등을 한결같이 한다면 이보다 다행함이 없겠습니다. 대개 오랑캐를 방어하는 것은 구황(救荒)하는 것과 같다고 합니다. 구황에 대해서는 두 가지 설이 있으니, 하나는 바로 화기(和氣)를 감동시키고 불러

들여 풍년이 들게 하는 것이요, 그다음은 단지 저축하는 계책이 있는데, 만약 백성이 기근을 당해서야 알았다고 한다면 다시 무슨 계책이 있겠습니까? 오랑캐를 방어하는 것에 대해서는 역시 두 가지 설이 있으니, 한 가지는 바로 춘추(春秋)의 도(道)가 있는 세상에는 방어와 수비가 서쪽 오랑캐에 있다는 것이요, 그다음은 단지 변방을 튼튼히 하는 계책이 있을 뿐이니, 만약 침략을 받은 뒤에 알았다고 한다면 다시 무슨 방법이 있겠습니까?"

이 상소문과 관련시켜 보면 이유야 어찌하든 침략당하고 난 뒤에 무슨 할 말이 있겠는가? 우선 방어하고 수비하는 것이 국방의 최고 상책이 아닌가? 변방을 튼튼히 하는 것 이것은 고금에 있어서 국방의 큰 계책이었다.

국방이 있어야 나라가 있다. 이 나라 국민들이 대통령에게 맡긴 최고의 임무가 국방에 대한 임무이다. 정부는 국경수비에 만전을 기하라. 그리고 어떠한 위험으로부터도 국민을 보호하라. ♣

세종 신도시 거꾸로 보기

　땅도 사람과 마찬가지로 하늘의 기운을 타고나야 길지가 되는 것, 한 나라의 수도를 옮기는 것은 신중한 생각을 거치고 국민의 뜻을 얻어야 되는 일이다. 이렇게 중요한 사안을 두고 지난 노무현 정부가 너무나 즉흥적으로 수도 일부를 옮기겠다고 결정하자 국론은 크게 분열되었다. 국민들의 반대 여론이 높은데도 억지로 밀어붙여 세종시란 이름으로 새 정치 중심도시가 곧 이루어지는가 싶더니 그것이 불가하다고 이 정부는 판단을 내린 것 같다. 이 문제로 정치권은 한바탕 소용돌이가 일기 시작했다. 충청남도 동쪽 끝에 자리 잡은 연기군 일부와 공주시 일부가 합쳐져서 이루어진 세종시의 운명은 과연 어떻게 될까? 옛날 고려시대 묘청이 서경천도운동(1135~1136년)을 펴던 때로 거슬러 올라가 보자.

　풍수지리설의 대가(大家)로 알려졌던 묘청 스님은 풍수지리설에 따라, 고려가 어려움을 겪게 된 것은 수도인 개경의 지덕(地德)이 쇠약한 때문이라고 역설하였다. 따라서 나라를 중흥하고 국운을 융성하게 하려면 지덕이 왕성한 서경으로 수도를 옮겨야 한다는 것이었다.

　신채호는 『조선사연구초』에서 묘청의 서경천도운동을 다음과 같이 말했다. "이 전역이 낭·불(佛) 양가 대 유가(儒家)의 싸움이며, 국풍파 대 한학파의 싸움이며, 독립당 대 사대당의 싸움이며, 진취 사상 대 보수 사상의 싸움이니, 묘청은 곧 전자의 대표요, 김부식은 후자의 대표였던 것이다. 이 전역에서 묘청 등이 패하고 김부식이 승리하였으므로 조선의 역사가 사대적·보수적·속박적 사상, 즉 유교 사상에 정복되고 말았거니와, 만일 이와 반대로 김부식이 패하고 묘청 등이 승리하였더라면 조선사가 독립적·진취적 방면으로 진전하였을 것이니, 이 전역을 어찌 '일천년래 제일대사건(一千年來第一大事件)'이라 하지 아니하랴."라고 했다.

묘청의 난을 두고 역사가들의 평가가 엇갈린다. 지금 세종시 문제도 평가가 엇갈리고 있으며 진보 대 보수의 싸움도 심하다. 이것도 역시 한국 현대사의 제일대사건이 아니라고 누가 감히 말하겠는가?

당시 서경천도운동의 반대편에 서 있었던 김부식의 〈결기궁(結綺宮)〉이란 시 한 편을 감상해 보자.

堯階三尺卑	요임금 궁궐계단 세자밖에 안되어도
千載餘其德	그 덕은 천년동안 칭송을 받았다네
秦城萬里長	진나라의 성곽은 만 리나 되었지만
二世失其國	두 대에 그 나라는 망하고 말았네
古今靑史中	고금에 남겨진 역사 책 가운데서
可以爲觀式	이것을 거울삼아 볼 수가 있나니
隋皇何不思	수양제는 어찌하여 생각하지 못했는가
土木竭人力	운하공사가 나라를 망하게 하는 것을

이 시는 서경천도운동의 당대 시사를 반영하고 있는 일종의 풍자시이다. 이 시의 제목인 '결기궁'은 진나라 후주가 금과 옥으로 장식했던 화려한 궁전을 가리킨다. 이 궁궐 때문에 결국은 진나라는 수나라

에게 망하게 된다. 김부식은 서경으로 천도하여 새로운 궁궐을 화려하게 지으려는 묘청의 서경천도운동을 의식하며 이 시를 지었다.

김부식은 이 시에서 훌륭한 정치는 서경으로 천도하여 궁궐을 높이 짓는 것이 중요한 것이 아니라 나라를 진심으로 걱정하고 백성을 진심으로 사랑하는 덕치에 있다는 것을 피력하고 있다. 또 이 시의 말미에 있는 수나라 양제 양광의 일은 대운하 건설을 경계한 것이다. 수양제 양광은 대운하를 건설할 때, 40여 개의 행궁을 지었으며, 운하 옆에는 대로를 건설해서 그 옆에 버드나무와 느릅나무를 심었다. 대운하 건설에는 자그마치 1억 5천만 명이나 동원되었고, 심지어는 운하에서 얕은 지대가 발견되자, 양광은 관리 책임자와 인부 5만 명을 강가에 생매장하는 극악무도함을 보였다. 결국은 이 일이 빌미가 되어 수나라는 망하게 되었다. 지금 우리나라도 대운하 사업을 반대하고 세종 신도시 건설을 반대하는 목소리가 드높다. 정치를 잘하는 데는 청사가 반드시 크고 화려할 필요는 없다. 김부식의 〈결기궁〉, 이 시 한 편은 지금 이 시대의 우리 정치에 시사하는 바가 많다. 이 상황에서 진실로 국민을 위하는 길은 무엇인가? 정치가는 진정한 우국애민에 뜻이 있어야 한다. ♣

『친일인명사전』논란

최근 『친일인명사전』 논란을 발간하자 국민들은 또 한 번 혼란에 빠졌다. 이 사전에 등재 된 인물들은 박정희 전 대통령을 비롯한 대한민국의 역사상 유명한 인물들이 거의 등재되어 있다. 이 엄청난 사실을 그대로 받아들이기엔 이 사람들은 너무나 조국을 위해 큰일을 해낸 유명한 분들이기 때문이다.

역사는 공평무사해야 한다. 만약에 공평무사한 정신을 유지하지 못하고 한 사실에 집착하여 침소봉대하려는 의도가 있었다면, 그것은 역사를 왜곡한 것이다. 역사가는 공정하며 엄격해야 한다. 이와 관련하여 춘추대의라는 말이 있다. 춘추(春秋)는 공자가 다시 편찬한 노나라의 역사서이다. 그 필법이 매우 엄중하였기 때문에 맹자는 춘추가 지어지자 간신적자들이 벌벌 떨었다고 할 만큼 글자 한 자 한 자에 엄중한 역사의 평가가 담겨져 있다.

이 사전에 대한 논란이 심한 것을 보면서 역사정신이 모자라는 역사가들의 역사 평가란 감을 지울 수가 없다. 그러나 친일의 행위가 분명하고 구체적이라면 문제될 것은 없다. 춘추는 선을 권장하고 악을 징계하는 입장이 분명하였다.

이 사전의 발간 주체는 '친일반민족행위진상규명위원회'이다. '대한민국친일반민족행위진상규명위원회(약칭 반민규명위)'는 일제 강점기하 반민족행위 진상규명에 관한 특별법이 노무현 정부 시절인

2004년 3월 22일 공포되면서 이 법률의 시행령에 따라 2005년 5월 31일 대통령 소속으로 발족한 기구이다. 이 기구의 구성원들이 모든 보수 국민이 인정하는 노무현 정권에 찬동하는 반미친북의 극좌파 인사들로 대부분 구성되자 구성 초기부터 논란이 심했다. 이 중대한 일을 수행하면서 그 형평성 논란을 거듭 제고하지 않은 것은 중대한 실수이다.

저 강압적이고 혹독한 일제 강점기에 가족을 보호하고 생계를 유지하기 위해서 일본의 통제를 따르지 않기가 진정 쉬웠을까? 나라를 빼앗기고도 슬퍼하지 않고 오히려 잘되었다고 찬양하는 국민들이 과연 있을까? 부도 권력도 없는 저 힘없는 일반 백성들은 그 혹독한 일제 36년간을 어떻게 견뎌야 했을까? 당시 상황을 고려하여 이러한 점도 충분히 서술되어야 한다. 그러나 일본의 앞잡이가 되어 우리 민족을 말살하려는 선봉에 섰다면 그것은 비판받아 마땅하다. 대일본 제국의 판사가 되어 일본의 강요가 심했더라도 한 번도 주저함 없이 우리의 독립투사들에게 가혹한 형벌인 사형으로 판결하였다면 그는 비판을 받을 혐의가 있다. 일본의 군인이 되어 우리 독립군 가슴에 총을 겨누었다면 이 또한 비판받아 마땅하다.

선비들은 나라가 위태로우면 목숨을 바칠 것을 생각한다. 그러나 모든 국민이 다 선비일 수는 없지 않겠는가? 선비의 기본 도리는 나라를 걱정하고 백성을 아끼는 우국애민에 있다. 저 일제 강점기에 진정한 선비는 누구였던가? 조국을 위해 목숨을 버리던 그 우국지사들은 누구였으며, 나라가 망했는데도 구차하게 살기를 원했던 선비들은 누구였던가? 나라가 어려워져 봐야 진정한 선비를 알 수 있는 것이다.

공자는 『논어』〈자한(子罕)〉편에서 "歲寒然後에 知松栢之後彫也라"라고 하였다. 차가운 겨울이 되어 보아야 소나무와 잣나무가 그 푸름을 드러내고 있는 것을 알 수 있듯이 선비는 어려운 때를 당해 봐야 그 절개와 지조가 드러나는 것이다. 카(E. H. Carr)는 『역사란 무엇인가』라는 저서에서 "과학이든 역사든 사회든 인간의 일상에서 진보라는 것은 오로지 인간이 기존 제도의 단편적인 단점을 좋은 쪽으로 고치는 것을 추구하는 데 그치는 것이 아니라 이성의 이름에서, 현존 제도를 향하여, 그리고 공공연하건 은밀하건 그 기초를 이루는 전제를 향하여 근본적인 도전을 시도한다는 대담한 각오를 통해서 생기는 것이다."라고 하였다. 역사의 수레바퀴란 『한서』〈가의전(賈誼傳)〉에 나오는 '前車覆 後車戒(전거복 후거계)'에서 비롯된 말이다. 가의는 '앞의 수레가 뒤집히면 그 원인을 경계해서 뒤에 오는 수레는 엎어지지 않게 몰아야 하는 것'이라고 하였다.

역사는 동서고금을 막론하고 특정한 몇 사람을 욕하기 위해 있는 것이 아니라 인류 전체가 진보하고 발전하기 위해서 있는 것이라는 것을 명심하라. ♣

겨울 대나무

『퇴계선생문집』에는 열 폭 대나무 그림에 대해 시를 쓴 것이 있는데 이 그림은 퇴계와 절친했던 영천자 신잠이란 사람의 그림이다. 신잠은 신숙주의 손자이다. 이것은 조선 사림파의 대나무 그림 예술의 극치이며, 이 제화시는 대나무 그림의 비평으로 유명하다. 그 중에 두 편만을 감상하면서 옛 선비들이 왜 대나무를 좋아하였고 우리는 대나무에게서 어떤 교훈을 본받아야 할까에 대해서 생각하면서 감상해보자.

〈눈과 달 속의 대〉	雪月竹
옥설이 차갑게 대나무를 누르고	玉屑寒堆壓
얼음같이 둥근 달 휘영청 밝도다	氷輪逈映
여기서 알겠노라 굳건한 그 절개를	從知苦節堅
더욱이 깨닫노라 깨끗한 그 빈 마음	轉覺虛心潔

대나무는 흔히들 눈과 함께 일컫는다. 백설에 푸른 대나무는 색상의 대비가 우아하고 눈의 깨끗한 이미지와 대나무의 곧은 절개의 이미지가 잘 어우러진다. 그래서 예부터 선비들은 설죽을 일컫는다. 여기에서는 퇴계가 친구인 신잠이 달밤에 눈 속에서 고고한 자태를 발하고 있는 대나무를 그린 그림에 화제의 시를 쓰고 있다. 그림과 시는

그 예술성이 다르다. 퇴계는 그림은 곧 사람이라는 입장에서 작가의 성격과 그림의 품격을 연결시키고 있다. 굳건한 절개와 깨끗하고 텅 빈 그 마음의 주인공은 신잠이다. 이 그림에서 대나무에 대한 이미지를 결합시킨다. 차가운 눈 속같이 어려운 세태에도 겨울 대나무의 고통스러운 삶에서 선비의 고결한 이미지를 도출해 낸다. '歲寒然後知松栢之後彫(세한연후지송백지후조: 날씨가 차가워진 연후에야 소나무와 잣나무의 지조를 안다)'라는 논어의 소나무와 잣나무에 대한 절개의 이미지를 소나무 대신에 대나무로 교체시키고 있다. 이미지 교체가 가져오는 또 다른 상상력은 관념을 융합시킨다.

사육신의 한 사람인 박팽년의 묵죽도 다섯 폭이 국립중앙박물관에 소장되어 있는데 그중에 설죽이 들어 있다. 거기에도 대나무 잎에 얹힌 눈이 묘사되어 있다. 특히 사대 사화를 거치며 시대상을 눈 서리치는 시대로 보고 거기에 지조와 절개를 굽히지 않는 선비의 모습을 설죽으로 보았다. 특히 사대 사화를 거치며 성리학적 강한 실천을 주장하던 사람들에게는 강한 설죽이 자주 소재로 등장할 법도 하다. 영천자 신잠도 기묘사화의 모진 칼바람에 곤욕을 치른 선비였다. 눈 속의 겨울 대나무는 성리학자들이 추구해온 미적 지향과 잘 어울렸을 것이라고 판단된다.

〈꺾여진 대〉	折竹
굳센 목은 어쩌다가 꺾이게 되었지만	强項誤遭挫
곧은 그 마음이야 깨어질 바 아니로다	貞心非所破
꼿꼿이 서 있어서 흔들리지 않으니	凜然立不撓
쓰러지고 나약한 자 격려할 만하도다	猶堪激頹懦

목이 달아나도 마음은 꺾이지 않는다. 퇴계가 꺾여진 대나무 그림을 보고 상상해낸 형상 의식은 절개 그 자체였다. 꺾여진 대나무 그림은 흔한 것은 아니었다. 이것을 그릴 줄 안 신잠은 보통 선비는 아닌 것 같다. 이것은 곧 기묘사화의 칼바람에 맞서는 선비의 굳세고 곧은 절개였다. 꺾여진 대나무 이것은 곧 기묘사화에 연루되어 곤욕을 치른 신잠의 자화상이기도 하다. 퇴계는 이 그림에서 신잠의 절개를 유감없이 펼쳐주었다. 조선 사림파의 묵죽의 예술 세계는 시서화 일체로서 당대 최고의 예술정신이 함의된 성리미학의 최고봉이었다. 특히 대나무 윗부분이 부러진 것을 독초(禿梢)라고 하여 그 풍습은 있었으나 그림의 소재로 사용되는 예는 드물었다.

홀륭한 예술품에는 반드시 작가의 홀륭한 정신이 깃들어 있고 그 시대적 상황이 반영되어 있다. 그러므로 예술품을 통하여 사람과 시대의 정신을 만 난다. 예술과 정신과 삶이 하나인 예술품만이 영원한 생명력을 지니며 마력처럼 그 세계 안으로 우리를 끌어들인다. 오늘 문득 겨울 대나무에서 강인한 선비정신을 배우고 싶다. 겨울바람에 부러진 대나무를 보면서 목이 달아나도 곧은 절개만을 지니는 저 대나무를 오늘 문득 너무나 닮고 싶다. ♣

2009년 망년회에 부쳐

술잔을 높이 들라. 기축년 소의 해가 서서히 저물어 가고 있다. 한 해 동안 지나온 나라 꼴을 보아도 시끄럽기만 하고 별 실속이 없었던 한 해였던 것 같다. 이 중요한 시기에 헛되이 보낸 날이 그 얼마이던 고. 나랏일이나 직장일이나 개인의 인생살이 어찌 후회가 없을쏘냐? 모두 다 부질없는 일. 세상사 덕을 쌓는 것 만한 일이 또 어디 있겠는 가? 사람이 산다면 얼마나 산다고. 북망산천의 그 많은 무덤 중에 핑 계 없는 무덤 없다고, 올해만 해도 노무현 대통령도 죽었고 김대중 대통령도 죽었다. 세월 앞에 온전한 것이 무엇인가? 우리 인생 중에 즐거운 일이 얼마이던고. 한 해의 막바지에 서서 지나온 길 돌아보니 아득하도다. 우리네 인생 언젠가는 죽어야 하리.

4대강이니, 세종신도시니 무슨 말들이 그리 많은가? 내 귀에 복잡 한 시비 소리 들릴까 진실로 두렵도다. 세상은 불공평한 것이 어찌 이리도 많은가? 오직 쓸쓸히 낙엽 뒹구는 저녁에 뒷골목 어스름한 불빛 밑에 몇몇 친구 모여 망년회 술잔 기울이노라. 오늘 이 저녁은 어제 죽은 그 누군가가 그토록 살고 싶어 하던 그날이려니. 세상 사람 들아 무진장 마시자.

고려의 대문호 이규보 선생. 술과 거문고와 시를 좋아해서 삼혹호 선생이라고 했던 분. 그분의 술시 한 편 읽어 보자.

名日又作　　　내일 또 한 잔
病時猶味剛辭酒　아플 때도 술만은 끊을 수 없었으니
死日方知始放觴　아마도 죽어야만 술잔을 놓으리라
醒在人間何有味　술 없는 인간세상 무슨 재미있으리오
醉歸天上信爲良　술 취해 하늘나라 가는 것도 진실로 좋을시고

저승 갈 때 술 취해 가는 것도 진실로 좋을시고. 달관한 인생에 초월의 경지다. 이 시 읽고 이 나라 돌아가는 꼬락서니 보면 일차에 어찌 성이 차리오. 어찌 술이 없을 수 있으리오. 제발 장소 옮겨서 또 마시자.

우리 국문학사상 최초의 사설시조라고 불리는 정철의 〈장진주사 (將進酒辭)〉 한 편 읽고 또 차수 바꾸어 한잔하자.

한 잔 마시세 그려 또 한 잔 마시세 그려. 꽃가지 꺾어 세어가면서 한없이 들이키세 그려.

이 몸 죽은 뒤면 지게 위에 거적을 덮어 꽁꽁 묶어 메고 가거나, 아름답게 꾸민 상여 타고 많은 사람들이 울며 따라가거나, 억새, 속새, 떡갈나무, 은백양이 우거진 숲을 가기만 하면 누런 해, 밝은 달, 가랑비, 함박눈, 회오리바람이 불적에 그 누가 한 잔 먹자고 하리요?

하물며 무덤 위에서 원숭이가 휘파람을 불며 뛰놀 적에는 (아무리 지난날을) 뉘우친들 무슨 소용이 있겠는가?

이백의 〈월하독작〉 가운데,

三盃通大道　술 석 잔이면 큰 도에 이르고
一斗合自然　한 말 술 먹으면 자연과 하나 되거니
俱得醉中趣　취하고 취하여 얻은 이 즐거움을
勿謂醒者傳　술 못 먹는 인간에게 전해주지 말라

술은 인생을 달관의 경지로 몰고 간다. 또 이백은 〈춘야연도리원서〉에서 "뜬구름 같은 우리네 인생 즐거움이 얼마던가? 옛날 사람들이 밤에 촛불을 켜고 밤에도 논 것은 진실로 이유가 있다"고 하였다. 이 시에는 인생이 너무나 짧다고 기회 있을 때에 많이 즐기라는 권장의 의미가 들어 있다. 이 지구상의 시인들 중에 술을 노래하지 않는 시인이 몇이 있던가? 술은 자고로 '百藥之長'이라고. 유령의 '주덕송'을 어찌 다 말하리오.

세상이 하 수상하니 아니 마시고 어쩔꼬.『만세전』으로 유명한 염상섭 선생은 일제 식민지 시대를 살면서 술을 많이 마셨다. 그는 시대에 민감하였다. 그의 호, 횡보(橫步)는 술을 먹고 걸음을 옆으로 걷는다는 뜻이었으니, 알 만하도다. 세계사에 술을 빼면 역사는 얼마 남지 않으리라. 이 나라 이 겨레를 생각하며 2009년을 술과 함께 보내자. 그리고 잊어버리자. 건배. ♣

올해의 고사성어
'방기곡경旁崎曲逕' 유감

해마다 이맘때쯤이면 교수신문이 올해의 고사성어를 발표한다. 2009년 올해의 고사성어는 '방기곡경(旁岐曲逕)'이다. 교수신문은 이명박 정부의 세종시 수정과 미디어법처리 등 주요 정책이 처리가 합의를 이루지 못하고 샛길과 굽은 길로 돌아간 것을 비판하는 뜻에서 방기곡경이 올해의 사자성어로 선정됐다고 설명했다.

이 고사성어에 국민들은 과연 얼마나 동조할까? 이 고사성어는 무슨 뜻일까? 이 고사성어의 고사는 잘 알려져 있지 않다. 이 용어를 누가 최초로 만들었으며 이것을 어떤 상황에서 사용했는지 명확하지 않다. 이것은 고사 성어라기보다 편의상 쓰기 위한 한자성어이거나 사자성어일 가능성이 더 높다. 고사성어와 사자성어는 다른 것이며 일반적으로 고사성어의 고사는 독자들에게 큰 감동을 준다. 따라서 이 글은 사자성어로 취급하고 그 뜻을 유추할 수밖에 없다. 이 글의 핵심은 曲逕(곡경)에 있다. 곡경은 정당하고 떳떳한 길이 아닌 사특한 방도를 일컫는다. 거기에 수식어인 '旁岐(방기)'라는 한자어가 붙은 것이다. 이 방기의 뜻은 두루 많이 퍼져있는 갈림길이란 뜻이다. 곁에 난 좁은 길이란 뜻의 '방계(傍蹊)'라는 수식어와 붙어서 방계곡경(傍蹊曲逕)이라고도 하며, 이와 비슷한 의미의 방계(旁谿)라는 수식어가 붙어서 방계곡경(旁谿曲逕)이라는 성어와도 통하며, 사특한 갈림길을 뜻하는 '邪岐(사기)'라는 수식어가 붙어서 사기곡경(邪岐曲逕)이란 말로도 사용되었다. 어찌됐건 간에 이 앞에 붙는 수식어는 정도가 아니며 떳떳한 길이 아니다. 이 성어는 줄여서 그냥 曲逕(곡경)이라는 용어로도 쓰인다. 곡경(旁岐曲逕)은 원래 "바른 길을 밟지 않고 굽은 길을 간다는 뜻인데, 남에게 기대어 출세하기를 도모함을 가리키는 말로 많이 사용되고 있다. 이 사자성어를 올해의 고사성어로 선택한 의도는 알겠으나 그 뜻이 이명박 정부의 정책을 비방하기 위해 억지로 그 뜻을 牽强附會(견강부회)한 혐의가 없지 않으니 이 고사성어는 이 혐의에서 자유롭지 못할 것 같다.

불교에서 나온 용어로, 부처의 가르침에 어긋나는 사악한 생각을 버리고 올바른 도리를 따른다는 뜻의 파사현정(破邪顯正)의 교훈을 본받아야 한다. 이렇듯 고사 성어는 고사를 바탕으로 하고 있으며 고사는 역사적인 교훈성을 함의하고 있다. 고사성어란 어떤 의미에서 천하의 공론에서 출발하는데, 이 고사성어는 천하의 公論(공론)을 마다하고 방기곡경(旁岐曲逕)을 쫓아서 억지로 들어가는 꼴이다. 왠지 암나사 수나사가 서로 들어맞는 것처럼 딱 맞는 말이 아니다는 느낌을 지울 수가 없다.

이것을 올해의 고사성어로 정해 일부 교수들의 의견을 정부에 전달하는 의미로 사용한 성의는 알겠지만 좀 문제가 있어 보인다. 차라리 같은 교훈성을 의미하는 "군자는 큰길을 택해서 간다는 뜻으로, 군자는 숨어서 일을 도모하거나 부끄러운 일을 하지 않고 옳고 바르게 행동한다"는 "君子大路行(군자대로행)"이 어떠할까? 그렇더라도 五十步百步(오십보백보)를 면할 순 없다.

우리 민족과 우리나라가 나아가야 할 올바른 길이 무엇인가? 야당이 주장하는 길인가? 이 성어는 다분히 이명박 정부를 지향해서 하는 소리겠지만. 미디어 법·세종시 문제·4대강 개발 등이 곡경은 아니지 않는가? 모든 국민들이 다 아는 사실이 대로로 나오지 못하고 뒷골목에서 쑥덕이고 있는 꼴은 더욱 아니지 않는가? 이 고사성어가 왠지 달갑지 않다.

나는 해마다 그것이 왜 올해의 고사성어인가라는 질문을 어김없이 받는다. 이 질문에 답하면서도 정치적 종교적 중립을 엄격히 지켜야 할 교육자들이 어느 한쪽으로 경도되어 있다는 것을 느낄 수 있었고 국민들의 보통정서에 지나침이 있다는 느낌을 지울 수가 없었다. 학자들이 多岐亡羊(다기망양)이나 識字憂患(식자우환)의 우를 범하지 않기를 바랄 뿐이다. 나는 '曰可曰否(왈가왈부)'하는 시끄러운 논쟁도 싫고, 獨不將軍(독불장군)의 비타협적인 태도도 싫다. 내가 한 번 내뱉은 말은 절대로 고칠 수 없다는 固執不通(고집불통)도 싫다. 四分五裂(사분오열)되는 국민의 통합을 바랄 뿐. 그러나 頂門一鍼(정문일침)으로 시사를 꼬집는 예리함만큼은 올해의 고사성어로 손색이 없다.

다음 해의 고사성어는 모든 국민들이 알 수 있는 대중성이 있는 이야기였으면 좋겠다. ♣

2009년을 보내는 올해의 고전명구

처음이 없는 이는 없으나 끝을 잘 마무리하는 사람은 드물다. 2009 년 올 한 해도 저물어 간다. 북한의 선전포고, 전직 대통령의 죽음, 신종플루 등 정말 다사다난했던 한 해였다. 도저히 마무리할 수 없는 시끄러운 한 해였다. 이 소용돌이 속에서도 몇 번씩이나 우리의 혼란 스러운 가슴을 씻어 내리며 감동시켰던 것은 피겨 왕 김연아의 스케 이팅이었다. 그는 충분히 올해의 대한민국을 빛낸 인물이 될 만하다. 지금도 싸우고 있는 국회의사당 앞은 이전투구(泥田鬪狗)의 먼지가 오리무중(五里霧中)을 이루고 있다.

정치의 행적은 눈 위의 새 발자국처럼 그렇게 쉽게 사라지는 것은 아니다. 정치가들이여 행동에 신중하라. 그리고 국민들의 목소리를 경청하라. 특히 자기를 비평하는 소리에 귀를 기울여라. 그리고는 조 심조심 행동하라. 역사는 반드시 당신들의 그 행적에 대해 비평한다.

한 해를 마무리하며 올해의 정치 상황에 맞는 명구를 논어에서 찾 아보았다.

『논어』〈학이〉편에 '子曰 道千乘之國 敬事而信 節用而愛人 使民 以時'라는 구절이 있다. 이 글을 해석하면 다음과 같다. "공자께서 말 씀하시기를 수레 천 대를 동원할 정도의 나라를 다스릴 때에는 매사 를 신중히 하고 백성들에게 신뢰를 잃지 않아야 하며 나라에서 쓰는 재정을 아껴야 하고 널리 백성을 사랑하여야 하고 적절한 때를 가려 백성을 다스려야 한다"라고 하셨다는 뜻이다. 이 말은 올해 대한민국 지금의 위정자들이 명심해야 할 절실한 말이다.

지난 한 해의 정치의 시끄러움을 돌아보면 모두 이것을 기초로 하지 않아서 일어나는 문제였다. 나라의 일에 매사를 신중하지 않았고, 국민들에게 신뢰를 얻지 못했다. 정치에 신뢰를 얻으려면 재정을 함부로 사용하지 않아야 한다. 대 운하로부터 비롯되던 계획이 4대 강으로 줄어도 예산안이 천문학적인 숫자에 이르자 신뢰를 잃어버린 정부에 예산안의 절감을 요구하고 나섰다. 이것에 대해 백성들은 잘 모른다. 4대 강 개발이 왜 중요한 것인지? 이것을 백성들에게 친절히 소개하는 것은 중요시하지 않았다. 이것은 바로 백성들을 올바로 사랑하고 섬기지 않았다는 증거이다. 이런 일에는 더욱 신중한 배려가 요구되는 일이다. 모든 백성에게 신의를 잃지 않으려면 국비를 절감하고 따뜻한 인간애로서 편파적인 여론을 설득하여야 한다. 그렇지 못하여 지나친 독선이 불러일으키는 부작용. 그로 인한 사회의 혼란과 무질서의 세계는 백성들이 진실로 골치아파하는 문제이다. 4대강 개발계획이 그 때를 잃었다는 것은 충분히 백성들이 설득되지 않았는데 시행한다는 것이다.

세종시 문제도 너무 급작스러웠다. 그러나 그 타당성은 충분히 설득력이 있는 것들이다. 덕은 자기를 낮추고 겸손 한 것에서부터 온다. 덕을 갖춘 정치가는 그에 대한 신뢰감을 바탕으로 더욱 몸을 낮추어서 백성들을 받들고 현재보다 발전된 미래의 비전을 제시해야 한다. 이것은 민감한 것이어서 집권자의 태도와 시기의 적절성에 따라서 백성들은 찬성과 반대사이를 민심으로 오가는 것이다. 가식으로 위장된 진실, 그리고 '사랑하는 국민여러분' 같은 믿을 수 없는 사랑의 연설. 백성들은 위정자의 마음을 훤히 꿰뚫어 본다. 백성 앞에 비밀은 있을 수 없다. 우리는 훌륭한 군자이면서 자기를 낮추어 덕을 쌓고 그 신뢰를 바탕으로 노예해방 같은 인(仁)을 실천한 링컨 대통령을 기억한다. 논어의 이 구절에서 강조하고 있는 신중, 믿음, 절약, 사랑, 때. 이 다섯 가지는 정치가들이 명심해할 덕목이다. 링컨은 이 다섯 가지를 훌륭하게 구비한 군자였다. 공자의 이 말씀은 우리나라 정치에만 국한되는 것이 아니라 세계 모든 나라의 정치에 적용되는 명언이다. 이 명언을 분석해 보면 三事(삼사)라고 일컬어지는 '敬事以信 (매사의 일을 신중히 생각하고)', '節用以愛人(비용을 절감하고 국민을 사랑하고)', '使民以時(백성을 때에 맞게 다스리는 것)' 이 세 가지 일이다. 이것을 다시 분석하면 신중〔敬〕, 믿음〔信〕. 절약〔節〕. 사랑〔愛〕. 때 〔時〕 다섯 가지가 나온다. 이것이 五要(오요)라는 것이다. 三事(삼사). 五要(오요) 이것은 예로부터 나라를 다스리는 정치의 중요한 기본 덕목이다. 현대 정치생활에서도 이 덕목의 상실과 쇠퇴는 민주정치의 치명적인 결함이다. 정치가가 조변석개(朝變夕改)하는 변덕을 부리지 말고 경거망동(輕擧妄動)을 삼가서 진심으로 수양해야 이 덕목들이 생길 수 있는 것이니 명심하지 않을 수 있겠는가. ♣

신두환

1958년, 경북 의성 출생
문학박사(성균관대학교 한문학과 한국한문학 전공)
서울 반포고, 경동고, 선린상고, 등 교사(한문, 국어)
성균관대,서울시립대,서경대 등 강사
한국문인협회 회원(시인)
국제펜클럽 한국본부 정회원
국립 안동대학교 한문학과 교수
국립 안동대학교 인재양성관 관장 역임
북경대학교 교환교수 연구학자
대동한문학회 회장

저서:『조선전기 민족예악과 관각문학』(2004, 국학자료원),
　　『남인 사림의 거장 식산 이만부』(2007, 한국국학진흥원),
　　『선비 왕을 꾸짖다』(2009, 달과 소),
　　『생활한자의 미학산책』(2010, 달과 소),
　　『한국 한시 미학비평 강의』(2015, 보고사).
공저:『한국학과 인문학』(2015, 오래된 생각),
　　『한국학과 현대문화』(2015, 오래된 생각).
국역:『석계집』,『석문집』,『회곡집』,『산택재집』.
공역:『우담집』외 다수.
논문: 한국한문학 관련논문 100여 편.

신두환 고전칼럼집

어느 시골 교수의 개똥 정치학

2022년 2월 25일 초판 1쇄 펴냄

지은이 신두환
펴낸이 김흥국
펴낸곳 도서출판 문

등록 제2013-000026호
주소 경기도 파주시 회동길 337-15 2F
전화 031-955-9797
팩스 02-922-6990
메일 kanapub3@naver.com / bogosabooks@naver.com
http://www.bogosabooks.co.kr

ISBN 979-11-86167-41-0 03300
ⓒ신두환, 2022

정가 18,000원